外国语文导论

石　坚　主编
李志强　刘利民　副主编

U0361663

北京大学出版社
PEKING UNIVERSITY PRESS

图书在版编目(CIP)数据

外国语文导论/石坚主编. —北京:北京大学出版社,2014.9
(大学外国文化通识教育丛书)
ISBN 978-7-301-24655-9

I.①外⋯　Ⅱ.①石⋯　Ⅲ.①外语教学—教学研究—高等学校—教材
Ⅳ.①H09

中国版本图书馆 CIP 数据核字(2014)第 191515 号

书　　　　名:外国语文导论
著作责任者:石　坚　主编
责 任 编 辑:初艳红
标 准 书 号:ISBN 978-7-301-24655-9
出 版 发 行:北京大学出版社
地　　　　址:北京市海淀区成府路 205 号　100871
网　　　　址:http://www.pup.cn　新浪官方微博:@北京大学出版社
电 子 邮 箱:编辑部 pupwaiwen@pup.cn　总编室 zpup@pup.cn
电　　　　话:邮购部 010-62752015　发行部 010-62750672　编辑部 010-62759634
印 　刷　者:北京虎彩文化传播有限公司
经 　销　者:新华书店
　　　　　　650 毫米×980 毫米　16 开本　15.25 印张　256 千字
　　　　　　2014 年 9 月第 1 版　2025 年 7 月第 4 次印刷
定　　　　价:48.00 元

目 录

课程综论

外国文学

外国文化

语言学

翻　译

课程综论

外语专业学习方法简论

1. 做自主的学习者

大学生首先应该树立正确的学习态度,这是解决一切方法问题的基础。首要的一条是:大学生应当成为自主的学习者。

大学本科阶段是大学生由青少年走向成年的关键时期。成年的最重要的标志是独立人格的形成,即成为有责任意识、能自己做出决定,并对自己的行为负责的人。与之相适应,大学学习最重要的特征、与中小学最重要的区别就是大学生意识到自己是学习的主体,是自主的学习者,自己对学习负起责任来。

自主的学习者是"内源驱动"的学习者。他的学习动力来自对自身人生目标的追求。在源源不断来自内心的动力推动下,他始终能以饱满的热情投入学习,以顽强的精神克服困难。

自主的学习者是"自我导向"的学习者。他不会消极地等待别人指引方向,而会在学习过程中力求主动地理解自己的目标并不断地对目标进行思考,根据总目标确定阶段目标,决定努力方向,调整学习内容、学习计划和策略。

自主的学习者是"自我指导"的学习者。他在学习中不断检查自己的学习效果,思考和改进学习方法。

自主的学习者是"自助自强"的学习者。在遇到困难时他不会怨天尤人,埋怨环境不理想,而会先考虑有哪些可以利用的有利因素;不会坐等别人伸出援手,而会依靠自己的努力克服困难。

尽快实现向自主学习者的转变,是大学新生面临的首要任务。这个转变不是一朝一夕可以完成的,它本身也是一个学习过程。大学生要努力推进这个过程,这样才能在学习中处于主动地位。

2. 认识大学

2.1 教育目标

大学生都会学习一个专业,但大学教育的目标远不止是单纯的专业学习。大学生可以从三个层次去理解大学教育的目标。

首先是培养健全独立的人格。大学新生高中毕业离开家门踏进大学的门槛,可以说也同时迈进了由青少年到成年的门槛。大学毕业时他将会以成年人的身份进入社会。大学四年是他由青少年成长为成年的社会成员的关键时期,而大学教育将帮助他实现这个转变。

其次是进一步提高文化和知识素养,培养学习能力、创新能力和实践能力。大学生毕业后一生中所从事的专业可能会不止一个,但无论从事什么专业,一般素质都将是成败的重要因素。大学教育将帮助大学生提高一般素质。

三是学习从事某一门专业所需要的知识和技能。大学本科通常实行"宽口径"的教育,即大学生在校学习的是从事某一类专业,而不是从事某一具体工作的知识和技能。这些知识和技能仍属基础知识和通用技能的范畴,它们使得大学生在踏上具体岗位时能很快胜任具体的工作。大学生在努力掌握专业基础知识和技能的同时,要注意提高独立学习的能力,才能在工作中适应迅速变化的形势。

2.2 教学体系

大学的教学体系集中体现在教学计划中。学分制使得大学生在满足一般的培养要求的同时得以实现个性化的发展。专业实习和社会实践为大学生提供锻炼实践能力的机会。

2.2.1 教学计划和课程体系

教学计划规定大学生为取得某一专业的学位所必须完成的教学环节。它通常包括课程和实践两项主要内容。

外语专业学生的主要实践环节是学年论文和毕业论文。学生在学年论文和毕业论文的写作中需要综合运用各门课程中学习到的知识和技能,通过写作提高创新能力和实践能力。

课程按内容分为通识性课程和专业课程。通识性课程旨在提高大学生的文化和知识素养。综合性大学具有充足的学科和师资资源,可以为学生开出全面而丰富的通识性课程。专业课程可包括专业基础课程和专业课程,前者通常在低年级开设,旨在打下坚实的专业基础;后者通常在高年级开设,与从事某一类专业活动具有更强的相关性。

课程按其在教学计划中的位置又可分为必修课和选修课。必修课顾名思义是一个专业的核心课程,是所有该专业的学生必须通过的课程。选修课在必修课的基础上为学生提供更多的个性化发展空间。大学生应在必修课上投入足够的时间和精力,保证打下坚实的专业基础。同时,根据自己的目标和兴趣选择适当的选修课组合,以满足教学计划的要求,实现个性化发展。

2.2.2 学分制

目前不少院校实行学分制。在学分制下,学生根据教学计划的要求和自己的学习目标修学课程或参加实习、实践活动,并通过完成每门课程或活动获得规定的学分。修满教学计划规定的学分即可毕业、获得学位。学分制使学生在满足专业培养共性要求的同时,可以获得一定的个性化发展空间。

为了充分利用学分制的优势,大学生需要熟悉本专业的教学计划,同时认真思考自己的学习目标。对计划中必须完成的部分要保证安排足够的时间,按要求完成。对可以由自己支配的部分要在内容搭配、学习顺序、时间安排等方面有合理的组合。一般可考虑在低年级阶段适当多获取一些学分,以避免高年级面临被动的局面。但另一方面也要避免负担过重。大学学习的特点之一是要求学生有较多的自习和课外阅读时间,这点应充分注意。

2.2.3 实习和社会实践

大学生踏进社会后就要以成年人的身份独立完成工作任务,应对工作中的各种情境,需要较强的实践能力,包括实际的操作能力,运用所学到的知识分析、解决实际问题的能力,与他人有效地沟通的能力,合作和组织能力等等。这些能力单靠完成课程学习是不能得到很好发展的。大学里的实习和社会实践为学生提供了锻炼这些能力的机会,大学生应当充分重视和利用这些机会,获得全面发展。

2.3 学习环境

大学为学生提供了优越的学习环境。大学生如能充分认识大学的学习环境,善于利用这个环境,必定能获得最佳学习效果。

著名教育家梅贻琦曾经说过:"所谓大学者,非谓有大楼之谓也,有大师之谓也。"大学学习环境中最重要的要素就是学校的许多优秀的老师。除了在课程学习中接触到的老师以外,学生还可能在学术讲座、课外活动等许多其他的场合接触到本专业或者其他专业的老师。综合性大学几乎每天有讲座,主讲人常常是造诣高深的学者或者社会知名人士,有本校、本地的,也经常有外地甚至国外的。大学生应当善于了解老师的长处,善于在各种场合中虚心向老师学习,不仅学习他们传授的知识和技能,更要注意学习他们的思想方法和解决问题的方法。

大学图书馆所提供的丰富的文献可以说是千万个随时乐意与大学生交流的"老师"。对大学生来说,学会读书和利用图书馆是最重要的学习内容之一,其重要性可以说超过任何一门课程。大学生应当根据自己的学习目标有计划地读书,使读书成为每天必修的功课,持之以恒,在积累知识的同时学会读书。要结合自己的专业了解和熟悉现代图书馆的运行方式和提供文献的种类,使图书馆成为自己终生取之不尽的知识和信息来源。

大学学习环境的另一个重要部分是校园里丰富多彩的课外活动。各种学术讲座、技能竞赛、文体活动、社会服务活动,各种团体包括学生会、志愿者组织、课外学习小组等都可以为大学生扩大视野、了解社会、锻炼实践能力、学会与他人交往、培养合作精神提供很好的机会。大学生不应将眼光局限于狭义的"知识和技能"的获取,不应将学习局限在课堂和图书馆内,而应当有意识地参与到这些活动中去,实现全面发展。

大学的学习环境还包括大学生所处的集体。大学生在与同班级、同寝室等的同学朝夕相处中,用共同的理想和追求相互鼓励,在学会理解、体贴、关心和帮助他人的同时也得到理解、体贴、关心和帮助,一起营造积极向上、友爱互助的环境,在共同成长中建立起历久弥深的同学情谊,不仅可以为大学生的在校学习和生活提供优良的人际环境,而且也是大学生涯中不可缺少的必修课。

2.4 大学学习的特点

大学学习特点最集中的体现是学生被视作自主的学习主体,大学鼓励并促使学生成为自主的学习者。

期待自我约束。与高中相比,大学的学习环境十分宽松。按时上课、认真听讲、课外学习、完成作业等都被视为大学生自己的事情,不需要他人随时督促和提醒。

要求自学。大学生有大量的自习时间。低年级课程安排较多,一般也在每周三十课时以内;高年级减少到每周十余课时,甚至不到十课时。大学新生初次面临这样的情形,容易误认为大学学习轻松,其实不然。大学学习的许多环节都要求学生自己在课外完成:课前预习、课后整理笔记和复习、完成作业、阅读与本单元内容相关的书籍等。外语专业学生的大量技能训练也要靠学生自己在课外进行。学习任务不是轻松,而是很重。大学生要善于安排时间,提高效率,将课内、外的学习结合起来,积极参与课堂内的活动,保质保量地完成课外自己应当完成的部分,才能取得好的学习效果。

启发式教学。老师多不会详尽无遗地讲授课程的内容,而只结合学习要点、学习内容的框架、解决问题的思路等作提示、启发,将大量学习任务留待学生课后去完成,期待学生在课堂教学的基础上自己去阅读、思考,完成学习。

开放性的学习。从学习的内容、解决问题的思路和问题的答案,到学习材料和学习方法,都具备一定程度的开放性,老师往往不会提供"标准"的办法和答案,因为事实上往往不存在唯一的"正确答案"。

3. 认识外语专业

3.1 外语专业的培养目标

高等学校外语专业教学指导委员会在《关于外语专业面向 21 世纪本科教育改革的若干意见》中指出,适应 21 世纪需求的外语人才应该具备"扎实的基本功、宽广的知识面、一定的专业知识、较强的能力和较好的素质"[①]。

外语专业教学指导委员会制定的大纲[②]将外语专业培养目标表述为:培养具有扎实的外语语言基础和广博的文化知识,并能熟练地运用外

---

① 高等学校英语专业教学大纲.北京:外语教学与研究出版社,上海:上海外语教育出版社,2000:34.

② 按语种分为高等学校英语专业教学大纲、俄语专业教学大纲等。

语在外事、教育、经贸、文化、科技、军事等部门从事翻译、教学、管理、研究等工作的复合型外语人才。

外语专业培养目标要求的核心内容是扎实的语言基本功和广博的文化知识。外语专业的学生不仅应具备扎实的外语语言基本功,也应具备扎实的汉语基本功;不仅应具备广博的所学语言国家的文学、文化知识,也应具备广博的中国文学、文化知识。在此基础上,外语专业学生还应掌握一定的专门知识,以便从事一定的专业工作。

培养目标对外语专业学生提出的要求很高,但实践证明经过努力是可以达到的。学生只要充分利用四年学习时间,讲求学习方法和效率,坚持不懈,努力学习,就能达到这些要求。

3.2 外语专业的教学计划

外语专业的教学计划将学习划分为两个阶段:一、二年级为基础阶段,三、四年级为高年级阶段。基础阶段的目标主要是打下坚实的语言技能基础,同时开始语言、文学、文化知识的学习;高年级阶段继续提高语言技能,同时用更多的精力学习语言、文学、文化知识,并学习一定的专业知识。学生在基础阶段结束时要参加专业外语四级考试,高年级阶段结束时参加八级考试。

按照培养目标,外语专业的主要课程可以划分为三大类:外语语言技能课程、外语专业知识课程、相关专业知识课程。语言技能课程旨在帮助学生获得熟练使用外语进行交际的能力,在基础阶段占的比重较大,包括综合课(精读课)和语音、听力、会话、写作等课程。高年级的高级外语、写作、翻译等也属于语言技能课程。外语专业知识课程主要包括关于所学语言的知识以及相关国家的文学、文化。相关专业知识课程为学生从事某一类专业打下基础,例如外语教学、翻译、对外贸易等。

教学计划中的课程并不是彼此孤立的,而是相互关联、互为支撑,共同实现教学目标。学生只有认真学好各门课程,才能获得全面平衡的发展。各类课程的划分只是各有侧重,并不是绝对的,例如综合课既是语言技能的综合训练课,同时也是外语作家作品的欣赏课。高年级视听课在提供高级听力训练的同时也会涉及文化知识和其他语言技能。

四川大学现行教学计划将课程分为人格与素养课程群、表达与理解课程群、发展与基础课程群、专业与服务课程群以及研讨与探究课程群几大版块。其中人格与素养、表达与理解、发展与基础课程群属于综合素质课程,体现本科教育的一般目标和学校对本科生的综合素质要求。体现外语专业特点的课程主要集中在专业与服务课程群中,约占全部学分数的60%。研讨与探究课程群虽所占分量不重,但对锻炼综合应用能力、培养分析和解决问题的能力十分重要。各课程群中的课程又分为必修课和选修课。学生应安排好学习计划,保证必修课的完成,同时根据自己的学习目标和进度、知识和能力构成以及兴趣合理安排选修课的学习。

3.3 外语专业学习的主要内容和方法

从以上讨论中可以看出外语专业培养目标和教学计划中最集中体现外语专业特点的是外语语言技能和外语专业知识两部分。外语专业学生要正确认识这两部分的内涵,了解自己的学习特点和弱点所在,以最适合自己的方法完成这两部分的学习。

3.3.1 外语语言技能

语言是由语音、词汇、语法子系统构成的人类交际系统。语音是语言的物质外壳,它赋予语言为人类的感官可以感知的形式。一些语言还有书写形式。词是音义结合的语言单位。一种语言的全部词的集合称为该语言的词汇。词汇可以包括数量十分庞大的词,其中一小部分词最活跃、最常用,形成词汇的核心,是词汇学习的重点。语法是语言单位组合成更大的单位的规则。掌握一门语言,需要掌握它的语音、词汇和语法的体系。

外语语言技能可分为听、说、读、写、译五项。其中前四项是熟练使用世界上任何一种主要语言都会涉及的技能;译是涉及两种语言的技能。人们运用听、说、读、写、译的技能的时候,都是在使用语言的语音、词汇和语法系统进行交际。

高等学校外语专业教学大纲对外语专业学生学习各阶段应达到的语音、词汇、语法和语言技能水平给出了分级要求,分成二、四、六、八级(分别对应于完成一、二、三、四年级的学习)做出了具体规定。外语专业学生须牢固掌握所学语言的语音、词汇和语法,并以此为基础,在听、说、读、写、译几项技能上都达到较高的熟练程度,不应偏废。

系统、持续、循序渐进的训练是提高语言技能必不可少的环节。单靠课内时间来训练是远远不够的,大量的训练要靠学生在课外自觉地完成。学生应根据课程进度和自己的实际情况制订训练计划,持之以恒地练习。基础阶段应始终紧紧抓住语言技能训练,以保证在该阶段结束时能达到使用外语完成一般难度的交际任务的水平。这样一方面能为高年级的进一步提高打下更好的基础,同时也为高年级用外语进行专业知识和相关知识的学习创造良好的条件。

进入高年级阶段后学生需要把更多的时间投入到专业知识的学习中去。此时要注意语言技能练习不能断线,语言技能水平应继续提高,不能停滞不前,更不能倒退。

在真实的交际任务中大量使用外语是十分有效的学习方法。全身心地投入用外语进行的课堂活动、读书、听讲座等都是真实的交际任务。大量阅读、读写结合尤其是方便易行而效果显著的学习方式。

3.3.2 外语专业知识

除熟练的语言技能外,外语专业学生还应具备较扎实全面的专业知识,包括语言、文学和文化知识。

语言知识指一定的语言学知识和关于所学习的外语的理论知识。语言知识不同于语言技能。例如,学习某一门语言的语音学知识不同于学习该门语言的语音。但了解语音学的知识无疑会有助于语音的学习。语言知识的学习不仅有助于语言技能的提高,还帮助学生从理论上认识所学习的语言,并提高学生的综合素养。

语言、文化、文学之间有着密不可分的关系。一种语言总是在一个特定的文化环境中使用。作为文化的载体,语言中积淀着人们千百年的生活经历、传统、习俗、思维方式和交流习惯。学习一种语言而不去了解使用这种语言的人们的文化,不可能真正把语言学好,不可能与以这种语言为本族语的人们进行有效的交流。因此,外语专业的学生应学习和了解关于所学语言国家的文化知识,包括历史、现状、思想、习俗等等。

文学是语言艺术的结晶。一个民族的文学经典中保存了这个民族对自身经历的种种言说。因此,外语专业的学生应当学习所学语言的文学,尽可能多读经典作品,同时学习一点文学史。

阅读、思考、讨论和写作是学习语言、文学、文化知识的主要方法。学生应养成读书的习惯,讲求读书方法,提高阅读效率,成为善于读书的人。要根据课程的要求有计划地读书。应适当地读一些课外书籍。要尽量多读原著,而不应依赖评介、摘要等二手文献。同一个问题,可以选择两种以上不同的文献对照阅读,以便增进理解、发现问题。阅读完一部分内容后要及时作好读书笔记。要在理解学习内容的基础上进行思考,以形成自己的见解。要经常参加讨论,通过讨论得到提高。

语言技能和专业知识的学习相互并不矛盾,而是可以相互促进。学生在学习专业中需要大量运用语言技能,从而使语言技能得到锻炼;另一方面,语言技能的提高又使学生能更加得心应手地完成专业知识的阅读、听讲、讨论等任务。外语专业学生应有意识地将两方面的学习结合起来,以获得一加一大于二的效果。

3.3.3 外语专业工具书

外语专业教学大纲将使用工具书列入对外语专业学生的要求,并作了具体规定。善于使用工具书是自主学习能力的重要组成部分。

外语专业学生应了解工具书的种类和用途,熟悉常用的工具书的特点和使用方法,养成使用工具书的习惯。首先应尽快掌握常用的语言词典和百科全书的用法。应及早过渡到通过单语词典而不是外汉词典来学习外语词汇的意义和用法。应进一步了解和学会使用常见的专门词典和百科全书,例如同义词词典、语言学或文学百科全书等。在学习专业知识和相关知识课程时,要注意了解与每一门课程相关的核心参考书和工具书。

现代信息技术大大扩展了"工具书"的概念。大学生应学会使用多媒体和电子信息工具,特别要熟悉与自己专业密切相关的信息和参考工具。要学会利用互联网获取信息。

4. 以健康的身心投入大学生活

健康的身心是完成四年繁重学习任务的必要保证。大学新生初入校时,生活环境、学习环境、人际关系等方面难免出现许多一时不能适应的情况。大学生应以良好的心态主动适应新的环境。可以尽快了解和熟悉新环境,及时调整自己的生活和学习习惯,以便在较短的时间内进入状态。应经常参加体育锻炼,保持良好的生活习惯,保持身体健康。

大学阶段是一个人从青少年步入成年的过渡时期,加之环境的巨大改变,大学生在校期间,特别是刚入学后的一段时期,常会遇到一些困惑,这是正常的现象。从面临困惑到走出困惑,便是走向成熟的过程。大学生应始终保持自信心,以积极向上的态度面对遇到的问题,经常与周围的同学沟通,遇到自己难以解决的问题及时寻求帮助。以健康的身心投入到大学生活中,大学生一定能够达到自己的目标。

推荐阅读书目：

1. 张后尘(主编).外语名家论要[M].北京:外语教学与研究出版社,1999.

2. 冯光廉 讲述,丛桂芹 整理.挑战自我:与大学生谈怎样学习[M].开封:河南大学出版社,2002.

3. 庄娱乐(主编).学路:塞满成长行囊的六十个故事[M].合肥:安徽科学技术出版社,2007.

复习思考题：

1. 在你看来,做自主的学习者是不是首先需要解决的问题？说说你的理由。

2. 中外著名大学的校训你了解哪些？其中你最欣赏的是哪所学校的校训？说说你的理由。

3. 你学习外语的经历中有哪些有效的方法？进入外语专业后需要作哪些调整？

4. 外语专业本科教学大纲基础阶段的要求对你最大的挑战是什么？你打算如何应对？

（敖 凡）

学术论文写作初步

1. 学 术 论 文 的 特 点 和 一 般 要 求

1.1 学术论文的写作目的

学术论文顾名思义,是交流学术研究成果的文字。人们在某一研究领域中有新的观点或发现,可以写成论文在学术刊物或学术会议上发表,或在同行中交流。一领域的最新研究成果和动向常常体现在该领域的代表性期刊和会议论文中。

大学生在校学习期间常要写作课程论文;为了获得学位需要写作学士学位论文。课程论文和学位论文都带有学术论文的性质。通过写作过程,学生学习如何做研究和写学术论文。写出的论文反映学生的学习情况,其中优秀的可以作为正式论文发表。

大学新生对学术论文写作可能会感到陌生。但只要把握了这类写作的特点,循序渐进,就能逐渐适应。

1.2 学术论文的特点

学术论文具备创新性,完全重复他人已经发表的内容的论文没有存在的价值。大学生尚处于学习期间,认识水平和研究能力尚处于发展阶段,所以对大学生课程论文和学士学位论文的创新性不做过高要求。但大学生在论文写作中也要注意有创新意识,论文应包含自己独立研究思考的结果,而不应是现成材料的简单拼凑。

学术论文具备科学性。论文所发表的结论不是作者主观印象的表述,而是建立在客观的证据以及严密的逻辑推理基础之上的。学术论文写作讲究翔实的证据和严密的逻辑。

学术论文应明白易懂。学术论文的目的在于交流学术研究的成果,因而要求论文中心突出,观点明确,条理清楚,表述明白晓畅。

学术论文的这些特点可能不同于大学生熟悉的一些其他文体如文学作品或一般性的议论文。大学生在写作学习中应注意学术论文的写作特点。

学术论文还具备规范性。学术界在长期的学术交流中形成了关于论文的写作方法和格式的规范要求。大学生应了解学术研究和学术写作规范,自觉遵守规范,培养优良的学风,养成良好的研究和写作习惯。

1.3 论文写作和学术研究

学术论文是学术研究的结果。或者说,一篇学术论文的写作过程就是对一个问题研究的过程。学术研究并不是神秘而高不可攀的过程。大学生运用所学到的知识和理论,用科学的方法系统地考察某个问题,即是在开展学术研究,或者说学习进行学术研究。将这研究的结果付诸文字,即是学术论文。

因此,学术论文的写作过程包括选定一个问题,围绕选定的问题收集材料、开展研究,以及将研究的结果写成文字。

2. 学术论文的写作方法

2.1 选题

2.1.1 确定选题范围

学术论文的写作由选题开始。课程论文写作中往往老师会指定题目,但学生仍然需要在老师指定的范围内确定一个具体题目。选题通常应注意几点:

尽量选自己感兴趣的题目。兴趣可以为研究提供动力,使辛苦的研究成为愉快的探索和发现过程。

选择有条件完成的题目。条件包括外部条件如必要的文献、信息来源等,以及学生自身的条件如知识、能力、可支配的时间等。应在自己基础相对较好的范围选题。课程论文写作必定要求学生学习新的内容,但在这个前提下也应该考虑自己已有的基础。

选题宜小而具体,不应大而空泛。

例如打算写一篇关于弗吉尼亚·伍尔夫的课程论文:

弗吉尼亚·伍尔夫的短篇小说艺术	选题过大,难于驾驭。
弗吉尼亚·伍尔夫小说的意识流艺术	仍然过大而泛。
《墙上的斑点》的叙事艺术	较小而明确,但如从多个角度展开,对本科课程论文仍可能偏大,容易失之空泛。
《墙上的斑点》的叙事结构	比较适宜。

选择有意义、具备创新性的题目。学术论文选题须考虑对相关领域研究的意义以及创新性。学生在选择课程论文题目时也应体现这方面的意识。

选题十分不容易,需要对所涉及的范围做一番调查和思考。有时需要考虑几个可能的题目,在初步了解之后再在其中确定一个。上面的例子中从对伍尔夫发生兴趣到决定写《墙上的斑点》的叙事结构,不是凭空想象就可以完成的过程。需要对作家、作品作一番了解,并认真分析、思考、比较各种可能,方能做出较为适宜的选择。

2.1.2 明确论题和论点

确定选题范围只是完成了选题工作的一半。选题工作需要回答的问题包括:

(1) 研究的范围是什么?

(2) 打算提出什么问题?

(3) 预期得到什么回答?

(4) 通过什么途径、采取什么方法进行研究?

从这个意义说,学术论文写作始于就某一范围提出的一个待解决的问题,(以及就这个问题预设的一个可能的回答,)展开于针对该问题的科学的、系统的调查和研究,完成于经过研究得到的对问题答案的证实或证伪。

这个预设并待证实的答案,或者经过研究得到的答案,用严谨的、明确的语言表述出来,即是论文要证实(或证伪)的命题,也称为论题。确定选题,不仅包括确定范围,更重要的应包括对拟提出的论题及其可能的论点的考虑。唯其如此,选题的可行性判断才能更加有效,论文的研究和写作才有明确的方向。

仍以上文关于《墙上的斑点》的叙事结构为例。考察它的叙事结构,可以有不同的观察角度,并产生不同的论题:

《墙上的斑点》中采用的无序的叙事手法使作家得以自由地表现人物的精神世界。

《墙上的斑点》呈现给读者的无序状态是对人类的混乱世界的评说。

《墙上的斑点》虽无传统的情节,却另有一套叙事结构,它的作用是将有意义的瞬间呈现给读者。

……

每个不同的论题都会引向一个不同的研究过程和一篇不同的论文。

2.2 收集材料和研究

2.2.1 材料的种类和收集方法

外语专业学生课程论文写作多涉及利用文献的研究。论文写作中的材料收集主要是相关文献资料的查找和收集。它是论文写作的重要环节。

可能利用的文献包括各种参考书和工具书、专门著作、论文集、在期刊和学术会议上发表的论文、学术论文等等。查找文献可以使用追溯法,即由一种文献得到其他文献的信息,渐次追溯到越来越多的文献,还可以使用工具法,即借助目录、文摘、索引、数据库等参考工具查找,或者两种方法结合使用。大学生应学习一些文献检索方法,学会依靠图书馆做研究。

选题的确定和材料的收集、研究很有可能交替进行。常常是需要在对材料作初步研究的基础上才能确定选题。选题初步确定之后,对进一步收集的材料研究的结果可能提示需要对选题作适当的修正或者限制,之后又必须根据修正的选题范围重新收集材料等等。

使用材料应对其重要性和权威性、可靠程度进行鉴别,有选择地使用。

2.2.2 材料研究和记录

上文已经提及材料收集和选题、研究有可能是交叉进行的。对收集到的材料,须加以甄别、选择、分析、比较、消化、综合,融会贯通。借助适当的方法和理论,研究不断将认识引向深入。随着研究的进展和认识的加深,对选题和材料可能需要做出必要的调整。研究针对调整后的选题、在经过补充和重组的材料的基础上进行,如此继续,直到问题解决。

对材料进行研究时必须随时做好记录。应准确、详细地记录材料的出处,文献资料应记录下题名、作者、出版者、出版年月、版本、相关内容的页码等。应清楚地标明记录是如何反映材料内容的,例如原文抄录、摘要、要点归纳等。记录应真实、准确地反映材料的内容,不能歪曲或断章取义。重要的专名、术语、特征性的表述、年代、数字等要仔细核对,不能出错。记录应采取便于日后使用的方式。例如,用纸笔记录可以考虑采用卡片格式。电子载体的记录应有备份。笔记本、卡片、U盘等应妥善保管。

2.3 撰写论文

2.3.1 拟定提纲

提纲有助于从总体上把握论文的结构。论文通常篇幅较大,先拟好较详细的提纲再开始写作可以避免因大段重写而浪费时间。完整的提纲应包括论文的标题以及全文的主题句。

论文撰稿过程中应经常对照提纲思考总体的结构和思路。必要时可进行调整。

2.3.2 撰写初稿

论文必定经过反复修改。希冀不修改而写出好论文是不实际的。修改首先是对内容的修改。认识不是能够一次性完成的,撰稿和修改的过程同时是思考问题、修正和加深认识的过程。论文撰稿的过程实际上也成为研究的一部分。论文一般需要数次修改,方能完成。

撰写初稿时主要应集中注意力于论文内容的主要方面:主题的呈现、主要论据的安排、思路的展开、关键内容的表述、各主要部分间的关系及轻重主次等等。细节问题可留待后期处理。

撰写初稿时即应对引用的内容做出标记,以免后期修改时遗漏而造成违反学术规范的现象。

2.3.3 修改定稿

初稿基本定型后,如时间允许,可搁置一段时间,再重新审阅。邀请同学讨论也是修改的好办法。

定稿之前的修改包括对内容上细节的处理和语言的修改:内容细节有无错误,段落划分是否自然合理,衔接和过渡是否平顺,内容表述是否准确,措辞是否恰当,语言是否简洁、通顺、流畅等。

最后阶段的修改还包括对论文格式的处理:版面安排、字体等是否符合要求,图表是否明白易懂,是否美观并合乎格式要求,拼写、标点是否正确、有无错字等。

最后阶段修改的一个十分重要的内容是核对引注和参考文献目录。

所有引自他人作品的内容均须按格式规定明确加注。论文定稿前应对引用逐条核对，保证内容正确，出处准确无误，标注合乎规范。论文末尾的参考文献应按格式要求编排，并仔细核对。

3. 学术论文的组成部分和格式

3.1 学术论文的主要组成部分

学术论文的主要组成部分包括标题、摘要和关键词、正文、注释和参考文献。正文包括引文、主体部分和结语。

3.1.1 标题

标题应简明扼要，应清楚、准确地反映论文的主题。学术论文标题用词应精心挑选，特别是术语应正确，以保证论文收录在数据库中后能通过标题检索被顺利、正确地检出。

3.1.2 摘要和关键词

摘要用尽量简练的语言介绍论文的主要内容，特别是论文的思路、主要结论和创新点。摘要应清楚易懂、信息量大，使读者不看论文本身便能了解论文的主要内容。长度应符合相关的规定。

关键词一般是3—5个，用来使论文能在数据库中通过关键词检出。关键词应仔细挑选，用词应规范，以尽量准确地反映论文的主要内容，并保证检出率。

3.1.3 正文

正文包括引言、主体部分和结语。学术论文写作以明白、清楚、高效地传达论文内容为要旨，行文讲求开门见山、脉络清晰、过渡明白，不事铺垫修饰，反对曲折晦涩。

引言简要说明论文的主题，通常包括即将讨论的主要问题、主要观点、主要采用的理论和方法、论文的结构等。还可包括论文的写作背景和动机。

主体部分是全文的重心所在。作者在主体部分展示证据、展开论证，证明自己的观点。主体部分的结构可根据论据和论证的内在逻辑来安排，应考虑能使读者容易理解。各部分的详略比例应恰当。

结语将讨论归结到全文的主题，与引言相呼应，阐明或再次强调论文的主要结论，结束全文。

3.1.4 注释和参考文献

与论文主旨关系不甚紧密,但又需要附加说明的信息可用注释说明。注释可采取脚注或者尾注。脚注出现在每一页正文的下部;尾注出现在全文末尾。

所有引用须在正文中用合乎规定的形式标注。引用的文献在文末的参考文献中列出。

3.2 学术论文的格式

学术论文有明确的格式要求。撰写学术论文应详细了解有关要求,严格按格式要求撰写、编排论文的各个部分。

学位论文的格式,国家标准 GB/T 7713.1—2006《学位论文编写规则》中作了规定,各高校在国家标准规定的基础上通常还有本校的具体要求。

大学生在学习中撰写的课程论文,老师通常也会提出具体的格式要求。大学生应养成注意格式要求的习惯,把它视为学术论文写作学习的一个内容。

4. 学术论文中的引用

4.1 何时标注引用

学术论文中凡引用他人成果中的内容均须注明出处,主要包括:
引用他人原话。
引用他人的观点、结论、特征性的表述等。
引用他人著作中的数据或例证。
借用他人的理论框架或解决问题的方法、思路。
转述他人著作中陈述的事实、观点、论述等。
注明引用出处,是为了承认他人的研究成果,明确研究责任,方便读者核对或作进一步的研究。
常识性的内容无须注明出处。

4.2 引用的方式

4.2.1 原话引用
引用他人原话时须使用引号,例如:

朱光潜曾将"liberal education"译为"宽大自由教育"。他写道："'宽大自由教育'之目的不仅在训练一技之长而尤在养成宏正通达之士;不仅在传授知识技能,而尤在陶冶品学才识具备之完人与培养健全之士风。"

引用原话较长时,引用部分单独成为一段,不用引号:

朱光潜曾写道:

"宽大自由教育"之目的不仅在训练一技之长而尤在养成宏正通达之士;不仅在传授知识技能,而尤在陶冶品学才识具备之完人与培养健全之士风。此非谓大学生可不具备专门职业之知识与技能,但以此为未足。理想的大学生应退可为专才,进可为通才,以其所学施之于特殊职业,固可措置裕如;施之于领导社会,主持政教,亦可迎刃而解,所谓"宽大自由教育"者其义如此。

4.2.2 转述

转述须准确传达原话的内容,不能歪曲或断章取义,例如:

朱光潜曾将"liberal education"译为"宽大自由教育"。他认为这教育的目的不仅仅在于技能的训练和知识的传授,更在于"养成宏正通达之士"和"陶冶品学才识具备之完人与培养健全之士风"。

又如:

在谈及大学教育的目标时,朱光潜认为人格和学识的培养较之知识和技能的传授更为重要。

4.2.3 借用

借用他人的精辟表述,亦须说明并标明借用部分,例如:

大学教育不应仅仅以传授知识和技能为目标;更重要的,借用朱光潜先生的说法,大学教育应该以"养成宏正通达之士"、"陶冶品学才识具备之完人与培养健全之士风"为目标。

4.3 引用标注方法和格式

引用在文内引用处作标注,在文末列出参考文献。标注和参考文献著录均应符合相关格式要求。

外语专业学术论文文内引用一般采用"作者—出版年代"方式标注。

如果作者姓名已经在正文中出现,则标注只注年代和页码。文末参考文献著录按作者姓名顺序排列:

文内:

> 关于大学教育的目标,我们赞同前人谈论 liberal education(译为"宽大自由教育")的一句名言:"'宽大自由教育'之目的不仅在训练一技之长而尤在养成宏正通达之士;不仅在传授知识技能,而尤在陶冶品学才识具备之完人与培养健全之士风。"(朱光潜,2003:225)

> 朱光潜曾将"liberal education"译为"宽大自由教育"。他写道:"'宽大自由教育'之目的不仅在训练一技之长而尤在养成宏正通达之士;不仅在传授知识技能,而尤在陶冶品学才识具备之完人与培养健全之士风。"(2003:225)

文末:

> ……

> 朱光潜,文学院.载杨东平编,大学精神.上海:上海文汇出版社,2003.

推荐阅读书目:

1. 张盛彬(主编).文科论文写作[M].北京:北京大学出版社,1989.
2. 赵国璋等(编著).社会科学文献检索[M].北京:北京大学出版社,2005.
3. 保罗·奥利弗.学术道德学生读本[M].金顶兵译.北京:北京大学出版社,2007.

复习思考题:

1. 怎样理解学术论文的创新性?它和学术传统的继承有什么关系?
2. 论文为什么需要反复修改?你认为修改有助于写出好文章吗?说说你的体会。
3. 梁启超在《清代学术概论》中论及"正统派之学风"时说,纯粹的学者"只当问成为学不成为学,不必问有用与无用"。你同意这个观点吗?为什么?

（敖　凡）

外国文学

英国文学概况

英国文学源远流长,迄今已有 1300 多年的历史,其间历经古英语和中古英语时期、文艺复兴时期、新古典主义时期、浪漫主义时期、维多利亚时期和现、当代时期等不同历史阶段,涌现出乔叟、莎士比亚、弥尔顿、蒲柏、雪莱、狄更斯、乔伊斯等享誉世界的诗人、小说家和戏剧家。以下简要介绍英国文学各个时期的发展情况。

1. 古英语和中古英语时期文学

古英语时期是指英国国家和英语语言的形成时期。最早的文学样式是诗歌。这一时期重要的文学作品是英国的民族史诗《贝奥武甫》。诗中的英雄贝奥武甫与魔鬼、毒龙等自然界中的邪恶力量搏斗,并因此英勇献身。史诗情节完整,人物形象鲜明,语言生动,所用的头韵、排比和代词等具有古英语诗歌的鲜明特色。

中古英语时期从 1066 年诺曼人征服英国算起,直到 1500 年前后伦敦方言发展成为公认的现代英语。在此时期,文学作品主要的形式有骑士传奇、民谣和诗歌。在一系列骑士传奇中,涉及英国题材的是有关亚瑟王和圆桌骑士的冒险故事,其中《高文爵士和绿衣骑士》被视为骑士传奇最辉煌的成就。

14 世纪以后,随着英国资本主义工商业的发展和市民阶级的兴起,英语逐渐重新成为重要语言,社会各阶层人士纷纷使用英语,文学家也开始运用英语创作他们的作品。此时期的最重要的诗人是乔叟,代表作是《坎特伯雷故事集》。他首先在英语诗歌中使用英雄双韵体,后被许多英国诗人模仿。乔叟是英国文学史上首先使用伦敦方言创作的作家,对英国文学语言的发展贡献极大,因此被誉为"英国诗歌之父"。

2. 文艺复兴时期文学

英国文艺复兴时期主张以人为本,反对中世纪基督教至高无上的神权,提倡乐观向上、享受现世生活的积极人生态度。在此时期,英国文学得到了空前的发展,诗歌、散文和戏剧尤其兴盛。诗歌方面,新的诗体形式如十四行诗、无韵体诗被陆续介绍到英国。重要的诗人有锡德尼,他不仅写了许多优美的十四行诗,还出版了英国文学史上最早的诗论《为诗一辩》。另外一位重要诗人斯宾塞创作了长诗《仙后》,诗中歌颂伊丽莎白女王,宣扬人文主义思想。他创造的斯宾塞诗体韵式复杂,音韵和谐,节奏鲜明,富于音乐性。在散文方面,英文的钦定本《圣经》出版于 1611 年。此书不仅是宗教典籍,也是伟大的文学作品,且对英国的语言和文化产生了深远的影响,其朴素明晰的风格为后来的英国散文树立了典范。这个时期最杰出的散文家是培根,其代表作是《论说文集》,收录了他的 58 篇随笔,其特点是思想深刻、文笔简练、警句格言层出不穷。英国文艺复兴时期最伟大的作家是莎士比亚。他的作品包括 2 首长诗,154 首十四行诗和 38 部戏剧。他在兼收并蓄的同时又推陈出新,在历史剧、喜剧、悲剧、传奇剧等各类剧种都推出杰作。他的 9 个历史剧覆盖了从 13 世纪初到 15 世纪末之间连续 300 年的英国历史,场面宏大,人物众多。他的喜剧活泼轻快,具有浓郁的生活气息,其中《仲夏夜之梦》和《皆大欢喜》颇富浪漫诗情,令观众陶醉。《罗密欧与朱丽叶》则展现了他的悲剧才能。它歌颂年轻人纯真的爱情,有力地控诉了封建家族制度对人的天性的扼杀。莎士比亚最有名的悲剧是《哈姆雷特》《奥赛罗》《李尔王》《麦克白》"四大悲剧"。这些作品是莎士比亚戏剧艺术的巅峰之作。他后来创作的传奇剧以宽恕和解为主题,《暴风雨》是其中的上乘之作。莎士比亚的剧作思想深刻,手法精湛,对英国后来的戏剧有着极大的影响。他同时还是语言大师,其运用英语的出神入化的能力令人叹为观止。与莎士比亚同期的剧作家包括马洛、琼森、鲍蒙特和弗莱彻等。

3. 17 世纪文学

16、17 世纪之交,英国国内政治、经济等方面矛盾尖锐,社会动荡。由于君主专制和资产阶级之间的剧烈冲突,爆发了 1642 年的内战并导致了

1688 年的"光荣革命"。这一时期的文学作品多与政治斗争和资产阶级革命相关,主要表现宗教冲突和清教思想。这个时期最重要的作家是弥尔顿和班扬。弥尔顿积极投身资产阶级革命,创作史诗《失乐园》《复乐园》和《力士参孙》,其诗风沉郁庄严。班扬的代表作《天路历程》取材于《圣经》。这是一部受到广泛欢迎的寓言作品,用"基督徒"历经磨难和考验最终抵达天国之城的经历象征人类不懈追求美好未来的历程。

4. 18 世纪文学

18 世纪上半叶,英国社会安定,思想家和作家们崇尚理性,认为启蒙教化是改造社会的基本手段,因此该时期又被称为"理性的时代"。这一时期的文学崇尚新古典主义,其代表人物是诗人蒲柏。他擅长写讽刺诗,运用英雄双韵体创作诗歌达到精妙的程度。该时期体现启蒙思想的主要是散文作家,他们推进了散文艺术,并开拓了两个文学新领域,即期刊随笔和现实主义小说。斯梯尔与艾迪生是期刊文学的主要代表。前者创办《闲谈者》,后者创办《旁观者》。这两个刊物多刊载有关社会风俗、日常生活、文学趣味等方面的文章,文体优雅活泼,影响甚大。英国随笔的水平也因此得到进一步的提高,题材更广泛,文笔也更灵活多变。

此阶段更具英国特色而又对欧洲大陆产生重大影响的则是小说。笛福以《鲁滨孙漂流记》闻名于世。它主要描写主人公通过个人奋斗,靠自己的智慧和勇敢战胜困难,最终成为一名成功的资产阶级开拓者和殖民主义者。该书情节曲折,采用自述方式,可读性强,被视作英国现实主义小说的源头。斯威夫特的《格利佛游记》是以讽刺时事、表现人类的丑恶为目的的寓言,然而作为故事,也相当引人入胜,尤其对青少年读者有吸引力。他把现实细节放在奇特的幻想世界中,极富想象。书中发生在小人国、大人国、飞岛国、慧马国等虚构国家中的种种匪夷所思的事情给读者留下难忘的印象。理查逊擅长用书信小说细致描写遭遇不幸的少女的内心,其《克拉丽莎》等小说感动了一代英国和西欧的读者。菲尔丁则在《弃婴托姆·琼斯的故事》中塑造了众多栩栩如生的人物,展示了错综复杂的社会矛盾。其他重要小说家有斯摩莱特和斯特恩等。他们的创作或扩大了小说的题材范围,或打破了小说写作的传统手法,其成就使小说成为英国文学的主流,并促使其继续向前发展。

5. 浪漫主义时期文学

如果说 18 世纪的英国文坛是小说的天下,19 世纪前 30 年的英国文坛却属于诗歌。在此时期,出现了两位青年诗人华兹华斯和柯尔律治,他们联袂出版的《抒情歌谣集》拉开了英国浪漫主义诗歌的序幕。华兹华斯长期生活和创作在英国西北部的昆布兰湖区,因此被人称为"湖畔诗人"。华兹华斯反对古典主义的创作规范,认为诗歌应该表现日常生活,诗人应该使用人们平常使用的语言写作,抒发自己的激情,并附以想象的色彩。他的诗歌自然朴实,如行云流水。柯尔律治则赋予自然神奇色彩,并善于以瑰丽的笔调描绘超自然的幻景。第二代浪漫主义诗人包括拜伦、雪莱和济慈等。拜伦胸怀革命理想,反对暴政,颂扬自由与解放,杰作有《唐璜》和《恰尔德·哈洛尔德游记》等。拜伦诗如其人,始终为自由而斗争,其影响甚大,遍及英国、欧洲乃至全球。雪莱的抒情诗意境高远、气魄宏伟、想象雄奇。他的《西风颂》令当时和后世的革命志士心醉神迷,备受鼓舞。他的哲理诗探讨人类解放和理想的男女关系等重大社会问题,以议论入诗,然而诗句依然绚丽多彩。与拜伦和雪莱其名的济慈是英年早逝的天才。他在《夜莺颂》、《希腊古瓮歌》和《秋颂》等诗中赞美生活中的美,表达他对艺术美的崇敬以及对"永恒美的追求"。他的名句是"美即是真,真即是美"。

浪漫主义时期的散文和小说也取得了不俗的成就,其中最负盛名的是随笔家兰姆所创作的《伊利亚随笔集》和小说家兼诗人司各特所创作的历史小说《威弗利》和《艾凡赫》等。值得一提的还有英国第一位重要的女作家奥斯丁。她 20 岁左右开始写作,共发表了《傲慢与偏见》等 6 部长篇小说。她的小说展现了当时尚未受到资本主义工业革命冲击的英国乡村的日常生活和田园风光。其作品格调轻松诙谐,富有喜剧性冲突,深受读者欢迎。她的作品代表着浪漫主义向现实主义的过渡。

6. 维多利亚时期文学

以英国女王维多利亚命名的"维多利亚时代"泛指 19 世纪的后 70 年,在此期间英国工业化得到迅猛发展,英国国力达到历史上的鼎盛阶段。浪漫主义时期英国诗歌独领风骚,而维多利亚时期则是小说兴旺发达的时代。在这一时期,小说家蜂起,涌现出狄更斯、萨克雷、勃朗特姐妹、乔治·艾略特、盖斯凯尔夫人等一批杰出的代表人物。狄更斯出生于海军小职员家庭。他只上过几年学,全靠刻苦自学和艰辛劳动成为知名作家。他生活在英国由半封建社会向工业资本主义社会的过渡时期。其作品广泛而深刻地描写这时期社会生活的各个方面,鲜明而生动地刻画了各阶层的代表人物形象,并从人道主义出发对各种丑恶的社会现象及其代表人物进行揭露批判,对劳动人民的苦难及其反抗斗争给予同情和支持。狄更斯一生共创作了 14 部长篇小说,其中最著名的作品是《艰难时世》《双城记》《雾都孤儿》《老古玩店》《董贝父子》《大卫·科波菲尔》和《远大前程》等。狄更斯是 19 世纪英国现实主义文学的主要代表,艺术上以妙趣横生的幽默、细致入微的心理分析,以及现实主义描写与浪漫主义气氛的有机结合著称。勃朗特姐妹中最为著名者为夏洛蒂·勃朗特。夏洛蒂曾经当过家庭教师,也曾与妹妹艾米莉一起于 1842 年去比利时布鲁塞尔学习法语和古典文学。夏洛蒂的作品主要描写贫苦的小资产者的孤独、反抗和奋斗,属于被马克思称为以狄更斯为首的"出色的一派"。《简·爱》是她的处女作,也是代表作。乔治·艾略特写了一系列剖析伦理问题的小说,其中以典型的英国田园风光为背景的《弗洛斯河上的磨坊》是一出动人的悲剧。她的晚年作品《米德尔马契》则以缺乏爱情的痛苦的婚姻生活为题材,细致生动地描写了小镇上的芸芸众生。盖斯凯尔夫人用同情的笔调描写工人阶级及其斗争,其代表作为《玛丽·巴顿》。在 19 世纪的后 30 年,英国小说依然势头不减,题材范围继续拓宽。哈代创作出《德伯家的苔丝》《无名的裘德》《还乡》等一系列深受读者欢迎的作品。他的作品反映了资本主义侵入英国农村、城镇后所引起的社会经济、政治、道德、风俗等方面的深刻变化以及普通大众尤其是妇女的悲惨命运,揭露了资产阶级道德、法律和宗教的虚伪性。他的作品承上启下,既继承了英国批判现实主义的优秀传统,也为 20 世纪的英国文学开辟了道路。

7. 现、当代文学时期

1901 年维多利亚女王去世,爱德华七世即位,标志着维多利亚时代的结束和新的时代的开始。1914 至 1918 年期间爆发第一次世界大战,英国虽然获胜,但损失惨重。人们精神上遭受巨大的创伤,幻灭感和绝望感充斥整个社会。在精神的废墟上出现了现代派文学,在诗歌方面的代表作是艾略特的《荒原》。它从17世纪英国玄学派诗歌和法国象征主义诗歌中吸取营养,采用神话、传说、人类学以及其他文学作品中的大量典故,构成一部现代史诗。在小说方面,战前已有詹姆斯和康拉德等人将小说艺术推向对心理与动机的细致分析,战后又有女作家伍尔夫运用"意识流"技巧创作出的《到灯塔去》等小说。同样运用"意识流"技巧创作而成就更大者是爱尔兰作家乔伊斯。他的长篇小说《尤利西斯》细致、深入地展现了现代西方都市居民的内心生活,在结构和语言上都作了大胆创新,成为小说发展史上的一座里程碑。另一位重要的现代小说家劳伦斯描写现代西方社会中因工业文明而被扭曲的两性关系,并用激情的语言表达了对身心和谐、情感与智慧融合的完美生活的追求。《儿子与情人》和《恋爱中的女人》是他的代表作。

第二次世界大战之后的英国日趋衰落,其政治、经济实力远不如往昔。人们对道德准则、宗教信仰产生根本的怀疑,对历史产生负疚感,对未来充满焦虑。一些青年作家对"福利国家"政策所造成的单调生活感到不满,对上流社会的虚伪和势利感到厌恶,因此愤怒地抨击英国社会的阶级壁垒、统治集团和教会。这些被称为"愤怒的青年"的作家群包括小说《每况愈下》的作者韦恩、小说《幸运儿吉姆》的作者艾米斯和剧本《愤怒的回顾》的作者奥斯本。战后英国文坛一个令人瞩目的现象是妇女作家的崛起。莱辛的《青草在歌唱》使她一举成名。她侧重心理刻画,表现了非洲殖民地的种族压迫与种族矛盾。此后莱辛陆续发表了五部曲《暴力的孩子们》,以诚实细腻的笔触和颇有印象主义色彩的写实风格展示了一位在罗得西亚长大的白人青年妇女的人生求索。这期间她还完成了一般被公认是她的代表作的《金色笔记》。她的成就使她成为当代英国最重要的作家之一,并于2007年获得诺贝尔文学奖,被誉为继伍尔夫之后最伟大的女性作家。默多克从存在主义者的视角观察社会和人生,其作品包括《在网下》《逃避巫士》《一个砍掉的头》等。德拉布尔则在《金色的耶路撒冷》等系列小说中描写接受过大学教育或在大学教书的青年妇女所面临的恋爱、婚姻、职业等问题,其文笔细腻生动,淋漓尽致地描绘了20世纪60年代英国妇女的精神风貌。自50年代后期起,涌现出一批优秀的剧作家,除奥斯本外,爱尔兰人贝克特的成名作《等待戈多》1953年在巴黎演出时引起轰动,贝克特为此名噪一时,成为法国文坛上的风云人物,并荣获诺贝尔文学奖。在此之后,英国也出现了自己的"荒诞派戏剧",其代表作家是品特。他笔锋犀利,被称为"威胁大师"。他剧中的角色大多是失业者、小职员、流浪汉等社会下层人物,代表作为《生日晚会》《归家》等。他被评论界誉为萧伯纳之后英国最重要的剧作家,于 2005 年获得诺贝尔文学奖。当代英国诗坛的主要人物有拉金、休斯和希尼等。他们或者以机智、冷峻见长,或者擅长描写人性化的动物,或者善于表现爱尔兰的农村生活。他们的诗歌继承了英国诗歌的传统,并在新的历史条件下进一步发展了英国诗歌。

推荐阅读书目:

1. 常耀信.英国文学简史[M].天津:南开大学出版社,2006.
2. 王守仁(主编).英国文学选读[M].北京:高等教育出版社,2001.
3. 安德鲁·桑德斯.牛津简明英国文学史[M].谷启楠等译.北京:人民文学出版社,2000.

复习思考题:

1. 英国文学历经哪些重要阶段?各个阶段有哪些重要作家?
2. 你最喜欢的英国作家是谁?为什么?
3. 你最喜欢的英国文学作品是哪一部?为什么?
4. 莎士比亚戏剧的主要特点是什么?
5. 英国现代主义文学的基本特征是什么?

(袁德成)

美国文学概况

　　美国的历史不长,但是它的文学却是绚丽多彩的,出现了许多有影响的作家和作品。为我国读者熟悉的小说家有霍桑、马克·吐温、德莱赛、海明威、菲茨杰拉德、福克纳、索尔·贝娄、塞林格、托尼·莫里森等,诗人有爱伦·坡、惠特曼、迪金森、弗罗斯特、庞德、T. S.艾略特等,戏剧家有奥尼尔、田纳西·威廉斯、阿瑟·米勒等。从17世纪初算起,美国文学只有不到400年的时间,而真正独立的美国文学产生于19世纪中叶——美国文艺复兴时期。美国文学的主要特征可以用"新"和"多元化"来概括。美国文学反映了来自世界各地的移民在北美新大陆的新体验,也反映了北美土著民族(即印第安人)被殖民化的痛苦历程。除了曾长期居于统治地位的盎格鲁-撒克逊文化和文学之外,美国文学还包括了许多族裔和种族文学,诸如黑人文学、犹太文学、亚裔(含华裔、日裔、韩裔、菲律宾裔等)文学、土著文学、墨西哥裔文学、拉美裔文学等等。

　　美国文学大致可以分为五个时期:早期(1620—1820)、浪漫主义时期(1820—1865)、现实主义和自然主义时期(1865—1914)、两次世界大战之间(1914—1945)以及战后时期(1945年——　)。

1. 早期美国文学

　　早期美国文学的时代背景主要包括以下重大事件:欧洲早期移民定居北美洲,1607年第一个殖民地詹姆斯敦(Jamestown)建立;1620年"五月花号"("May Flower")到达普利茅斯;清教主义①在新英格兰地区居统治地位;1775—1781年发生独立战争;1776年《独立宣言》发表,同年美利坚合众国建立。

---

　　① 清教主义是16和17世纪英国一新教派别的信条,主张简单的教会仪式形式和严格的道德行为。在国王查理二世王政复辟之后,清教徒受到迫害。许多清教徒离开英国到美国定居。他们的简单生活方式和宗教戒律对美国文化产生了重要影响。

这一时期的主要文学体裁是诗歌和散文,散文以宗教和政治文章为主。主要的作家有:安妮·布雷兹特里特(Anne Bradstreet,1612—1672),她是美国文学中第一位重要的女诗人,著有《沉思》("Contemplations",1678)等;本杰明·富兰克林(Benjamin Franklin,1706—1790),他的《自传》(*The Autobiography*,1771—1790)有很大影响;菲利斯·惠特利(Phillis Wheatley,1754—1784)是黑人女诗人,代表作是《不同题材的诗歌,宗教的与道德的》(*Poems on Various Subjects*, *Religious and Moral*,1773)。

2. 浪漫主义时期

美国文学的浪漫主义时期又称为超验主义(Transcendentalism)时期,也称为美国文艺复兴(American Renaissance)时期。这一时期出现的重大事件有:大量欧洲移民涌入;大批拓荒者向西部移民,形成了西进运动;北方的工业化进程;废奴运动高涨;南北战争(1861—1865)。在文化思想领域则出现了超验主义①思潮。

真正独立的美国文学产生于这一时期。在这一时期美国文学从模仿欧洲传统,特别是英国文学传统,走向形成自己的特色,逐步成为独立的民族文学。在诗歌、小说和文学批评等方面美国文学都有了突破性的重大发展。这一时期美国文学形成的美国特色主要体现在如下几个方面:第一,许多作家描写了本土的风情、地理环境和历史,选取了本土题材,诸如抗英战争、开拓西部、印第安文化传统、美国的工业化和城市化进程等。第二,一些作家对美国社会、政治和经济变革表现出乐观主义的精神,而另一些作家则持批判的态度。第三,产生了像爱默生和梭罗这样的倡导独立于欧洲文化的本土文化、具有鲜明美国特色的思想家,他们的思想影响了同时代及后来的许多作家。这一时期出现了一大批反映美国本土历史文化的文学作品。华盛顿·欧文(Washington Irving,1783—1859),他被称为"美国文学之父",代表作是《见闻札记》(*The Sketch Book*,1819—1820)。超验主义运动的领袖拉尔夫·沃尔多·爱默生(Ralph

---

① 超验主义是19世纪中叶以美国波士顿地区为中心的一个哲学和文学思潮,其代表人物是爱默生和梭罗。他们受到德国哲学家康德的影响。超验主义者反对僵化的理性主义、高度形式化的宗教和在美国生活中日益严重的物质至上主义和重商主义。他们主张相信以感觉和直觉为基础的知识模式,强调自信、自立、自足,亲近自然,相信"超灵"(Over-Soul)。

Waldo Emerson，1803—1882)发表了被称为美国文化的"独立宣言"的题为《美国学者》的著名演讲,他的《论自然》(*Nature*,1836)则是超验主义的宣言。另一位超验主义的领袖亨利·大卫·梭罗（Henry David Thoreau,1803—1862)的《瓦尔登湖》(*Walden*,1854)成了当今生态批评思想的源头。埃德加·爱伦·坡(Edgar Allan Poe,1809—1849)是著名的诗人、短篇小说家、文学评论家,其代表作有诗歌《乌鸦》("The Raven",1844)和短篇小说《厄舍古屋的倒塌》(*The Fall of the House of Usher*,1839)。纳撒尼尔·霍桑(Nathaniel Hawthorne,1804—1864)的长篇小说《红字》(*The Scarlet Letter*,1850)和赫尔曼·麦尔维尔(Herman Melville,1819—1891)的《白鲸》(*Moby-Dick*,1851)都是具有广泛影响的经典作品。沃尔特·惠特曼(Walt Whitman,1819—1892)的《草叶集》(*Leaves of Grass*,1855,1856,1860—1861)开创了美国诗歌的一代新风。

3. 现实主义和自然主义时期

美国文学的现实主义和自然主义时期也是美国南北战争后的重建时期。在这一时期美国完成了向西部的扩张,横跨北美的铁路贯通,钢铁、石油、机械等工业迅猛发展,城市化进程加快,完成了农业社会向工业社会的转型,达到了垄断资本主义阶段。美国现实主义文学对这一时期的美国社会历史发展有深刻的反映。美国现实主义文学有三大代表性作家:威廉·迪安·豪威尔斯(William Dean Howells,1837—1920)、马克·吐温(Mark Twain,1835—1910)和亨利·詹姆斯(Henry James,1843—1916)。他们的小说反映了 19 世纪后半期美国社会生活的中心问题:"新的商业经济对个人生活的影响,变化的两性之间关系的影响,以及南北战争遗留未决的关键的种族问题的影响。"[①]这一时期的重要文学思潮还有"地方色彩"(Local Color)文学。另外,特别值得一提的是一位独特的女诗人爱米莉·迪金森(Emily Dickinson,1830—1886),她几乎终生足不出户,随意地在纸片上写下了大量短小精悍、意味隽永的诗歌,她的诗歌的技巧与语言都具有独特的风格,存留下来的共 1775 首。

---

① Paul Lauter, gen. ed., *The Heath Anthology of American Literature* (Vol. 1). Boston: Houghton Mifflin, 1994, p.12.

威廉·迪安·豪威尔斯是现实主义的倡导者和实践者。他的理论主张在当时产生了很大的影响。他的文艺思想体现在他的小说中。他的代表作是《塞拉斯·拉帕姆的发迹》(*The Rise of Silas Lapham*，1885)。马克·吐温是最具美国特色的一位作家。他的作品选用了地道的美国本土题材和具有浓郁特色的方言土语，充满了幽默和讽刺，富于地方色彩，塑造了生动的人物，辛辣地讽刺社会的弊端，无情地鞭挞了"镀金时代"，对于独立的美国文学传统的形成和发展做出了巨大贡献。他的代表作是《汤姆·索耶历险记》(*The Adventure of Tom Sawyer*，1876)、《哈克贝利·费恩历险记》(*The Adventure of Huckleberry Finn*，1885)。亨利·詹姆斯被公认为美国最伟大的作家和批评家之一。他具有浓厚的欧洲情结，他的作品往往反映了纯真的美国人在复杂世故的欧洲的经历，新、老大陆道德观念和文化的冲突。他的小说注重心理描写和叙事视角的选择，具有幽雅繁复的文体风格。他的代表作有《黛西·米勒》(*Daisy Miller*，1879)、《贵妇人画像》(*The Portrait of a Lady*，1881)、《鸽翼》(*The Wings of the Dove*，1902)、《专使》(*The Ambassadors*，1903)等。

美国的自然主义文学受到欧洲自然主义思潮，特别是左拉的影响，力图以科学客观的方式去记录和描写社会下层的生活，强调生物决定论和社会经济决定论，表现人的动物本质，人成为社会环境力量的牺牲品。这类作家及作品主要有：弗兰克·诺里斯(Frank Norris，1870—1902)的《章鱼》(*The Octopus*，1901)、斯蒂芬·克莱恩(Stephen Crane，1871—1900)的《红色勇敢勋章》(*The Red Badge of Courage*，1895)、杰克·伦敦(Jack London，1876—1916)的《马丁·伊登》(*Martin Eden*，1909)、西奥多·德莱赛(Theodore Dreiser，1871—1945)的《嘉莉妹妹》(*Sister Carrie*，1900)等。

4. 两次世界大战之间的美国文学

两次大战之间美国的社会历史背景是：虽然第一次世界大战并未在美国本土进行，但是它对美国社会，尤其是对美国青年产生了巨大的冲击。菲茨杰拉德在其小说《人间天堂》中的说法表达了这一代青年的心声："所有的神都死了，所有的战争打过了，人的所有信念动摇了。"另一方面，一战后美国的经济进入了空前繁荣时期。1919年通过了《第十八条宪法修正案》，禁酒时期从1920年一直延续到1933年。1920年通过的

《第十九条宪法修正案》赋予妇女选举权。1920—1929 这十年被称为"爵士时代"或者"喧嚣的 20 年代"(Roaring Twenties)。1929 年 10 月华尔街股市的大崩溃标志着长达近十年的大萧条时期的开始。30 年代被称为"激进的 30 年代"或者"红色十年"。在这一时期,马克思主义在美国得到广泛传播。工人运动此起彼伏。影响较大的学说和文化思潮是弗洛伊德心理学、现代主义思潮和哈莱姆文艺复兴。

这个时期被称为美国文学的"第二次繁荣",重要的文学流派有"迷惘一代"文学、南方文学、左翼文学和黑人文学。"迷惘一代"文学的主要成员及代表作有:菲茨杰拉德的《了不起的盖茨比》(The Great Gatsby,1925)、海明威的《太阳照常升起》(The Sun Also Rises,1926)和《永别了武器》(Farewell to Arms,1929)、托马斯·沃尔夫(Thomas Wolfe)的《天使望故乡》(Look Homeward,Angel,1929)等。南方文学的杰出代表是威廉·福克纳,他的《喧哗与骚动》(The Sound and the Fury,1929)等作品是意识流的经典。左翼文学的重要作家及作品有多斯·帕索斯的《美国》(USA)三部曲,它包括《北纬四十二度》(The 42nd Parallel,1930)、《一九一九年》(1919,1932)和《赚大钱》(Big Money,1936),约翰·斯坦贝克(John Steinbeck)的《愤怒的葡萄》(The Grapes of Wrath,1939)。黑人文学的重要作家及作品有佐拉·尼尔·赫斯顿(Zora Neale Hurston)的《他们眼望上苍》(Their Eyes Were Watching God,1937)、兰斯顿·休斯(Langston Hughes)的诗歌、理查德·赖特(Richard Wright)的《土生子》(Native Son,1940)。这一时期的重要诗人有弗罗斯特、庞德、T. S. 爱略特等。重要的戏剧家则有尤金·奥尼尔(Eugene O'Neill)。

5. 战后时期的美国文学

战后时期美国的社会、历史、思想背景包括:第二次世界大战的深远影响,存在主义思想的影响,沉寂的 50 年代与麦卡锡主义,动荡的 60 年代与民权运动、妇女解放运动、学生运动、反战运动、反文化运动等,70 年代后期开始美国社会趋于保守,多元文化主义兴起,环境保护运动发展,科学技术飞速发展。

这一时期的美国文学蓬勃发展、繁花盛开,出现了许多流派。这些流派及代表分别是:战争小说,如诺曼·梅勒(Norman Mailer)的《裸者与死者》(*The Naked and the Dead*，1948)；垮掉一代文学，如凯鲁亚克(Jack Kerouac)的《在路上》(*On the Road*，1957)和艾伦·金斯堡(Allen Ginsberg)的诗歌《嚎叫》(*Howl*，1956)；现实主义小说，如 J. D. 塞林格(J. D. Salinger)的《麦田里的守望者》(*The Catcher in the Rye*，1951)，约翰·厄普代克(John Updike)的"兔子"四部曲：《兔子，跑吧》(*Rabbit Run*，1960)、《兔子回家》(*Rabbit Redux*，1971)、《兔子富了》(*Rabbit Is Rich*，1981)以及《兔子安息》(*Rabbit at Rest*，1990)；黑色幽默小说，如约瑟夫·赫勒(Joseph Heller)的《第 22 条军规》(*Catch-22*，1961)、库尔特·冯尼格特(Kurt Vonnegut)的《第 5 号屠场》(*Slaughterhouse Five*，1969)、托马斯·品钦(Thomas Pynchon)的《万有引力之虹》(*Gravity's Rainbow*，1973)等；妇女小说，如乔伊斯·卡罗尔·奥茨(Joyce Carol Oates)的《他们》(*Them*，1969)；犹太文学，如索尔·贝娄(Saul Bellow)的《赫索格》(*Herzog*，1964)和艾萨克·辛格(Issac Singer)的《卢布林的魔术师》(*The Magician of Lublin*，1960)；南方文学，如威廉·斯泰伦(William Styron)的《索菲的选择》(*Sophie's Choice*，1979)；黑人文学，如拉尔夫·埃利森(Ralph Ellison)的《看不见的人》(*Invisible Man*，1952)、托尼·莫里森(Toni Morrison)的《宠儿》(*Beloved*，1987)和艾丽丝·沃克(Alice Walker)的《紫色》(*Color Purple*，1982)；土著美国人小说，如斯科特·蒙马迪(Scott Momaday)的《曙光织成的房子》(*House Made of Dawn*，1968)；华裔文学，如汤亭亭(Maxine Hong Kingston)的《女勇士》(*The Woman Worrior*，1976)等等。这一时期重要的诗人有艾伦·金斯堡、罗伯特·洛厄尔(Robert Lowell)、西尔维娅·普拉斯(Sylvia Plath)、约翰·阿什伯里(John Ashberry)、玛雅·安吉罗(Maya Angelou)等。重要的戏剧家则有田纳西·威廉斯(Tennessee Williams)、阿瑟·米勒(Arthur Miller)和爱德华·阿尔比(Edward Albee)。

参考书目：

1. 杨仁敬，杨凌雁. 美国文学简史[M]. 上海：上海外语教育出版社，2008.
2. 李宜燮，常耀信(主编). 美国文学选读(上、下册)[C]. 第二版. 天津：南开大学出版社，1999.
3. 董衡巽(主编). 美国文学简史(修订版)[M]. 北京：人民文学出版社，2003.

复习思考题：

1. 美国文学的主要特征是什么？

2. 真正独立的美国文学出现在哪一个时期？该时期有哪些重要的作家和作品？

3. 美国现实主义文学的代表作家及作品有哪些？

4. 你如何看"迷惘一代"文学？

5. 二战后美国文学主要有哪些流派及代表作家？

（程锡麟）

法国文学概况

引 言

什么是文学？"文学首先必须是一个（口头或文字的）语言文本，以语音、词语、结构等作为它的存在形式，这是它的客观事实；但同时它有人的创造性印记，体现了创作者的审美观、价值观、意识形态等文化背景。"这是学术界对文学这个概念下的基本定义。可以说，文学作品是了解一种语言、一种文化和一个民族的最好的途径。本讲作为法国文学专题，将把重点放在法国文学与文化的特质上，因为法国文学浩若烟海，文坛群星璀璨，每个时代都产生过影响人类精神文明进程的大师，两个学时的时间里，我们连皮毛都无法触及，所以只能以最概括的形式给大家一个基本的印象。我们将从四个方面涉及其特质：1.悲剧精神的传承，2.无限的创造力，3.理性主义传统，4.对人类命运的关注与思考。限于篇幅，我们将把论述的重点放在其创新能力上，通过各个时期的文学发展走向和代表作家来看它所体现出的极强的创造力。

1. 悲 剧 精 神 的 传 承

从历史传承的角度，法国文化与古希腊、古罗马文化有着千丝万缕的联系，无论是从文化材料、思维形式到心理结构等方面都可以说是古希腊文明的直接继承者。单从线性的历史延续上就十分明显。凯尔特人入侵始于公元前 800 年：他们属于印欧语系部族，是希腊人和意大利人的远亲。他们渐渐在中欧，随之又在西欧定居了下来。这些部族中的一支——高卢人，赋予了法国第一个名称：高卢。从公元 50 年，恺撒大帝吞并高卢到公元 5—6 世纪，法兰克人在高卢大部分地区建立自己的王朝，这一段历史时期的文化是归属罗马帝国的，可以称为罗马化的高卢。即使我们将法国文化的起源定在公元 5—7 世纪，仍然需要强调的是作为罗马帝国一个行省的高卢,从历史的角度看,与后来的法兰西是一个整体。

在古希腊文化对世界的认知中,人的理性和自然感性生命永远处于对立冲突中,这种冲突无法调和,因而构成一种命运。命运之于人是无法解开的谜,人知道命运无法抗拒却总是试图去挑战它,这样的认知形成了古希腊文化的一种特质,即悲剧精神,而这种特质在后来的整个欧洲思想文化的演变中一直保存了下来,作为直接继承者的法国文化自然不例外,因而我们可以说发端于古希腊的悲剧精神是法国思想文化的本质特征之一。悲剧精神也因此成为法国文学作品的主题,从中世纪的史诗《罗兰之歌》到文艺复兴时代的人文思想、启蒙运动对欧洲思想文化的反思与批判、古典主义戏剧的代表作品、浪漫主义开辟的新的文学境界,无一不是悲剧精神的生动写照。到了 20 世纪,人类经历了更加深刻的精神危机,更加自觉地意识到整个人类历史充满了悲剧精神,因而我们看到有波德莱尔的《恶之花》与恶的命运;加缪《西西弗斯神话》中的荒诞命运与荒诞英雄等一系列影响巨大、充满悲剧精神的作品。

2. 无 限 的 创 造 力

法国文学与文化充满活力,变化很快,常在世界范围内起到先锋和表率作用。17 世纪,法国凭借它的政治和经济实力成为欧洲的强国,盛行一时的古典主义成为欧洲各国效法的楷模。18 世纪资产阶级启蒙思想运动在法国蓬勃兴起,带动了整个欧洲资产阶级价值观的普及。19 世纪后,巴黎更成了欧洲文化的中心,许多新的文化思潮和流派在巴黎诞生并迅速传播到世界各地。第二次世界大战后,法国国力衰退,但其文化影响力仍在某种程度上保持着昔日的风采。它以惊人的创造力在文化的各个领域引领世界的潮流:新小说、荒诞剧、结构主义、后结构主义,解构主义、新现实主义等等,都诞生在巴黎这个文化摇篮里。法国作为电影的发源地,在战前的印象派电影的基础上继续电影的革新,"新浪潮"的兴起再次给电影艺术提出了新的课题和新的可能性,今日的法国电影人,仍然努力地以思想性和艺术性作为其电影标志,而这一切都源于法国文化中所具备的创新特质。

2.1 古典主义

在 17 世纪的古典主义之前,文艺复兴把欧洲从漫长的中世纪带入了一个新时代。文艺复兴源于意大利,但对法国产生了很大的影响。当时的君主专制制度需要依靠资产阶级,所以文艺复兴运动一度得到王权的支持,新思想催生了法国的全面发展,国力开始强大。

古典主义是在法国现代历史开始后不久产生的,是伴随着现代法兰西语言的形成而产生的,是在法国空前强大的历史背景下的产物,它对法兰西民族的文化本体、思维方式、语言习惯、审美趣味乃至生活方式等各个方面都产生了深刻影响,直到现在,法国人的生活行为方式和精神行为方式在相当大的程度上仍然体现出古典文化传统的作用。虽然古典主义是一个遍及全欧的文化现象,但只有法国的古典主义才对其民族的性格和心理产生了深远的影响,这本身就是一个独特的现象。

法国的古典主义文学从形态上与语言的形态息息相关,而 17 世纪正是现代法语确立的时期,还因为文学是沙龙的宠儿,而沙龙是贵族社交活动的场所,所以我们可以看到它对法兰西民族文化气质的影响:

- 社交谈话是沙龙生活的基本内容;
- 沙龙生活具有强烈的文化气氛;
- 沙龙的风雅造就了一批风雅贵族;
- 沙龙生活对社会文化结构和文化心理的形成必然产生指导作用;
- 沙龙孕育了一种以简洁、明晰、规整为特征的贵族语言。

法国古典主义文学作品最具代表性的是古典主义戏剧:高乃依、拉辛和莫里哀是杰出的古典主义剧作家。古典主义具有很强的创造性,它把古希腊、罗马的文化与法兰西的民族性结合起来,形成了既有拉丁文化传统特点,又有法国民族文化特点的新文化。

2.2 启蒙运动

18 世纪的启蒙运动是欧洲文艺复兴运动的继续和深入。它所确立的自由、平等概念成为了人类最宝贵的精神财富。启蒙概念最早来自柏拉图,意指用光明照亮黑暗。启蒙运动最早出现于英国,但法国却成为运动的中心,相比其他国家,法国的声势最大,战斗性最强,影响最深远,堪称西欧各国启蒙运动的典范。探其原因,首先还是因为当时的法国已经拥有了一个文化传播网:

- 沙龙——文化人聚集的场所,和 17 世纪相比,18 世纪的沙龙已经可以用"多如牛毛"来形容。人们谈论文学、艺术,也毫无戒备地交换对宗教、道德的看法，无形中，沙龙成了自由思想的传播地。

- 学术团体：法兰西学院、科学院……建立于 17 世纪 30 年代的法兰西学院向文人作家敞开了大门，孟德斯鸠、伏尔泰、达朗贝等著名启蒙思想家先后当选法兰西学院院士，这里便成了宣传新思想的阵地。各种学会、学院成了谈话的场所，人们在这里介绍他们的新发现，交换新的知识和思想，大大推动了科学和理性的传播。
- 公共图书馆与阅览室：谷藤堡印刷术的应用，催生了报纸、书籍、工具书的出现，诞生于 17 世纪的法国报刊业，在 18 世纪得到迅速发展。1750 年左右，法国已经有 80 多种期刊。
- 咖啡馆：各色人等都可以去的场所。法国的扩张政策让商人们面朝国门之外，把咖啡豆源源不断地运回法国，咖啡馆如雨后春笋般在巴黎的大街小巷冒了出来，成了法国人最经济的消遣方式，最方便的聚会场所，也成了传播最大胆的思想的畅通渠道。

各种形式的聚会场所，为 18 世纪的法国织就了一张纵横交错、四通八达的传播网。启蒙思想正是通过这些渠道，迅速传向外省，传向国外，影响到整个欧洲。

启蒙文学思考的问题涉及非常宽泛：人和上帝的关系、自然法则、天赋人权、经济、社会危机、政治制度的改革等等。可以说，启蒙文学充分证明了"表现社会是文学的基本功能之一"这样一个定义。

代表人物：伏尔泰、孟德斯鸠、狄德罗、卢梭。

启蒙思想家们在某种程度上可以被看做稍后发生的法国大革命的推动者。法国的历史和命运被改写，法国人的文化身份被改变，自由、平等、博爱的理念使文化变成了一种意识形态。《人权宣言》既是对世界产生深刻影响的精神财富，也是现代文明系统建立的基础。

2.3 19 世纪的浪漫主义文学

法国文化经过 18 世纪的哲学时代和伪古典主义时期，到 18 世纪末和 19 世纪初，随着浪漫主义的兴起，进入了一个新的阶段，一个新的文化繁荣期。和 17 世纪的作家不同，那个时候的作家并不知道什么是"古典主义"。但 19 世纪的作家中不少自称是浪漫主义作家。其实，浪漫主义一词从来没有明确的定义，romantisme 一词出现在 17 世纪末，它是和"传奇、幻想"等意义相近的。直到斯塔尔夫人在《论文学》中首次指出："浪漫主义在文艺上和古典主义对立"，人们才开始把 1760—1820 年间一切和传统的古典文艺理论决裂的文学著作都归入浪漫主义文学之列。其实浪漫主义承续了人文主义文学创作的文风,其内涵就是要对于自然感性生命进行自由自在的表达,即使不能完全地实现这种表达,至少要达到形式上和外观上的和谐与美,这就是浪漫主义作品大都辞藻华丽、情感放纵的原因。浪漫主义文学在法国文学中占有重要地位。

代表作家:雨果、拉马丁、乔治·桑。

2.4 批判现实主义文学

当我们谈到批判现实主义文学小说时,脑海中会出现这样一些熟悉的名字:司汤达、巴尔扎克、福楼拜、莫泊桑、都德。

19 世纪中叶,被看做浪漫主义文学运动主帅的雨果的剧本《城堡卫戍官》演出失败,成为这场文学运动走向衰落的标志。但浪漫主义的一大功绩是丰富和发展了小说这个文学体裁,使这个一直无法登上文学殿堂的“二等公民”登上了大雅之堂。当时的社会处于急剧变革的时期,人们开始意识到历史发展的现实性,它已经不再是过去的梦,不再是充满诗意的精神绿洲,而是包围人、压迫人的活生生的现实。小说过去的功能只是消遣性的,现在开始了新的探索:一是探索它在历史现实中的作用,另一个是探索历史现实对它的作用,这就是法国现实主义小说的开端。

1789 年法国大革命以后,知识阶层里普遍存在一种幻灭感,虽然让很多人对自身的命运自怨自怜,但也促使人们对社会进行检查和批判,造成了法国现实主义小说的一个重要特征:自觉的批判意识。

2.5 20 世纪:现代主义的崛起

两次世界大战从政治、经济、心理等诸方面给法国带来了强烈的震动。尤其是第二次世界大战中,法国三分之二的国土被德国占领,第三共和国灭亡。法国在两次战争中大约死亡两百多万人,其生命力遭受了可怕的打击。这一噩梦般的经历使许多人改变了对世界的看法,文学艺术领域出现了现代主义的信号。现代主义的特点是新观念、新理论、新体系层出不穷,都以清算历史、清算传统为目的,都希望承担创造新世纪的历史责任。

重要的流派与代表人物:达达、查拉、布勒东;超现实主义的关键词:“不要”。

与此同时,一股新的思潮也在慢慢发展,它在很多方面和超现实主义是一脉相承的,怀疑资本主义的传统价值观,怀疑传统人道主义在新的历史条件下的作用,嘲笑传统理性论对人以及对人和世界的关系的认识,这股思潮就是存在主义。

存在主义几乎同时在德国和法国诞生;德国的奠基人是海德格尔、雅斯贝斯;法国的代表人物是萨特、梅洛-庞蒂。

法国解放后,许多作家对当代问题表示了态度,希望赋予自己的作品以某种政治影响力。最主要的作家有纪德、莫里亚克、马尔罗、萨特、波伏娃、加缪、罗伯-格里耶、西蒙等;同时还有荒诞派戏剧的代表人物雅里、贝克特、尤涅斯库等。

从以上简单的论述中我们可以看到,法国文学无论从思想上还是形式上都始终充满了创造力,这使它能够始终保持自己在该领域的前沿地位。

3. 理性主义传统

法兰西民族特性充满矛盾,既浪漫又理性,乐于享受但懂得节制。它的思想、语言系统是建立在严密的理性思维逻辑体系上的,这是法兰西民族性格中蕴涵得更深也更为重要的机制。"这种个性表现在文学艺术中,一是将理智注入情感,使情感获得秩序和约束,二是把这种秩序和约束外化为清晰明了而又具有鲜明感觉性的形式。"(罗芃,1997:4)尽管20世纪理性原则受到怀疑,但无法把这种根深蒂固的理性原则消灭掉,而非理性最终还是在向理性回归。

3.1 什么是理性?

- 最早的理性概念泛指人的思维能力,作为神祇的对立面提出来的。笛卡尔使它成为了人类认识世界的能力和方法。而理性一旦成为人类认识世界的能力和方法,它本身也就随之变成哲学思考的对象。

- 二元论是其哲学体系的基本框架:既强调"物质实体"的存在,又强调"精神实体"的独立性。精神实体是人类所特有的。认识源于理性,人类具有天生的思维能力,又具备"天赋观念",便能够从中推导出一切知识和概念。

- 笛卡尔的学说开创了近代哲学的唯理论思潮,其影响涉及各个领域,尤其是文学艺术,主要表现在两方面:(1) 笛卡尔对理性的推崇确立了理性在文学艺术表现原则中的主导地位;(2)笛卡尔的理性方法论要求思维明晰准确,因为这是理性的基本特征,文学艺术自然也必须具备这样的特征。笛卡尔是第一位现代意义上的哲学家。过去由神父充当的哲学家主要论证上帝存在的合理性,现代哲学家论证我们周围的一切,寻找我们和周围关系的正确性。

3.2 布瓦洛的古典主义文学理论

- 1674 年发表《诗的艺术》,全面阐述了古典主义悲剧、喜剧、史诗以及其他诗歌体裁的艺术原则,最终完成了古典主义文学的理论建设。
- 理性和自然是这部著作的两个核心概念。
- 规整和明晰是古典主义文化的普遍审美原则。

"展示理性压倒冲动的胜利以及节制、简朴压倒过度、夸张的胜利,以便达到真正的高尚——即自我克制,这便是古典主义的目标。"(Mathiex,J. 2003:92)

建立在这样一套思想基础上的文学体系是不可能被轻易取代的,所以我们可以说,理性主义传统是法国文化的一大特质。

4. 作家的"介入"意识与对人类命运的关切和思考

"介入作家"一词出自萨特,他在其论文《境遇Ⅱ》中阐述说,每个作家都身处时代的境遇中,由此要对每一句话、每一个沉默负责任。其实在萨特之前就有一些作家以笔做武器,以自己的才能为工具而投身于某项事业,见证或揭示历史。

"介入"(engagement)一词的词义范围涉及:战斗、对信念的肯定、对当代问题表示的态度和采取的行动。介入就是表明并坚持自己的态度,而表明态度本身就是行动。根据萨特的说法,对于作家来说,行动包括在写作中将笔变成佩剑。

知识分子对社会形势的不满通常不会以太过暴力的形式来表达。18世纪的启蒙运动就是例子。启蒙思想家们对当时僵化的封建社会和黑暗的政治环境十分不满,他们更多的是用笔直接或间接地展开批判,表达他们对王权的绝对统治、社会不平等的反对,对司法制度的抨击,大量的作品给当时的宗教蒙昧社会带来了"光明",开启了人们的智慧,成为一场伟大的思想解放运动,并给全人类留下了宝贵的精神财富。这是文化人介入社会、改造社会的典范。法国19世纪末的"德雷福斯"事件中,左拉的行动就是一种社会介入。

"在法国,'知识分子'这一称谓是从19世纪末,在'德雷福斯'事件中,成为一种光荣的称号和象征的。"(Brand-Henri Lévi,2000:3)1894年至1906年间,发生了震撼整个法国的德雷福斯事件。犹太籍军官德雷福斯被诬陷为间谍,被指控向德国提供军事情报。围绕这一政治事件,法国文化界分成了两大阵营。1898年,左拉发表了著名的公开信《我控诉》,为无辜的德雷福斯辩护。当时一大批教授、作家、画家纷纷走出象牙塔,投入到正义与非正义的较量中。《人道报》的创始人若雷斯被视为人道主义的精神领袖,得到了阿纳托尔·法朗士、罗曼·罗兰这样的大作家的支持,其对立面则是以莫里斯·巴雷斯、保尔·布尔热为代表的民族主义者,他们分别代表了当时社会思潮中激进与保守这两种潮流。

这一事件激励着知识界和文学界投入行动,反过来,这群人又致力于为自己的行动提供一种思想理论和意识形态上的依据。从此,在思想的舞台上出现了一种新型人物——知识分子。左拉的宣言即被称为"知识分子宣言"。

法国知识分子的一大特点是对社会的参与意识特别强烈,在20世纪世界的重大事件中几乎都能找到他们的身影。他们满怀热情地寻找救世良方,关注着每一种新的思潮和学说的出现,可以说,20世纪的许多文化思潮源于知识分子对社会和人类的思考,源于他们对世界的关注。

结　语

法国文学具有丰富多彩的表达形式,拥有大批享有世界声誉的作家,它也是各种理论、流派、思潮的发源地,因而在世界文坛上享有崇高的地位。它鲜明的文化特质和善于吸纳、包容的胸怀使得它能够不断地推陈出新,始终充满了创造力。

作为古希腊、古罗马文化的直接继承者,它拥有光辉的历史和可供后人追寻的足迹。

作为其本质特征之一的悲剧精神使它的内涵博大而深邃。

拥有理性的传统使它面对世界时必须深刻思考、大胆设问。

作家的责任感使法兰西文学多了人文的关怀和对社会的关注。

法国文学对中国产生过巨大影响。

参考书目：

1. 贝尔纳-亨利·雷威.自由的冒险历程[M].第一版.曼玲,张放译.北京:中央编译出版社,2000.

2. 让·马蒂耶.法国史[M].第一版.郑德弟译.上海:上海译文出版社,2002.

3. 罗芃,冯棠,孟华.法国文化史[M].第一版.北京:北京大学出版社,1997.

推荐阅读书目：

1. 陈振尧(主编).法国文学史[M].北京:外语教学与研究出版社,1997.

2. 罗芃,冯棠,孟华.法国文化史[M].北京:北京大学出版社,1997.

3. 张泽乾,周家树,车槿山.20世纪法国文学史[M].青岛:青岛出版社,1998.

4. (法)尼摩.什么是西方:西方文明的五大来源[M].阎雪梅译.桂林:广西师范大学出版社,2009.

复习思考题：

1. 古典主义对法国文化产生了怎样的影响？

2. 请阐述浪漫主义在法国文学史上的地位与作用。

3. 启蒙运动从哪几个方面对人类的思想发展做出了贡献？

4. 举出你熟悉的20世纪法国作家或作品,并予以简单的评论。

5. 论述:作家是否应该关注社会？文学与社会现实之间是怎样的关系？

（宁　虹）

俄罗斯文学概况

1. 引 言

俄罗斯是一个文学大国,其文学之路并不算长,虽号称千年,但独立发展时间只有两百年左右。当西欧文学已经在古典主义的大道上阔步前进时,俄国文学还处在蹒跚学步的阶段。令人称奇的是,俄国文学一踏上自己的发展道路,迅即迸发出强劲的发展势头,赶上并超越了自己的欧洲同行。屠格涅夫、托尔斯泰和陀思妥耶夫斯基的登场,使俄国文学走上了世界文学之巅,奠定了俄国文学的世界地位。

大致说来,俄国文学发展发轫于 11 世纪,11—17 世纪被称为俄国古代文学时期。这一时期比较有代表性的作品主要有《古史纪年》(约 1113 年)和《伊戈尔远征记》(1185—1187)。18 世纪是俄国历史上一个重要的时期,彼得大帝的改革使俄国发生了巨大的变化,这种变化也反映在文学当中,可以说,18 世纪是俄国古典主义文学得到充分发展的时期。

2. 19 世纪俄罗斯文学

19 世纪是俄国文学取得骄人成绩的世纪,群星璀璨,光彩夺目:既有普希金、莱蒙托夫、果戈理、托尔斯泰、陀思妥耶夫斯基、契诃夫等一批文学巨匠激扬文字,又有别林斯基、车尔尼雪夫斯基、杜勃罗留波夫等文学批评家指点江山,可谓你方唱罢我登场,盛况空前。下面简单介绍一下这一时期代表作家的创作情况。

2.1 亚·谢·普希金(1799—1837)

俄罗斯杰出的诗人、小说家和戏剧家,文艺评论家。被称为俄罗斯标准语的奠基人,俄罗斯精神文化的象征。他的生命虽然短暂,却为后世留下了一笔包括诗歌、戏剧、小说、童话在内的丰厚的文学遗产。其代表作为诗体小说《叶甫盖尼·奥涅金》(1823—1830),主要描写受西方文明熏陶的贵族青年奥涅金不满上流社会的生活,却又无力改变现状。玩世不恭,结果失去了友谊和爱情,最终一事无成。奥涅金是俄国文学史上第一个"多余人"形象,而达吉雅娜则是俄国文学史上第一个完美女性形象。这部作品是俄国第一部现实主义小说,被别林斯基誉为"俄国社会生活的百科全书"。

2.2 米·尤·莱蒙托夫(1814—1841)

继普希金之后俄国文学史上又一位伟大的诗人、小说家和戏剧家。时运不济,命途多舛,同普希金一样死于决斗。除大量诗作之外,代表作为长篇小说《当代英雄》(1839—1840)。小说中主人公毕巧林成为继叶甫盖尼·奥涅金之后,俄国文学史上又一个"多余人"形象。"《当代英雄》可被视为俄罗斯社会心理和哲理小说的首次尝试。"①它的问世,标志着30年代俄国小说创作的最高成就。

2.3 尼·瓦·果戈理(1809—1852)

俄罗斯伟大的作家、剧作家和思想家,他继承并发展了普希金的传统,开创了俄罗斯文学的"果戈理时期"。他的代表作《钦差大臣》(第一部)(1835—1842)、《死魂灵》(1835)被公认为俄罗斯文学中的经典之作。《死魂灵》中农奴主普留什金成为世界文学形象长廊中三大吝啬鬼之一。他对俄罗斯文学的发展产生了颇为深远的影响,正如陀思托耶夫斯基所言:"我们都脱胎于果戈理的《外套》。"

2.4 伊·谢·屠格涅夫(1818—1883)

俄罗斯第一位获得欧洲声誉的杰出作家,语言大师,出身贵族。他的作品深刻地反映了19世纪俄罗斯的社会生活,为俄罗斯文学提供了一部19世纪俄国的艺术编年史、思想斗争史、如《罗亭》(1856)、《贵族之家》(1859)反映了30—40年代贵族知识分子的思想状态,塑造了罗亭,拉夫列茨基两个"多余人"形象;《父与子》(1862)表现了贵族知识分子同平民知识分子的思想交锋;《前夜》(1860)发表于农奴制改革前夕,书名就具有象征意义;而最后一部长篇小说《处女地》(1877)则抨击了当时民粹派的

---

① Кулешов. История русской литературы[M]. М. с. ,2004:253.

思想与行动。

2.5 费·米·陀思妥耶夫斯基(1821—1881)

俄国伟大的现实主义作家,也被称为现代主义鼻祖,对俄罗斯文学及世界文学产生了巨大影响。他的作品以深厚的人道主义精神、对存在真理的不懈追求、对灵魂的深刻剖析感染着读者,使其成为世界文学史上一位划时代的巨匠。诚如高尔基所言:"陀思妥耶夫斯基的天才是无可争辩的,就艺术的表现力来讲,他的才华只有莎士比亚可以与之并列。"①

陀思妥耶夫斯基的作品卷帙浩繁,具有代表性的当属几部长篇小说。其中《罪与罚》(1866)是一部社会哲理小说,深刻剖析了主人公拉斯科尔尼科夫"平凡人与不平凡人"理论产生与失败的根源;《白痴》(1867)则描写了作者着力塑造的"十全十美"的主人公梅诗金公爵"美拯救世界"理念的破灭;《群魔》(1871—1872)是一部激烈的反虚无主义的作品;《卡拉马佐夫兄弟》《1879—1880》是陀思妥耶夫斯基最后一部长篇小说,书中汇集了作家对上帝是否存在、人类的自由等一些永恒主题的深入思考。

2.6 列·尼·托尔斯泰(1829—1910)

俄国伟大的现实主义作家。列宁曾指出,托尔斯泰"不仅创作了无与伦比的俄国生活的图画,而且创作了世界文学中第一流的作品"②。托尔斯泰一生创作了大量流传后世的作品,他以朴素的语言、丰富的内容、卓越的心理描写手法(心灵辩证法)展示了当时俄国的社会现实及作家本人孜孜不倦的精神道德探索。他的三大部巨著《安娜·卡列尼娜》(1873—1877)、《战争与和平》(1863—1969)、《复活》(1889—1899)因而成为世界文学名著,成为人类精神文化家园中的重要组成部分。

《战争与和平》以宏大的叙事手法,细腻的心理分析将家族、个人的命运融入历史时空当中,揭示出人民是历史的决定性因素的主题。《安娜·卡列尼娜》则着重探讨了家庭伦理道德问题。小说中安娜-弗隆斯基与列文-吉蒂两条线索相互映衬,以安娜的不幸与列文夫妇的幸福作对比,揭示出安娜不幸的根源。《复活》是托尔斯泰创作的最后一部长篇小说,可谓呕心沥血之作。人在犯罪后进行自我救赎,通过道德的自我完善实现

---

① 高尔基.文学论文选.北京:人民文学出版社,1958:340.
② 列宁选集(2).北京:人民出版社,1973:370.

精神的复活是作者关注的焦点。

2.7 安·巴·契诃夫(1860—1904)

俄国杰出的作家、戏剧家。他的作品深刻反映了当时的俄国社会现实,表达出对俄国社会庸俗"国民性"及民族劣根性的批判(《套中人》、《姚尼奇》等)、对普通劳苦大众命运的同情(《苦恼》、《万卡》等)。他的小说结构紧凑,语言精练,且善于运用讽刺与幽默的手法,三言两语,一个鲜活的人物形象跃然纸上。契诃夫也是一位具有世界影响的剧作家,他的代表剧作《樱桃园》(1903)、《三姊妹》(1901)、《海鸥》(1896)等开一代风气之先,久演不衰。他的剧作有别于传统,除具有很强的抒情性之外,显现出去情节化的特点,极大地影响了俄国现代派的戏剧创作。从这个意义上讲,契诃夫有筚路蓝缕,以启山林之功。

3. 20世纪俄罗斯文学

世纪之交的俄罗斯文学异常活跃,主要由象征主义、阿克梅派和未来主义三个文学流派组成。这一时期涌现出一大批杰出的文学家、思想家、哲学家:别雷、勃洛克、阿赫玛托娃、马雅可夫斯基、别尔佳耶夫,舍斯托夫等。他们的作品异彩纷呈,各领风骚,形成了"百花齐放,百家争鸣"的局面。不过好景不长,随着苏维埃政权的建立和日益巩固,对文学领域的控制也由松到紧。一批文学家被迫离开祖国或被放逐,远赴他乡(梅列日科夫斯基、布宁等);另一部分则开始分化:或屈从于主流意识形态,遵循社会主义现实主义创作法则(法捷耶夫、阿·托尔斯泰等),或捍卫自己的创作自由,造成作品无法公开发表,只有转入地下(布尔加科夫、普拉东诺夫等)。这样一来,就形成了20世纪俄罗斯文学的三个有机组成部分:本土文学、侨民文学和地下文学。苏联解体后,俄罗斯文学呈现出多元共生的趋势。20世纪对俄罗斯文学而言也是一个收获的世纪,期间俄罗斯共出现了4位诺贝尔文学奖获得者:伊万·布宁(1933)、帕斯捷尔纳克(1958)、肖洛霍夫(1965)、索尔仁尼琴(1970)。如将美籍俄裔诗人布罗茨基(1987)算在内则是5位获奖者。这一时期比较有代表性的作家有:

3.1 阿·马·高尔基(1868—1936)

高尔基是一个极其矛盾复杂的人。他积极支持俄国的十月革命,却在革命胜利后主办《新生活报》，撰文抨击革命的暴行，最后报社被关闭，作家本人也被迫出国"休养"。斯大林当权后，为扩大自己的影响，积极鼓动高尔基回国。一俟"革命的海燕"回国，便将各种荣誉加于其身。在这种状态下，作家只有谨言慎行，做一些力所能及之事，直至去世。尽管如此，从文学成就来看，高尔基仍不失为一位伟大的作家。他的代表作[包括写于 1913—1923 年间的自传体三部曲(《童年》《我的大学》《在人间》)、奥古罗夫三部曲、《底层》(1902)、《克里姆·萨姆金的一生》(1925—1936，未完成)等]浸润着深厚的人道主义精神，包含着对个人与历史关系的深入思考。高尔基在作品中一方面展现了当时俄国社会的落后、野蛮、蒙昧无知；另一方面又宣扬个性，强调个性的决定性作用。这一切使他成为20 世纪具有世界影响力的作家。

3.2 伊·阿·布宁(1870—1953)

第一位获得诺贝尔文学奖的俄罗斯作家、诗人、翻译家。因与苏维埃政权政见不合，被迫于 1920 年流亡法国，成为俄罗斯侨民文学第一浪潮的代表作家。布宁的创作植根于俄罗斯民族文化土壤，继承了俄罗斯古典文学的优良传统，笔调细腻，抒情味十足，在当时的文坛独树一帜。受到托马斯·曼、罗曼·罗兰、里尔克等人的高度评价。诚如作家自己所言："我能肯定，我没有玷污一个半世纪之前始于卡拉姆津和……茹科夫斯基的文学。"[①]其代表作有长篇小说《阿尔谢尼耶夫的一生》(1927—1933)、短篇小说集《幽暗的林荫小径》(1943)等。

3.3 米·阿·布尔加科夫(1891—1940)

俄国著名小说家，剧作家。创作风格继承了果戈理、谢德林的讽刺传统及白银时代俄国文学，尤其是象征主义文学的创作技巧，并将其推向高峰。一生命运坎坷，苏联时期备受压制，作家在世时大部分作品无法发表。代表作为呕心沥血 12 年，八易其稿的巅峰之作——长篇小说《大师与玛格丽特》(1928—1940)。小说以近乎荒诞的形式，采用时空变换的叙事手法，由魔王沃兰德将现实世界与非现实世界融合在一起，表现出作家对现实世界的讽刺揶揄及对永恒世界的向往。

---

① 转引自阿格诺索夫(主编).20 世纪俄罗斯文学.北京:中国人民大学出版社,2001:119.

3.4 鲍·列·帕斯捷尔纳克(1890—1960)

20 世纪著名的诗人、小说家、翻译家。1958 年,为"表彰他在现代抒情诗和伟大的俄罗斯小说传统领域里取得的杰出成就",瑞典皇家诺贝尔奖评奖委员会授予他诺贝尔文学奖。

帕斯捷尔纳克首先是个诗人,曾参加过俄国未来主义的文学运动。第三本诗集《生活——我的姐妹》(1922)一出版,诗人就被公认为当代最杰出的诗人之一。但使帕斯捷尔纳克获得诺贝尔文学奖的,却是长篇小说《日瓦戈医生》(1945—1955)。关于这部小说,作者曾写道,他想在这部小说中塑造出"近四十五年俄罗斯的历史形象……这篇东西将表明我对艺术、对圣经、对人在历史中的生活以及其他许多东西的看法……作品的气氛是我的基督精神……"[①]就是这样一部作品,在苏联时期由于意识形态问题屡受责难:《新世界》杂志社退稿,认为作者歪曲了十月革命的历史意义,除了恶与不幸,没有正面意义;苏联当局以驱逐出境相威胁迫使作家放弃诺贝尔文学奖,并将其开除出苏联作协。此后作家的生活可想而知,在郁郁寡欢中了此残生。

3.5 米·亚·肖洛霍夫(1905—1984)

20 世纪俄罗斯文学史上具有重要地位的作家。他发展了果戈理、契诃夫、托尔斯泰的叙事传统,以自己独到的笔触书写了 20 世纪顿河地区哥萨克的社会和思想变迁。由于"他在描写俄罗斯人民生活各历史阶段的顿河史诗中所表现的艺术力量和正直的品格",1965 年获得诺贝尔文学奖。

史诗性长篇小说《静静的顿河》(1925—1940)是肖洛霍夫的巅峰之作,小说以葛利高里·麦列霍夫几个哥萨克家庭的经历为叙事主线,将个人、家庭的爱恨情仇放在社会、国家动荡的历史大背景中,折射出政治斗争及战争对人性的摧残和扭曲。这样的叙事手法明显受到托尔斯泰的《战争与和平》写法的影响。长篇小说《被开垦的处女地》(上卷 1932,下卷 1959—1960)则可以说是一部苏联时期顿河地区农业集体化运动史,不过艺术成就明显逊于《静静的顿河》。

---

① 转引自阿格诺索夫(主编).20 世纪俄罗斯文学.北京:中国人民大学出版社,2001:455.

3.6 亚·伊·索尔仁尼琴(1918—2008)

被称为"20世纪俄罗斯的良心"、苏联"集中营文学"的开创者。1970年,瑞典皇家学院"因为他在追求俄罗斯文学不可或缺的传统时所具有的道义力量"授予他诺贝尔文学奖。当时,苏联官方认为这是"冷战性质的政治挑衅"。自然,索尔仁尼琴没有前去领奖。苏联时期,他拒不与当权者妥协,遭到迫害,他的长篇小说《癌病房》(1963—1967)、《第一圈》(1957—1968)、《古拉格群岛》(1973—1980)、《红轮》(1976)基本都先在国外发表。1974年被驱逐出境,1988年恢复苏联国籍,1994年回到俄罗斯。

索尔仁尼琴的创作始终关注着俄国社会历史的发展,关注着俄罗斯的民族性格。他的作品无论是反映集中营的生活,还是描写普通人的命运,都显露出作家对人的自由、尊严的捍卫,对俄罗斯民族文化及民族精神的肯定,对真理孜孜不倦的追求。正如他在诺贝尔文学奖获奖词中讲道:"在与虚假进行的斗争中,艺术过去总是取得胜利,而且现在也总是取得胜利! 对每一个人来说这都是公开的,无可辩驳的!"

2008年8月3日,索尔仁尼琴驾鹤西游。俄罗斯总统普京给予了作家高度的评价,为他的一生画上了圆满的句号:"索尔仁尼琴的逝世是对全俄罗斯的沉重打击。我们为我们有索尔仁尼琴这样的同胞和同时代人感到骄傲……我们要学习他真正的自我牺牲精神及为人类、为祖国、为追求自由、公正和人道理想而无私奉献的精神。"

推荐阅读书目:

1. 阿格诺索夫(主编).20世纪俄罗斯文学[M].北京:中国人民大学出版社,2001.
2. 任光宣(主编).俄罗斯文学简史[M].北京:北京大学出版社,2006.
3. 库列绍夫.19世纪俄国文学史(俄文版)[M].莫斯科:莫斯科大学出版社,2004.

复习思考题:

1. 阅读《叶甫盖尼·奥涅金》与《当代英雄》后,试析两个"多余人"形象之异同。
2. 果戈理的《钦差大臣》的主题思想是什么? 有何现实意义?
3. 根据文本试析契诃夫创作的总体艺术特色。
4. 试析《静静的顿河》中男主人公葛利高里·麦列霍夫的艺术形象。
5. 《罪与罚》中是什么促使拉斯科尔尼科夫去犯罪,他受到了什么惩罚?
6. 试析《日瓦戈医生》的艺术特色。

(李志强)

日本文学概况

日本文学,无论题材还是艺术风格都具有独特的魅力。远至平安时期的《源氏物语》,近至村上春树的青春小说,在全世界都拥有广大的读者。尤其是川端康成、大江健三郎分别于 1968 年、1994 年获得"诺贝尔文学奖"之后,日本文学更加受到全世界文学爱好者的关注与喜爱。

源远流长的日本文学,从古典、中世文学到近、现代文学,各个历史时期的文学经典如璀璨的星光点缀着日本文学史的苍穹。受篇幅局限,本章重点讲解诞生于日本近代土壤中的文学流派、代表作家及其代表作品,并适当结合其他时期的文学,探索日本文学的特征。

1. 日本的自然主义文学

自然主义文学是日本近代文学史上最早且影响最大的文学流派。19世纪末,受福楼拜、莫泊桑、龚古尔等法国的批判现实主义作家影响,尤其是在爱米尔·左拉的文学思想影响下,"左拉主义"传入日本。左拉是19世纪后半叶法国的批判现实主义作家,也是自然主义文学理论的主要倡导者。他将科学研究的方法运用于文学创作,并以此究明现实社会与个人生活中的基本规律,揭露社会的弊病。

日本的自然主义文学(又称"左拉主义")主张从遗传和生存环境的视点出发探索人性的特征,认为不论人性美丑,都应该如实地反映现实、尊重自然的真实。自然主义作家们采用客观描写的创作方法,其流派形成的标志则是诞生于 20 世纪初的《破戒》(1906 年,岛崎藤村著)与《棉被》(1907 年,田山花袋著)这两部作品。

《破戒》的主题是贱民歧视问题。出身贱民的小学教师濑川丑松之父由于备受社会歧视,临终前告诫丑松,为了生存不得暴露自己的出身。小说描写了丑松对自己贱民身份的恐惧、悲哀、动摇、苦闷的心理以及从守戒到破戒的过程。

《棉被》是作者实际生活的真实记录。主人公中年小说家收留了一位

19岁的女弟子,并对她产生恋慕之情。小说大胆、直率地表达了中年男子对年轻女性的爱慕。

岛崎藤村的另一部小说《新生》(1916)讲述了丧妻之后的主人公与来家中照顾孩子和料理家务的侄女发生乱伦关系的故事。该小说也是作家自身生活的纪实。尤其特殊的是,它描写的不是过去的经历,而是实际生活中正在发生的事情,是一篇露骨地、赤裸裸地"告白"自己私生活的"私小说"风格的典型作品。

以上作品以客观审视自我的态度,真实、露骨地描写了作者自身的生活经历和欲望,确定了日本自然主义文学的性格和发展方向。

自然主义文学的特点和意义:

其一,欧洲自然主义的"自然"指的是客观的自然,日本的自然主义作家则把自我看成"自然",进而偏重描写自我;其二,欧洲自然主义强调的"真实"是作者客观地观察和描写的"真实",是基于近代科学和实证主义哲学基础上,不带作者主观感情的客观、真实的描写,而日本的自然主义则倾向于把"真实"等同于"事实",进而露骨地描写"真实的事实",他们甚至认为最好的"真实的事实"是自己的隐私。

总之,日本的自然主义作家通过对自身的审视和赤裸裸的告白,追求自身内部的真实,与法国自然主义文学相比,其明显的不足在于过分拘泥于自己身边狭隘的现实,缺乏对社会的透视,更谈不上解剖社会,消除社会的弊病。这种"无理想""无解决"的文学观受到了反自然主义文学阵营的猛烈批判。

明治维新前的日本社会,受强大的封建制度、封建道德规范的桎梏,人性被压抑,个性被束缚。然而,明治维新以后,随着"文明开化"等一系列国策的实施,"人本主义""自由主义"等西方近代思想涌入日本,知识阶层开始意识到了"个人价值""人性解放"的重要。而自然主义文学的意义也正在于此,"自我告白"的过程同时也是审视自我、"自我意识觉醒"和"自我确立"的过程。因此,在彻底的"写实描写"与促进"人性解放"方面,自然主义文学确立了其自身的独特性格,并成为日本近代文学的一大主流。

2. 反自然主义文学

与自然主义文学有着相异或相对立的文学思想的文学,被统称为

"反自然主义文学"。它包括众多的作家和流派,本节介绍三大主要流派。

2.1 耽美派文学

"耽美派"又称"唯美主义文学"。机关杂志为 1910 年 9 月创刊的《三田文学》。该派反对以赤裸裸地暴露人性丑恶为基调的自然主义文学,试图通过对美,尤其是对官能美的描写,寻求文学的价值和意义。"耽美派"文学有别于自然主义文学的最明显的特征有三点:①主张空想而非写实;②寻求美的价值而非伦理价值;③追求作品技巧的成熟而非内容的充实。该流派以"艺术至上主义"为艺术准则,以"享乐主义"为信条,代表作家有永井荷风与谷崎润一郎。

永井荷风(1879—1959),将自身的欧美生活经历与日本的现实进行比较,对日本明治维新以来盲目、肤浅地学习西方近代文明的做法持批判的态度。但作为反现实的手段,他选择了徜徉于花街柳巷,在对逐渐消失的江户传统情趣的追怀中,形成了其享乐主义和颓废主义的唯美主义文学。永井荷风的作品文笔从容舒缓,具有唯美主义特有的超逸,代表作有《隅田川》(1909)、《比手腕》(1916)、《濹东绮谭》(1937)等。

谷崎润一郎(1886—1965),日本唯美派大师,也被称为"恶魔主义"小说家。代表作有《刺青》(1910)、《恶魔》(1912)、《春琴抄》(1933)、《细雪》(1948)等。

《春琴抄》:出生于富商家的阿琴 9 岁双目失明,后成长为才貌出众的琴师,艺名"春琴"。佐助自阿琴失明以来一直伺候并爱慕着这位孤高的女主人。其后,两人虽然成了事实上的夫妻,但春琴对佐助仍持主人对下人颐指气使的态度,佐助也一如既往地服侍着这位高高在上、孤傲乖僻的主人。春琴因遭人嫉恨被毁容后,佐助为了将春琴的美貌永驻心中而刺瞎了自己的双眼,完成了由感官审美向心灵审美的升华。

被誉为唯美主义绝唱的《春琴抄》,极其典型地反映出了谷崎追求感官刺激以及女性崇拜的文学观。佐助为了表示对春琴的爱,用针刺瞎双眼,从中也表现出了一种自虐的变态心理。该小说正是通过从残忍的虐待与自虐中追寻唯美的爱情这一主题,完成了谷崎似的审美结合,并将谷崎风格的唯美主义推向了极致。

著名的浪漫主义作家佐藤春夫如此评价耽美派文学的意义:日本文学这只鸟受到了自然主义的束缚,首先给这只鸟以鸣声的是永井荷风,给它以翅膀的则是谷崎润一郎。

2.2 白桦派文学

1910 年 4 月,由武者小路实笃、有岛武郎、志贺直哉、木下利玄等人创办的文艺综合杂志《白桦》正式发刊,标志着白桦派的诞生。白桦派文学既反对自然主义文学的阴暗与压抑,又批判耽美派文学无理想的颓废倾向。该派作家多为贵族青年,他们深受以托尔斯泰为代表的俄国文学的影响,在人道主义和理想主义的理念下,创作了大量的优秀作品,文学风格十分明朗、向上。

志贺直哉作品介绍:

《在城崎》(1917):主人公"我"被电车撞伤后去城崎的温泉疗养,偶尔看到蜂巢边一只静静死去的小蜜蜂,这让"我"感到了死的静谧与安宁;随后,又在河岸边看到一只被钎子扎伤后挣扎着求生的老鼠,这让"我"倍感生灵求生的执著与死的恐怖;坐在岸边,一只蝾螈偶然被自己不经意扔去的小石子击中死去。这只偶然死去的蝾螈与偶然幸存的自己形成了鲜明的对照。小动物的死让主人公感到了生命的孤独,想到自己的大难不死以及小动物们偶然、必然的死,"我"感悟到了,在自然面前人类与动物原本是同等的存在,生与死也并非对立的两极!该文超越了人与动物的界限,表现出了一种宗教式的彻悟。

《小学徒的神仙》(1920):少年仙吉是一家秤店的小学徒,经常听店里的掌柜们谈论寿司的美味,产生了无论如何也想尝一次的愿望。一天,他揣着外出送货时省下的 4 文电车费走进了向往已久的寿司店。当他兴奋地正欲抓起一块寿司时,店主却冷冷地说到:寿司 6 文钱一块。少年失落地放下了手,羞愧、无奈地走出了寿司店。

这一幕,被正在吃寿司的年轻议员看在了眼里,看到少年孤单离去的身影,议员感到十分寂寞。其后的某一天,议员去买秤,在店里偶遇了仙吉少年,于是,他有意让仙吉替他送秤,并请他吃寿司以表感谢。在把仙吉带进寿司店后,议员匆忙离开。仙吉少年无拘无束、美美地饱餐了一顿梦寐以求的寿司。

想到自己吃不起寿司,却又吃到了最好的寿司,而议员怎么会知道自己想吃寿司?这令仙吉百思不解。其后,每当仙吉少年悲伤、无助之时总会想起那位议员。某日,仙吉终于忍不住向掌柜要来了议员买秤时留下的地址,而当他找到那里时,却惊讶万分,原来那里是一座神社!

志贺具有娴熟的艺术技巧,他的小说篇篇都是珠玉之作,被誉为日本的"小说之神"。其文笔清新、简洁,语言雅正、冷彻,作品中浓郁的东洋式的恬静,尽显自然本色,余味无穷,令读者流连忘返。

2.3 新思潮文学

"新思潮文学",又称"新理智主义""新技巧派文学"。该派作家打破了自然主义文学单一、消极的写实模式,同时又批判耽美派的颓废,并对白桦派作家相信个性的全面发展就是善美的理想主义持怀疑态度。他们推崇近代文豪夏目漱石和森鸥外,主张运用理智、理性的描写和技巧探索人性的真谛。该派兼具了知性、写实、浪漫、理想的近代文学精神,成员主要是第三次《新思潮》(1914)以及第四次《新思潮》(1916)杂志的同仁,代表作家有芥川龙之介、久米正雄、菊池宽等。

新思潮派作家的创作极富理智性和观念性,他们将冷静的写实手法与强烈的主观分析融为一体,擅长对事件、人物以及人物心理做深刻的剖析。尤其是芥川在借鉴西方近代小说风格的基础上,强化了日本文学的虚构性,并大大地促进了短篇小说这一文学形式的发展。

芥川龙之介作品介绍:

《罗生门》(1915):平安时代末期的一个世态凋敝的黄昏,一位被主人辞退的家臣在京都罗生门避雨,他在无助的命运中茫然无措——要么饿死,要么沦为盗贼。由于京城连遭地震、台风、饥馑等的危害,罗生门已常年失修,成为盗贼的窝点。而且人们还经常将死人丢弃于城门楼上。为了避雨,家臣爬上门楼,却发现一位老太婆蹲在尸骸堆中揪拔死人的头发。老太婆用死人的头发做成假发出售。她还认为自己如果不这样做就会饿死。听完老太婆的解释后,家臣似乎坚定了此前曾犹豫不定的决心,他剥下老太婆的衣物,一脚将她踢在死人堆里,消失在了漆黑的夜幕中。

对于拔死人头发的老太婆,家臣先是感到恐惧、好奇,接着产生强烈的正义感,甚至忘却了自己原本也想做强盗的念头。然而,最后却发展到认同老太婆的伦理——为了生存,不得不为之。小说刻画了人在正义感和利己主义之间摇摆不定的心理,是对为了自己生存,不顾他人的利己主义的辛辣批判。

小结:自然主义文学抛弃文学的虚构性,着眼于描写人生的真实,但作家们多采用告白的方式记录身边琐事,取材视野狭窄单一。而反自然主义诸流派却各有千秋。如近代文坛巨匠森鸥外虽受到过自然主义影响,但其涉及汉学、西学、日本学的渊博学识和宽阔的社会视野,使其在文学素材的选择、立意方面远远超越了自然主义文学。另一位近代文坛巨匠夏目漱石,与森鸥外一样博学多识,他长于心理描写,把握结构能力超群,其文学的高妙之处也远非自然主义文学所能及。

此外,唯美派通过丰富的文学表现力,对"美"做了独特的诠释;白桦派作家高扬理想主义、人道主义旗帜,开创了积极、明朗的文学风格;新思潮派也以其理性、思辨的创作,开辟了一条新的文学道路。各个流派的活跃,使日本近代文坛百花齐放,欣欣向荣。

3. "文学的革命"与"革命的文学"

"新感觉派"文学

1923 年的日本关东大地震,从物质、精神两方面给人们带来深远的影响。明治维新以后,日本的传统文化以及支撑这种文化的价值观受到了西欧文明的猛烈冲击,而关东大地震则严重摧毁了旧有的物质基础。震后重建的东京面目一新,代表近代西欧文明的各种事物纷纷涌现,日本社会进入了一个"快速变化的时代"。

在文学方面,受西方前卫艺术的影响,文学杂志《文艺时代》于 1924 年 10 月创刊,宣告了"以新的表现形式为武器,对既有文学进行挑战"的"新感觉派"文学的诞生。新感觉派是日本现代派文学中最早出现的一个流派,其代表作家有横光利一、川端康成、片冈铁兵等。

新感觉派提倡"艺术革命",它既批判固守在"私小说"狭隘世界中的既有文学,又反对同时期兴起的"革命艺术"——"无产阶级文学"过分拘泥于社会、阶级的对立,并因此扼杀了艺术自身的规律和想象力。

横光利一认为,第一次世界大战以及关东大地震后,日本社会发生了天翻地覆的变化,人们有必要用视觉、听觉、感觉来重新认识世界和表现世界。他受"构成派""未来派""达达派""表现派"等欧洲现代主义文学艺术的影响,对文学表现手法进行了各种实验性的尝试,大胆运用拟人、照应、象征、暗喻、韵律节奏等手法来实现"新感觉"的文体。这种崭新的尝试引起了大批年轻读者的共鸣,新感觉派也成为与关东大地震后"快速变化的时代"相契合的新文学而受到青睐。

横光利一作品介绍：

《苍蝇》(1923)：一只刚从蜘蛛网上逃生的大眼苍蝇,落到了马车的马背上。驼背车夫唯一的爱好是吃刚蒸好的、谁也没碰过的馒头。他在馒头店旁边下棋、等待着馒头出笼。一农妇收到儿子病危的电报,匆忙赶来乘马车;一对私奔的男女、乡下的暴发户等也各怀心事来乘车。车夫一心一意地等着馒头,对他人急欲乘马车的心情毫不理会。终于,馒头出笼,车夫吃着馒头出发了。然而,饱食后陷入困倦的车夫开始打瞌睡,马车在悬崖的拐角处跌落,坠入深渊。这时,马背上那只刚死里逃生的苍蝇悠然地飞向了天空。

小说有两个关键,其一是左右了所有人命运的馒头。车夫的特殊嗜好是馒头,饱食后打瞌睡致使马车坠落的缘由也是馒头。其二则是刚死里逃生的苍蝇。俯视着马车掉入悬崖的大眼睛苍蝇飞向天空的构图正好与坠落的马车形成鲜明对照。横光正是借这只大眼睛苍蝇,冷静、客观地凝视并表现了无法抗拒的、受命运操纵的人生。

川端康成及其作品：

川端康成(1899—1972)2岁丧父,3岁丧母,8岁祖母去世,其后的几年中又相继失去姐姐、祖父。孤儿的遭遇使他的童年忧郁而悲凉,并养成孤独、神经质的性格。这对川端其后的文学创作产生了重要的影响。

成名作《伊豆的舞女》(1926),描写高中生的"我",性格被"孤儿气质"所扭曲,心中充盈着令人窒息的忧郁。一次去伊豆旅行,偶遇江湖艺人一行,其中,留着发髻、背着大鼓的年少的舞女给"我"留下深刻的印象。一行中有个叫荣吉的男人,好心与"我"搭话,我们成为旅伴。到达目的地时,"我"本打算与艺人们同住一家旅馆,却被荣吉领到了另一家旅店。这天夜里,"我"听到了舞女敲鼓的声音和凌乱的脚步声,令"我"担心舞女会不会遭人玷污。第二天一早,荣吉与"我"去温泉,对面浴池的舞女发现了我们,使劲地朝我们挥手,而且由于太过高兴,她竟赤条条地从水池里跑了出来,舞女真是个孩子!

我与舞女产生了纯洁的友情。在去下田街道的旅途中,听见舞女在背后说"我"是个好人,被"孤儿气质"扭曲的"我"热泪欲涌。在坐船回学校的早晨,只有荣吉一人来送我,我感到一丝凄凉。快到码头时,发现舞女蹲在那里,不管我对她说什么,她都不回答,只是一个幼儿地点头。

船开了,舞女朝我挥舞着白手绢,我走进船舱,任凭眼泪流淌。

该作品是川端康成以去伊豆旅行时的体验为素材创作完成的。性格孤僻的"我"遇到了天真活泼的少女,虽然生活过早地将她推向了社会,但她的热情、纯真依旧。与舞女纯洁的心灵交流,这种美好甜蜜的情感把主人公从压抑、郁闷中解脱出来。该作品写活了这对年轻人,唤醒了读者似曾拥有过的美好记忆,被称为日本近代抒情"青春文学"的杰作,曾六次被搬上银幕。

川端善于学习西方各文学流派的创作方法,并从东方文化,尤其是日本古典文学中汲取营养。他曾经指出:"我们的文学随西方文学潮流而动,但日本的文学传统却是潜藏着的、看不见的河床。"他的作品抒情、浪漫,富有情趣、余韵,充溢着日本的传统美。1968 年,川端因"以卓越的感受和高超的技巧,表现了日本人的内心精髓"而获诺贝尔文学奖。

4. 日本文学的特征

4.1 近代写实主义

写实主义兴起于 19 世纪上半叶的欧洲,是指密切关注现实事物并如实地反映这一现实的文学倾向。日本的写实主义则产生于 19 世纪后半叶,开先河者首推坪内逍遥。日本近代写实文学与江户通俗文学的区别在于,前者在人性分析、环境设定等方面更具合理性和科学性。

4.2 近代浪漫主义

欧洲的浪漫主义兴起于 18 世纪后期。其特点是带有浓厚的主观倾向,以人本思想为根本,尊重自我,追求思想情感的自由。日本的浪漫主义则形成于 19 世纪后期,分初期、中期、后期浪漫主义(新浪漫主义)。初期浪漫派以森鸥外为主导,成员包括北村透谷、星野天如、岛崎藤村、上田敏等《文学界》(1893 年创刊)同仁。中期浪漫派成员则指以与谢野铁干、与谢野晶子为中心的《明星》(1900 年创刊)杂志同仁。后期浪漫派又称新浪漫派、唯美派、颓废派,成员包括集结在《昴星》(1909 年创刊)等文艺杂志以及"牧羊神"会周围的木下杢太郎、北原白秋、高村光太郎等作家们。

4.3 私小说与心境小说

私小说的源头可追溯到自然主义文学,是一种脱离时代背景和社会生活,狭隘、孤立地描写身边琐事的小说形式,代表作品为田山花袋的《棉被》(1907)。

而心境小说的描写重点则有别于私小说(狭义),即从侧重于对事物、情节的描写转为对当事人(作者)内心的描写,如志贺直哉的《在城崎》(1917),几乎没有实质的情节,更多的是作者自身的心境和思考。

4.4 艺术至上主义

芥川龙之介与《地狱变》:

《地狱变》(1918)被视为芥川文学的顶点,艺术至上主义的顶峰之作。有权有势的堀川大公手下有一位叫良秀的名画家。他心爱的独生女是大公家的女侍。某日,大公令良秀画一幅"地狱变"的屏风。良秀受命后一心一意地做起画来。作为画师,他有个特点,即画不好未曾见过的东西。为此,他把弟子当模特,用铁链捆绑,让猫头鹰袭击,为的就是看弟子痛苦的表情和毛骨悚然的恐怖模样。一天,良秀告诉大公屏风即将画成,但至为关键的一处尚无法完成。他请大公备一辆牛车,让一位穿着华贵的嫔妃乘坐,并点上火,他要看这个女子被烧死时的惨状。大公最初阴沉着脸,随后便大笑着答应了良秀的请求。几天后的一个夜晚,良秀的爱女被绑在了熊熊燃烧的牛车上。大火面前的良秀先是恐惧、惊慌、悲哀,接着是呆滞,仿佛在地狱里受罪,最后他那皱瘪的脸上露出了一种难以形容的喜悦的光芒。

屏风画完成了。画上狂风烈焰,一片恐怖。火焰中的女子披头散发,万般痛苦的模样让人不寒而栗。第二天晚上,良秀自缢梁上。

被誉为"鬼才作家"的芥川龙之介,才华横溢,在其短短的12年创作生涯中,留下了148篇小说,55篇小品文,66篇随笔。进入创作中期以后,他一直困惑于艺术与现实伦理的矛盾,发表了一系列以与自己相似的艺术家为主人公的作品,如《戏作三昧》(1917)、《地狱变》(1918)、《奉教人之死》(1918)等。这些作品被视为芥川的"艺术派宣言"。

一般认为,《地狱变》的主题正是芥川借画家良秀表达了自己艺术至上的观点。良秀的最终结局意味着虽然舍弃了生命,却确保了艺术家的尊严,即艺术具有高于人生、高于生命的价值。

1927年,年仅35岁的芥川在"模模糊糊的不安"中选择自杀,走上了不归路。

4.5 其他特征——质朴、简洁、恬静、风雅

1. 和歌鉴赏

2. 俳句鉴赏

戴季陶先生在《日本论》中对日本的文学艺术做了精辟的论述:"日本人的艺术生活,是真实的。他能够在艺术里面,体现出他真实而不虚伪的生命来。"

早在 1885 年,日本近代著名文学理论家坪内逍遥就在其文学理论著作《小说神髓》(日本最早的文学理论著作)中探讨了近代新文学的理念与方法,倡导写实主义。他指出,小说的精神主干在于描写人情,其次是世态风俗。而所谓人情,则是指人的七情六欲中的所有烦恼。

纵观近代文学的发展史,文学家们的创作活动正是对逍遥理论的实践与完善。他们的辛勤耕耘,给日本文学注入了新的灵魂,使日本近代文学如同参天大树般枝繁叶茂。

推荐阅读书目:

1. 叶渭渠,唐月梅.日本文学简史[M].上海:上海外语教育出版社,2006.

2. 叶渭渠,唐月梅.20 世纪日本文学史[M].青岛:青岛出版社,2004.

3. 王向远.中日现代文学比较论[M].长沙:湖南教育出版社,1998.

复习思考题:

1. 日本近代文学的特点何在?

2. 日本文学艺术风格的特征何在?

3. 日本文学有别于中国文学(或欧美文学)的特点何在?

(林　敏)

西班牙文学概况

1. 引　言

　　西班牙文学在世界文学中占据了重要的一席之地。从古至今,西班牙文坛名家辈出,佳作如云。共有五位作家获得了诺贝尔文学奖,为世界文学贡献了许许多多的优秀作品。15 世纪前主要以英雄史诗和骑士小说为代表,16—17 世纪为西班牙文学的黄金世纪。18 世纪为新古典主义时期,19 世纪以浪漫主义和现实主义为特征,20 世纪 40 年代之后为战后文学复苏时期。

　　我们将重点介绍各个时期的代表作家及其代表作品,如:大家耳熟能详的塞万提斯(1547—1616)和他的代表作《堂吉诃德》,首位获得诺贝尔文学奖的剧作家埃切加赖(1832—1916)和他的代表作《伟大的牵线人》,被文艺评论家称为与塞万提斯并峙的高峰的小说家和剧作家加尔多斯(1843—1920)和他的代表作《佩翡达夫人》,西班牙著名的诗剧作家加西亚·洛尔卡(1898—1936)和他的剧作《血姻缘》,极负盛名并获得诺贝尔文学奖的"可怕主义"之父塞拉(1916—2002)和他的《帕斯夸尔·杜阿尔特一家》等。

2. 黄金世纪前的西班牙文学

　　15 世纪之前及 15 世纪的西班牙文学以英雄史诗和骑士小说为代表。以民族英雄的业绩为主要题材的古代叙事长诗被称作"英雄史诗"或"颂功诗"。这与西班牙当时处于民族觉醒时代并逐渐兴起的基督徒驱逐伊斯兰教摩尔人的"光复运动"正吻合。《熙德之歌》是迄今为止保存最完整的颂功诗。骑士小说是古代史诗的演变,内容不乏游侠骑士的冒险征战和浪漫忠诚的爱情。15 世纪末,小说《塞莱斯蒂娜》是一部堪称顶峰的文学作品,这是一部悲喜剧,先后被译成多种语言,作品中的塞莱斯蒂娜如今专指撮合男女关系的媒婆。下面简单介绍一下这一时期的三部代表作品。

2.1 《熙德之歌》(1779)

"熙德"一词源于阿拉伯文,是当时摩尔人对男子的尊称。史诗的主人公在历史上确有其人,是卡斯蒂利亚地区的一名英勇的骑士领袖。这部史诗的作者至今不详,内容是对其人其事的艺术加工。全诗共分三部分,共计52节3,730行,被珍藏在西班牙马德里国家图书馆。诗中塑造了主人公勇敢正直、宽厚忠诚、知恩图报、眷顾妻女的英雄形象。

2.2 《阿马迪斯·德·高拉》(1508)

这部无名氏作者的作品是典型的卡斯蒂利亚风格的骑士小说,共四卷,真实地描写了当时的社会风俗和骑士精神。主人公举止文雅、英雄善战,为了追求浪漫的爱情不畏艰险、孤军奋战。这部名噪遐迩的作品对整个欧洲骑士小说产生了重要的影响。

2.3 《塞莱斯蒂娜》(1499)

这本书于1499年首版时名字为《卡利斯托和梅丽贝娅的喜剧》(Comedia de Calisto y Melibea),这是男、女主人公的名字。1519年的意大利文版本以书中的媒婆塞莱斯蒂娜命名,从此本剧被称为《塞莱斯蒂娜》。这是一部对话体小说,作品中塑造的媒婆形象源于社会底层,她贪婪、狡黠、不择手段,这个形象生动丰满,成为世界文学中不朽的典型人物形象。如今被用来专指撮合不正当男女关系的媒婆。

3. 黄金世纪的西班牙文学

随着西班牙王室收复失地统一了西班牙,同年哥伦布发现了新大陆,西班牙成为海上霸主、世界强国。蒸蒸日上的国力为人才辈出奠定了坚实的基础,因此整个16—17世纪是西班牙文学辉煌的黄金世纪。塞万提斯《堂吉诃德》的出版终结了风靡百年的骑士小说;由无名氏的作品《托尔梅斯河上的小拉撒路》开了流浪汉小说的先河;洛佩·德·维加开创了西班牙民族戏剧;佩德罗·卡尔德隆·德拉·巴尔卡以他充满哲理的剧作为黄金世纪划上了句号。

3.1 米盖尔·德·塞万提斯·萨阿维德拉(1547—1616)

对于每一个游览马德里的游客,西班牙广场中央屹立着的塞万提斯以及他笔下人物堂吉诃德和桑丘的雕像是他们的必选胜地。塞万提斯是世人公认的世界文豪,他是西班牙文学史上不可超越的巅峰,为西班牙文学乃至世界文学树立了一座丰碑。他的一生可谓命运多舛:他的父亲是位普通的外科医生,由于家境贫寒,没有接受高等教育。他游历过意大利,加入了西班牙驻意大利军队,参加了1517年西班牙与土耳其的莱潘托海战,左臂受伤致残,被后人称为"莱潘托的独臂人"。他在返回西班牙的途中被海盗俘获,被囚禁于阿尔及尔多年,5年后才被赎出。回到西班牙后,为生计所迫谋得公职,却因账目问题多次入狱。他在穷困潦倒中度过了凄惨的一生,却给后人留下了丰富的精神财富。他的主要作品有:《加拉苔亚》第一部、《奇思异想的绅士堂吉诃德·德·拉曼却》第一部、《训诫小说》《八出喜剧和八出幕间短剧》《奇思异想的绅士堂吉诃德·德·拉曼却》第二部、《贝雪莱斯和西吉斯蒙达历险记》等。1616年4月23日塞万提斯在家中去世,与英国文豪莎士比亚在同一天告别人世。

塞万提斯的不朽杰作《堂吉诃德》讲述的是一位因痴迷骑士小说而癫狂的乡绅,他决定骑着他的老马、带着他的仆人外出当一名游侠骑士,去除暴安良。结果却是处处碰壁,成为众人的笑柄。小说的文字荒诞而自嘲,渗透着一种苍凉和悲壮。小说在反映现实的深度和广度上,以及塑造人物的典型性上都标志着欧洲长篇小说创作跨入了一个新的阶段。

3.2 《托尔梅斯河上的小拉撒路》(1554)

《托尔梅斯河上的小拉撒路》又名《小癞子》,是西班牙文学史上第一部流浪汉小说。流浪汉小说是西班牙文学黄金时期最引人注目的叙事体小说流派,通常以生活无着落而四处流浪的主人公用第一人称开始叙述自己的生活经历。作品采用现实主义的风格,揭露社会的罪恶。《小癞子》是最具代表性、最优秀的作品,作者不详。小说分为七节,通过主人公自传式的叙述,反映了当时社会各层面的丑态,尤其是有史以来第一次直白地揭露了教会的丑恶和虚伪。小拉撒路本是一个单纯的流浪儿,在社会的大熔炉里为了生存逐渐学会了奸猾处事。我们可以从小说戏谑而生动的语言中感受到当时社会的残酷和社会底层人们的无奈。

3.3 洛佩·菲利克斯·德·维加·卡尔比奥(1562—1635)

西班牙民族戏剧的创始人洛佩是一位非常多产的作家,文学创作涉猎了包括诗歌、小说、戏剧等各种体裁。他一生创作了近一千五百部剧目,冲破了亚里士多德确立的古典戏剧格律,将喜剧和悲剧杂糅共生,增加了舞台表演性,给观众身临其境的感觉。洛佩的剧作多取材于历史传说和民间故事,他的代表作有《羊泉村》《克里特的迷宫》《最好的法官是国王》《傻大姐》等。

3.4 佩德罗·卡尔德隆·德拉·巴尔卡(1600—1681)

卡尔德隆是国王的荣誉神甫,是西班牙著名的剧作家,一生创作了120个剧本,80个宗教寓言剧和20个短剧。他的作品被定义为西班牙文学黄金时期结束的标志。他的创作生涯在40岁之前遵循洛佩的风格,而40岁之后日趋成熟,具有更加浓郁的巴洛克色彩,并充满了哲学的内涵,许多章节如同抒情诗歌般美妙。他的代表作有:《人生如梦》《萨拉梅阿镇长》。卡尔德隆去世后,西班牙的戏剧创作开始走下坡路。

4. 20 世纪前的西班牙文学

18 世纪的西班牙在教会的专横和统治者的昏庸中自我封闭地度过了一个世纪。新古典主义是这一时期的特点,但也是从法国引进并非本土兴起。新古典主义的特点在戏剧中的体现是三一律的恢复,将喜剧和悲剧严格分开。这一时期的代表作家为剧作家莫拉延和他的代表作品《姑娘们的同意》。19 世纪的西班牙多灾多难,经历了拿破仑的入侵、美洲大陆的独立运动、美西战争的失败。在文学方面则体现在跟着英、法、德后面亦步亦趋,因此浪漫主义和现实主义的兴起也是他国的附庸。所幸这一时期有一位杰出的剧作家获得了诺贝尔文学奖:埃切加赖(1904)。

4.1 莫拉延(1760—1828)

莱昂德罗·费尔南德斯·德·莫拉延是新古典主义诗人和剧作家。莫拉延年轻时在法国游历,回到西班牙后一直在政府中担任职务。法国军队入侵西班牙时,他成为亲法派的一员。当法国军队被赶出西班牙后则不得不长期居住在法国直至去世。他一生创作了 5 部喜剧:《姑娘们的同意《老夫少妻》《男爵》旨在嘲讽当时功利主义婚姻的盛行,《咖啡馆》和《一本正经的姑娘》讽刺了虚伪的剧作家和假善人。

4.2 何塞·埃切加赖·埃萨吉雷(1832—1916)

埃切加赖是一位天才,鉴于他在科学普及、土木工程学、数学等教学研究领域的杰出贡献,他于1864年当选为西班牙自然科学院院士。同时他三次当选为国会议员和财政大臣,善于处理国家的政治、经济矛盾。他在1873年流亡法国时开始文学创作,一生创作64个剧本。1904年,"由于他的剧作具有独特、新颖的风格,复兴了西班牙戏剧的伟大传统",他与法国诗人弗雷德里克·米斯特拉共同荣获诺贝尔文学奖。他的主要作品有《仇者之妻》(1874)、《剑把》(1875)、《不是疯狂,就是神圣》(1877)、《火柱和十字架》(1878)、《伟大的牵线人》(1881)、《两种义务的冲突》(1882)、《不安的女人》(1904)等。

《伟大的牵线人》是埃切加赖的代表剧作,这是一部三幕诗体剧。戏剧结构严谨,冲突较强,充满了浪漫的想象和激情,善于把握观众的情绪,以浪漫主义的夸张和强烈的表现力吸引着观众。

4.3 贝尼托·佩雷斯·加尔多斯(1843—1920)

加尔多斯是西班牙19世纪著名的现实主义作家。他一生笔耕不辍,共有78部小说、30多种剧本和其他作品。1897年当选为西班牙皇家学院院士,他曾被提名授予诺贝尔文学奖,但被诋毁他的人从中作梗而未能如愿。他的代表作品有:长篇小说《金泉》、历史小说《民族轶事》《佩翡达夫人》《福尔杜纳塔和哈辛塔》等。他的作品表现了西班牙保守派和自由派的交锋,揭露了无知褊狭的宗教情绪对人性的扼杀。

5. 20世纪的西班牙文学

20世纪的西班牙文学经历了"98年一代""27年一代"、第二共和国和内战时期、佛朗哥政权和他过世之后等五个时期。"98年一代"是指20世纪初一批年轻的作家宣传欧洲新的哲学思想和艺术观点,试图与国内的旧传统对抗。他们自称为"98年一代",大多出生于1864—1880年之间,具有相似的出身和受教育背景。代表人物有小说家乌纳穆诺(1864—1936)、记者出身的阿索林(1873—1967)、多产作家巴罗哈(1872—1956)

和专为报刊撰稿而著称文坛的马埃斯杜(1874—1936)。"27年一代"是指第一次世界大战之后西班牙文坛涌现出的一批优秀的诗人、剧作家和小说家。主要代表作家有:现代戏剧的杰出代表加西亚·洛尔卡(1898—1936)、首届塞万提斯文学奖得主豪尔赫·纪廉和诗人、学者达马索·阿隆索(1898—1990)。20世纪30年代至40年代,西班牙文学为第二共和国服务,1936年的内战破坏了文学的发展。40年代中期,青黄不接的文学局面逐渐得到好转,直到1976年佛朗哥的逝世意味着他对西班牙独裁统治的结束。西班牙民主化进程开创了文学事业的蓬勃发展,各种文学形式相继出现,不断繁荣。自埃切加赖首次获得诺贝尔文学奖,从1922年至今又有四位西班牙作家获此殊荣:哈辛托·贝纳文特(1922)、胡安·拉蒙·希梅内斯(1956)、阿莱克桑德雷·梅洛(1977)、卡米洛·何塞·塞拉(1989)。

5.1 米格尔·德·乌纳穆诺·伊·胡戈(1864—1936)

乌纳穆诺是"98年一代"的诗人、小说家、思想家和剧作家。曾任西班牙萨拉曼卡大学校长,立宪议会议员和全国教育理事会主席。他的全部作品包括18部小说、一部短篇小说集、5部剧本、7部诗歌集和22部杂文随笔。他在年轻时主张西班牙要欧洲化,提出过"打倒堂吉诃德"的口号,在晚年却走到另一极端,对堂吉诃德推崇备至。他的作品探讨西班牙问题与人生问题,代表作有:《堂吉诃德和桑乔的生活》《人生的悲剧性情感》《战争中的和平》《雾》等。

5.2 哈辛托·贝纳文特(1866—1954)

贝纳文特是"98年一代"的剧作家。他于1912年当选为西班牙皇家学院院士,曾任西班牙剧院院长,当过议员。他一生写了近两百部不同类型的剧本,擅长写社会喜剧。1922年由于他"继承了西班牙戏剧卓越传统并运用得体的风格"获得诺贝尔文学奖。他的代表作有:《利害关系》《熟人》《野兽的宴筵》《女主人》等。其中《利害关系》是被公认为最杰出的作品,剧中描述两个骗子在某城的诈骗活动,揭露了资产阶级社会中的金钱关系。

5.3 胡安·拉蒙·希梅内斯(1881—1958)

希梅内斯是西班牙文学史上著名的诗人和散文家。他早年结识了拉美现代主义"诗圣"鲁文·达里奥并深受他的影响,早期作品带有现代主义色彩。他多年深受神经官能症的困扰,到法国治疗修养。1935年拒绝了西班牙皇家语言学院授予的院士头衔,1936年西班牙内战爆发后辗转于波多黎各、哈瓦那等地。他先后在美国和波多黎各担任大学教师,并在波多黎各逝世。1956年,由于"他那西班牙语的抒情诗为高尚的情操和艺术的纯洁提供了范例",荣膺诺贝尔文学奖。希梅内斯的代表作品有:《紫罗兰色的灵魂》《小银和我》《诗歌集》等。其中《小银和我》是一部纯真的抒情散文诗,许多西语国家都将它选入中小学课本。

5.4 费德里科·加西亚·洛尔卡(1898—1936)

洛尔卡是西班牙家喻户晓的诗人和剧作家。他的大部分诗作都是在和朋友聚会时即兴创作,当众朗诵,反复修改多次后才付诸出版。因此他有"现代行吟诗人"的美称。他1928年发表了脍炙人口的诗集《吉卜赛谣曲》,名声大噪。1932年至1935年他率领"茅屋"剧团在西班牙各地巡回演出,为人民大众介绍西班牙的经典剧作品。1936年西班牙内战期间遭到逮捕并被枪杀。他的代表作品有诗集与诗歌有:《吉卜赛谣曲》《诗人在纽约》《深歌诗集》等。剧作有:《血姻缘》《叶尔玛》《老处女唐娜罗西塔》等。《血姻缘》是一部三幕悲剧,表现安达卢西亚农村落后的陈规陋习以及腐朽传统对人性的扼杀。

5.5 卡米洛·何塞·塞拉(1916—2002)

享誉世界文坛的塞拉当过斗牛士、职业军人、新闻记者、演员、画家。他曾花了10年的时间踏遍西班牙的城镇村庄,了解风俗,体察人情。1957年入选为西班牙皇家语言学院院士,1977年被任命为议员,他还是纽约、英国和哥斯达黎加等4所大学的名誉教授。塞拉被认为是内战后西班牙最杰出的小说家。在他五十余年的文学生涯中,共出版七十余部作品。1989年,由于"他以风格多样、语言精练的散文作品含蓄地描绘了无依无靠的人们,对人类弱点达到的令人难以企及的想象力",而荣获诺贝尔文学奖。他的小说最大的特点是强调对细节的描写而不强调情节,突出语言的创新而不注重人物的塑造。在写作手法上多用譬喻,语言隐晦难懂,为了让读者正确理解作品中的方言、俚语和新词,塞拉于1986年出版了《秘密词典》来让读者解读他的作品。小说《帕斯库亚尔·杜阿尔特一家》和《蜂房》是他最成功的两部作品。小说运用了塞拉自己倡导的夸张和怪诞手法,成为风行一时的可怕主义表现手法的典范,塞拉被人称为"可怕主义"之父。

推荐阅读书目:

1. 董燕生.西班牙文学[M].北京:外语教学与研究出版社,1998.
2. 陆经生(主编).西班牙文学名著便览[M].上海:上海外语教育出版社,2008.
3. 张绪华.20世纪西班牙文学[M].上海:上海外语教育出版社,1995.

复习思考题:

1. 《熙德之歌》中熙德为什么会被流放?熙德是如何对待忘恩负义的卡里翁两公子的?
2. 试析《堂吉诃德》的艺术特色。
3. 请以获得诺贝尔文学奖的西班牙剧作家为例分析西班牙戏剧的特点。
4. 阅读加尔多斯的《佩翡达夫人》,试析宗教对人性的影响。
5. 试析《蜂房》的现实主义特色。

(史　维)

圣经文学

1. 引　言

这一讲的主要内容是基督教圣经，而基督教圣经与犹太教圣经（也称希伯来圣经）有很大的关系，基督教本身也是源出于犹太教。因此，在讨论基督教圣经之前，我们有必要简略地回顾一下犹太人的历史。

在公元前 1800 年左右，亚伯拉罕带领族人从两河（幼发拉底河与底格里斯河）流域到达迦南（今天的巴勒斯坦地区）。他被后代犹太人视为始祖。他的孙子（后改名为以色列）雅各一家在连续灾荒的年代由巴勒斯坦地区迁移到埃及，受到当时埃及法老的礼遇。可是改朝换代之后，犹太人沦为了奴隶。他们最终在摩西的带领下逃出埃及，回到离开了四百多年的故土迦南。雅各 12 个儿子的后代形成犹太人十二支族，分居在巴勒斯坦各处，后来联合起来，建立了统一的希伯来王国。便雅悯支族中的扫罗成为第一个国王。扫罗和他的三个儿子在与腓尼基人的战斗中阵亡后，犹大支族中的大卫担任国王。大卫去世之后，他的儿子所罗门登基。在所罗门王去世后不久，统一的希伯来王国于公元前 922 年分裂为两个王国：北部的 10 个支族另立为以色列王国，而南部的犹大支族和便雅悯支族成立了犹大王国。公元前 721 年，以色列王国被强大的亚述国消灭。国中十个支族被分散流放到亚述国各地，渐渐被当地人同化，最终湮没在历史的进程中。这就是历史上"丢失的十支派"。当今的犹太人都是南部犹大国犹大支族和便雅悯支族的后裔。犹大王国继续存在了一百多年，于公元前 586 年被巴比伦帝国攻占。犹大国的人民被掳到巴比伦成为奴隶。他们在巴比伦生活了半个世纪，直到波斯帝国消灭巴比伦后，犹太人才被允许回到巴勒斯坦，重建耶路撒冷圣殿。公元 6 年，巴勒斯坦地区成为罗马帝国的一个行省，犹太人沦为罗马帝国的属民。犹太人于公元 66 年起义反对罗马人，公元 70 年耶路撒冷被罗马大军攻破，圣殿被拆毁，犹太人从此流落到世界各地。

2. 什么是圣经

圣经是基督教的正式经典,被基督教奉为教义和神学理论的依据。英文里的"Bible"一词来自希腊文 *biblia*,这个词是复数意义的书籍。也就是说,圣经不是单独的一部书,而是一部经卷汇集。这部汇集中的各卷是在不同的历史时期由许多人完成的。

圣经分为旧约和新约两大部分。圣经的旧约即犹太教圣经(也称希伯来圣经)。自从犹大王国于公元前 586 年灭亡之后,犹太人辗转生活在若干个异族的统治之下,他们在艰难困苦中整理历代文献和口头传说,同时也撰写新的篇章。经他们编纂后的文献中的一部分陆续成为犹太教圣经的正典。公元前 5 世纪中叶,犹太教圣经的第一部分,前五卷"律法书"最先成为正式经典,公元前 3 世纪,旧约的第二部分"先知书"列入犹太教圣经正典。大约在公元前 100 年左右,旧约最后一部分"圣录"也陆续被接纳进入正典。在 1 世纪末召开的雅麦尼亚犹太教议会会议最终划定了犹太教圣经正典的范围,全部正典最终确定下来。新约各卷陆续成书于公元 1 世纪末至第 2 世纪下半叶。到第 4 世纪后期,共有 27 卷书的新约正典最后定型。

3. 什么是旧约

基督教圣经的旧约在不同的基督教教会中,内容又略有不同。罗马天主教、东正教和少数新教团体使用的旧约是在犹太教圣经内容之外加上了另外几卷书(《多比传》《犹滴传》《便西拉智训》《所罗门智训》《巴录书》《马加比传》(上下卷)、《以斯帖补编》和《但以理附录》等)。他们称这些增添的典籍为后典(*Deuterocanon*)。大多数新教团体不承认那些额外的经文是正典经卷,把它们称为次经(*Apocrypha*)。这些新教团体使用的圣经旧约与犹太教圣经内容相同,但是各卷排列的顺序与犹太教圣经有所不同。并且,新教圣经将某些犹太教经卷细分为两卷或多卷:犹太教圣经中的《撒母耳记》《列王记》和《历代志》各自被分为上下两卷,《以斯拉—尼希米记》被分为《以斯拉记》和《尼希米记》两卷,《十二小先知书》被分为十二卷。通用的基督教新教圣经旧约共三十九卷,比犹太教圣经多出十五卷。旧约通常分为三个部分:律法书、先知书和圣录。

3.1 律法书（Torah）

律法书包括《创世记》《出埃及记》《利未记》《民数记》和《申命记》五部经卷。犹太人认为这五部经书的作者是摩西，因此又称律法书为摩西五经。《创世记》记载了作者所理解的世界和人类的起源以及犹太氏族时代各位族长的事迹，其中主要有亚伯拉罕、他儿子以撒、他的孙子雅各和曾孙约瑟等人。后四卷记载了以色列民族形成的历史和古代犹太人的宗教习俗和律法规定。《出埃及记》写摩西的成长历程，他领导人民走出埃及，向祖先居住的迦南进发，并同上帝立约，颁布十条诫命。《利未记》记载古代以色列人的献祭和其他宗教仪式的相关规定，包括祭司在主持宗教仪式时应当遵守的原则。《民数记》写摩西领导人民离开西奈山，并颁布各种律法，最后来到迦南东部边界这一段历史。他们先是向迦南南边推进，但无法从那里进入迦南。然后他们到达约旦东岸，准备从那里渡河进入迦南。《申命记》记载摩西在摩押向以色列人所作的一系列指示。以色列人这时准备占领迦南。摩西去世，约书亚被选为摩西的接班人。

犹太教认为，在这五经中，上帝与他们的先祖亚伯拉罕立约，应许他的后裔繁荣昌盛，上帝同以色列人的特殊关系得以确立；上帝通过摩西拯救了他们，还由摩西颁布了上帝的律法。这五卷书因此被称为律法书，又称"摩西五经"。它们是犹太教信仰的基础。

3.2 先知书（Prophets）

先知书分为两个部分：前先知书（《约书亚书》《士师记》《撒母耳记》《列王记》）和后先知书（《以赛亚书》《耶利米书》《以西结书》以及十二次要先知书）。前先知书叙述了从以色列人征服迦南到建立国家以及最后被巴比伦灭亡的整段历史。后先知书从宗教的角度记述诸先知的事迹和言论。

在前先知书中，《约书亚书》记述了以色列人在摩西的继承人约书亚的领导下攻占迦南的经过。《士师记》记述了以色列人进入迦南后到建立王国这一段纷乱时期的历史。这段历史是以"士师"们的业绩为中心的。所谓"士师"，多半是当时领导各个以色列部落的军事领袖，其中最著名的是参孙。《撒母耳记》记述以色列从士师时代转变到君主政体时代的历史。这一大转变以三个人物为中心：撒母耳（最后一个士师）、扫罗（以色列历史上第一个国王）、大卫（扫罗的继任者，以色列历史上最伟大的君王)。《列王记》接着《撒母耳记》讲述以色列的历史,其中最重要的内容有:大卫之死和所罗门继承王位,所罗门王朝的成就,国家分裂为南北两国及两国自公元前 9 世纪中叶到各自灭亡这一段历史,以及这一时期诸王的事迹。

在后先知书中,最重要的是"三大先知书":《以赛亚书》《耶利米书》和《以西结书》。《以赛亚书》记载了公元前 8 世纪至公元前 6 世纪两百多年间犹大国和耶路撒冷的历史。作者以先知以赛亚的身份揭露当时犹大国的人民不信靠上帝所犯下的罪,宣示他们将要遭到的毁灭和耶和华在未来对他们的拯救。《耶利米书》是第二个主要的先知,生活于公元前 7 世纪到公元前 6 世纪初。他警告犹大国的人民,由于他们不敬神,耶路撒冷将被巴比伦灭亡,但犹大国的子民并不听从他的话。《以西结书》讲述先知以西结于公元前 586 年耶路撒冷陷落前后在巴比伦的生活。他预言上帝的审判和耶路撒冷的毁灭,在犹大国陷落后又勉励国家灭亡后的犹大国人民,向他们展示复国与重建圣殿的远景。

3.3 圣录(Writings)

圣录中包含的各经卷风格多样,题材庞杂。其中有宗教诗《诗篇》和《耶利米哀歌》,有爱情诗《雅歌》,有智慧文学《箴言》《传道书》和《约伯记》,还有历史书《历代志前书》《历代志后书》《以斯拉记》和《尼希米记》,短篇小说《路得记》和《以斯帖记》,启示文学《但以理书》。所谓智慧文学是公元前 6 世纪犹大国灭亡后犹太人被掳往巴比伦以后到公元纪元前后希伯来文学中的一种文体,是训诲性的宗教作品,这些作品总结生活的经验或探讨宇宙的法则,富于哲理性和教诲性,表达方式以格言、警句、比喻、寓言、诗歌、赞词等为主。而启示文学描绘和预言世界末日和来世景象,安慰受到迫害的犹太人或基督徒,鼓励他们坚定信仰、等待上帝的拯救。新约中的《启示录》也属于启示文学的范畴。

在诗歌体裁的经书中,《诗篇》中的诗歌和祷文由不同的作者在不同的时期写成,其中有好些类型,包括:敬拜上帝、感谢神恩;祈求帮助、保佑、拯救;要求报复仇敌等。《耶利米哀歌》有五个章节,是五首哀叹耶路撒冷和圣殿被毁、犹太人被掳往巴比伦(公元前 586 年)的诗歌。《雅歌》是一部爱情的歌集,其中大部分是一个男子和一个女子以诗歌的形式互相倾吐爱慕之情。犹太人认为本书描写的是上帝和他的选民的关系,而基督教徒常常认为这是在描写基督和教会的关系。

在智慧文学中,《箴言》是一本汇集道德和宗教教训的书,用格言体裁写成,其中最有名的一句是"敬畏耶和华是智慧的开端"(9:10)。《传道书》的作者表现出许多消极和怀疑人生意义的思想,他的结论是:"人生空虚!"尽管如此,他仍然劝导人们勤劳地工作,享受上帝所赐的恩物。《约伯纪》写有关虔诚善良的约伯受难的经历:他丧失所有的子女和财产,身上还长满散发着恶臭的疥疮。这一切指向一个问题:面对善良无辜的人所遭受的苦难,如何能宣称上帝是公义的?最后神向人显现,他并没有解释人受苦的原因,而是向约伯显示他的智慧和大能。最终约伯谦卑地承认上帝的伟大,深悔自己曾以不敬的话埋怨上帝。

在历史书中,《历代志前书》《历代志后书》从不同的角度重述《撒母耳记》和《列王记》中记载的历史。《以斯拉记》相当于《历代志》的续篇,记述一部分被掳往巴比伦的犹太人回到故土,恢复他们在耶路撒冷的生活和崇拜。《尼希米记》记载犹太人从巴比伦回国后,尼希米担任犹大总督的事迹。他主持重建耶路撒冷城垣,还进行了一系列社会和宗教事务方面的改革。

在短篇小说中,《路得记》讲述摩押女子路得的故事。路得在以色列丈夫死后,依然对婆婆孝顺,对以色列的上帝忠心。她的德行为她赢得了另一个以色列丈夫,并且这场婚姻使她成为了以色列最伟大的君王大卫的曾祖母。《以斯帖记》以犹太女子以斯帖为中心。她以自己的勇敢和爱心使同胞免遭仇敌的杀戮。

《但以理书》的后半部分(7—12章)属于启示文学。这部分描述了但以理看见的一连串异象,以象征性的事物表现巴比伦和其他帝国的兴衰,同时预言异教压迫者的没落和以色列人的胜利。

4. 什么是新约

基督教认为,犹太教圣经中的律法,是上帝与以色列人订下的约法。以色列人背离了他们同上帝立下的约,上帝因此结束了旧约,差遣圣子耶稣降世,另立新约。基督教学者们认为旧约是新约的先声,新约是旧约的延续和更新。这正如基督教最杰出的神学家奥古斯丁(公元354—430)所说:"新约隐藏在旧约内,旧约成全于新约中。"

新约由二十七卷基督教正式经典组成。新约也是由三部分组成:福音书、《使徒行传》和保罗书信、其他经卷(其他书信和《启示录》)。

4.1 福音书

四大福音书(《马太福音》《马可福音》《路加福音》《约翰福音》)的作者从各自的角度阐释耶稣的事迹和教导。这四卷书的体裁是独特的。它们不是传记,却包含传记的成分;它们也不是历史,但却有历史的资料。福音书在新约中的重要性与律法书在犹太教圣经中的重要性类似,它们是基督教信仰的基石。其中耶稣在《马太福音》第五章至第七章的讲道更是基督教伦理思想的核心。

《马太福音》对耶稣的生平事迹和教训都有翔实的记载。从耶稣降生开始,然后谈到他受洗、受撒旦试探、传道、医治病人以及去耶路撒冷途中的经历,而全书的高潮是耶稣被钉十字架和复活。《马可福音》是最短的一部福音书,内容与《马太福音》多有类似之处,其重点是耶稣传道的工作,而不是他的言谈和教导。《路加福音》与前两部福音书有很多相似之处,但更多地表达了对劳苦大众的关切和超越种族樊篱、广布福音到外邦的迫切愿望。《约翰福音》与前三部福音书多有不同。本书略去了耶稣的许多事迹,如他的诞生、受试探、登山变像、客西马尼园的祷告等。《约翰福音》的重点是强调耶稣的神性:他是上帝永恒的道。

耶稣在四大福音书中的教训至少表达了这样一些思想:1.明确地提出了来世的观念,指出人死后是可以复活的。这与犹太教的传统观念中人死后去阴间(Sheol)的观念大不相同。2.颠覆了犹太教中上帝的形象。耶和华不再是旧约中让人畏惧的神,不仅仅是"万军之主"(The Lord of Host),而是"天父",是每一个人的慈父,是全人类的慈父。3.耶稣是上帝之子,由上帝差遣来到人世间。对耶稣的信心可以让人们的罪获得赦免。4.重新阐释了爱的观念。耶稣认为人应当仿效上帝的慈爱,爱上帝并彼此相爱。他对旧约中的律法进行了重新解释,认为最大的诚命是:"你要尽心、尽性、尽意爱主——你的神。这是诫命中的第一,且是最大的。其次也相仿,就是要爱人如己。这两条诫命是律法和先知一切道理的总纲。"

4.2 《使徒行传》和保罗书信

《使徒行传》是1世纪早期基督教会的历史。它记载了基督教从巴勒斯坦逐渐向罗马帝国中心扩展的过程。也就是说,它描绘了作为犹太教一个分支的基督教是怎样发展成为一个独立的宗教,勾画出基督教向着世界主要宗教的地位迈进的最初轨迹。保罗(公元 3?—67?)是亚伯拉罕的后裔,属于便雅悯支族的以色列人。他将基督教传给外邦人的使徒,对于早期教会发展和基督教教义的完善做出了巨大贡献,成为基督教的奠基者之一。他一生中至少进行了三次漫长的旅行,足迹遍至小亚细亚、希腊、意大利各地,在外邦人中建立了许多教会。保罗书信在新约中的地位仅次于福音书。新约二十七卷中,有二十一卷是书信,其中有十四封书信是保罗本人写的或假托他的名字写的。大多数学者认为这些信件中,有七封是保罗本人写的(《帖撒罗尼加前书》《哥林多前书》《哥林多后书》《加拉太书》《罗马书》《腓利门书》《腓立比书》)。对另外两封书信(《帖撒罗尼加后书》和《歌罗西书》),学者们意见有分歧,有人认为是保罗本人写的,有人却不这样认为。而余下的五封书信(《以弗所书》《提摩太前书》《提摩太后书》《提多书》《希伯来书》)则不是保罗本人写的。这些书信是写给欧洲和小亚细亚(现代土耳其)的教会或个人的。公元 1 世纪时的基督教会还非常不成熟,而这些书信给予了教会或教徒们理论和实践上的指导。保罗的思想中最重要的是"因信称义":人类始祖亚当、夏娃犯罪而使后世的人类深陷于罪中,人并不能像犹太教所宣扬的那样,通过遵守律法而获救,而是通过信仰基督同上帝和好,凭借基督的救赎而获得拯救。保罗的思想给后世教会留下了丰富的教义财富。

4.3 其他经卷

新约的第三部分是其他人写的一些书信、《希伯来书》以及《启示录》。内容较为庞杂,类似旧约的第三部分圣录。这一部分中的书信有些是假托保罗之名写作的,也有些虽然不是以保罗的名义写作,却模仿保罗的书信体样式。这些书信体经卷与保罗书信不同的是:它们大都不是写给某地具体的教会或个人,而是写给所有的基督徒的。在这些书信里,作者们给予各地的基督徒以信仰上的鼓励和指导。《希伯来书》是一篇布道文,受众是希伯来人——那些基督教信仰开始动摇的犹太人。作者为了坚定他们的信心,在书中力辩耶稣胜过众先知和摩西,是上帝最真确、最完整的启示。《启示录》的写作时间正值基督教惨遭迫害的年代。作者写作的目的在于鼓励基督教在遭受苦难和迫害的时候依然要坚守信仰。本书在写作手法上十分独特,采用大量的象征和寓言,着重描写了宇宙间善恶两者之间的斗争、世界末日的景象,表达了对耶稣再来的信心。《启示录》是新约最后一卷,也为人类的历史作了总结。我们将旧约第一卷《创世记》

前两章同《启示录》最后两章比较一下,就可以发现他们都记载了天、地、婚娶、光、生命树、河流、黄金、宝石。在《创世记》前两章叙述神最初创造天地的经过,而《启示录》最后两章则预示最初的世界将被毁灭,在上帝最后的审判之后,将会有新天、新地、新的耶路撒冷,耶稣将会第二次降临。历史将翻开新的一页。

推荐阅读书目:

1. 阿尔文·施密特.基督教对文明的影响[M].北京:北京大学出版社,2004.

2. 齐宏伟.心有灵犀:欧美文学与信仰传统[M].北京:北京大学出版社,2006.

3. 约翰·德雷恩.旧约概论[M].北京:北京大学出版社,2004.

4. 约翰·德雷恩.新约概论[M].北京:北京大学出版社,2005.

复习思考题:

1. 仔细阅读《马太福音》5—7章,谈谈你的体会。耶稣的哪些言论是你赞同的,哪些是你不赞同的?

2. 仔细阅读《马太福音》全卷,总结书中耶稣的主要思想。

3. 在旧约中,你对哪一卷印象最深刻? 请解释。

4. 探讨一部文学作品或一种西方文化现象,说明它所受到的圣经影响。

(李　毅)

文学与图像

20世纪80年代以来,文学和文化研究领域里越来越热衷于探讨文字与图像之间的关系。其根本原因在于,在反思当今时代的文化主因时,许多学者意识到,我们正进入一个视觉或图像的时代。周宪先生认为,从文化史的角度看,人类曾经历了三种不同的形态。第一种是口传文化,通过有声语言面对面地交流。第二种为印刷文化,或称读写文化,通过印刷的文字进行交流。与口传文化不同,印刷文化是一个不在场的交流,比如可以读几百年前古人写的书,也可以读几千英里之外洋人写的书。第三种文化形态为电子媒介文化。随着广播、电影、电视,尤其是网络等新型电子媒介的出现,以及消费社会的形成,人们越来越依赖于视觉形象的传播,图像对文字的压力也越来越大,以至于有学者惊呼,图像将大有取代文字之势,形成一种新的图像霸权。虽然这一看法尚待商榷,但一个不争的事实是,我们已悄然进入了一个图像泛滥的时代。在此背景下需要反思的是,图文之间究竟有何种关系?文学面临图像的侵袭,如何做到独善其身?这些问题,牵涉到语言学、文学、文化和跨艺术研究的方方面面,学术界争议颇多,尚无明确的答案。

1. 从语言学转向到图像转向?

众所周知,整个20世纪人文社科领域中出现频率最高的词汇之一便是语言。索绪尔对能指与所指、历时与共时、语言与言语、横组合与纵聚合等概念的区分,以及后续语言学家的讨论,为俄苏形式主义与英美新批评的出现奠定了基础,文学也经历了从更关注内容到更强调形式审美的过渡。索绪尔侧重于符号的差异与选择,但并未质疑语符的意指过程。到了以德里达为代表的哲学家们那里,能指与所指之间的关系完全被延宕和搁置了(所谓"延异"了)。如果说世界是符号的,那么符号的意义只在于从一个能指到另一个能指的滑动,是缺席的在场。换言之,所谓后结构主义、解构主义、后现代主义等思潮,其大致思路还是从消解符号的意义开始的,他们强调的多元、差异、解构中心等概念,依然是受了语言学研究的直接启发的。因此,毫不夸张地说,20世纪思想界中最重要的事件之一便是语言学的转向。

那么,我们今天是否正面临一场新的视觉文化的转向? 或曰图像的转向? 无疑,对当今时代贴标签的做法由来已久,全球化时代、信息社会、后工业社会、跨国资本主义社会、消费时代等人们耳熟能详的名称,不少人都能举出一串来,因此,在贸然肯定我们已处于一个图像(或如某些人所说的"读图")时代之前,还是不妨在其后加上一个问号为妥。

假如我们认可图像时代的说法,笔者认为导致其产生的主要原因或许有以下几点:

一是消费社会的形成。詹明信和鲍德里亚都曾明确指出,西方发达国家在20世纪六七十年代开始形成消费社会。随着1913年美国福特生产线的出现,大规模生产逐渐成为资本主义生产方式的一种常态,社会上物质商品极大丰富,人们的生活开始被各种各样的消费品所充斥。商品不再仅仅承载使用价值,更重要的是其符号功能。鲍德里亚借用索绪尔的结构语言学,发展出一套商品符号学理论。他认为,晚期资本主义的核心就是对商品符号的操纵。这是一个建立在享乐主义生活准则上的新道德观。如果说生产时代以宣传生产英雄(如工人、农民、科学家)为主导的话,消费社会则以宣传歌星、球星、主持人和影视明星等为主导的英雄们,它是一种以消费为主导的社会,迥异于从前那种以生产为主导的社会。消费社会正是通过无处不在的商品符号对消费者进行无孔不入的控制的。居伊·德波认为,20世纪60年代以后,代替过去的奴役方式的是当代的消费控制。在消费社会中,一切都成了商品,人们消费的不光是商品的物质属性,也通过消费商品的符号性来建构自我,并深陷其中而乐此不疲。他将其形象地称为"景观社会",在这一社会里商品即形象,形象即商品。对消费社会的特征,迈克·费瑟斯通做了精辟的总结:首先,消费文化以资本主义商品生产的扩张为前提预设(商品的极大丰富);其次,人们以商品之间的差别来区分自己与别人的社会地位和等级(商品的符号功能超越实用价值);再次,人们通过消费文化影像以获得情感快乐、梦想和欲望(享乐主义)。

消费社会的形成,最大的助力是科学技术的进步,特别是各种新兴媒体的出现。广播、广告、电影、电视、网络等媒体,使图像的生产、剪辑、复制与传播越来越简单便捷。消费意识形态利用各种媒介手段,使消费者沐浴在"被关切的阳光"中,让他们获得自由、解放和幸福的幻觉,觉得自己就是上帝,选择就是自己的权力,购买便得到了享受。购物的真正动机往往并非出于理性的选择,而是要满足情感、得到关爱和消除寂寞。换言之,人们消费物质,更多追求的是赋予其上的符号价值(钻石象征着爱情,汽车和名表代表了地位,贝克汉姆是许多人心中的帅哥偶像),形成了日常生活的审美化。更有甚者,一些人还借助互动传媒与新兴的自媒体(如微博、微信等),主动推销自己的形象,以谋求名利和轰动效应。值得注意的是,影视与网络媒体等传递的往往是把消息当做商品一样赋值的信息,它们通过加工、改编与剪辑,以自己的编码规则将逻辑和秩序赋予原本充满混乱和矛盾的世界,经媒体选择性诠释的世界实体变成了消费者所消费的对象,我们所面对的只有一种信息指向另一种信息,一个画面切换到另一个画面。例如,有学者就曾指出,广为人知的泰坦尼克号的灾难故事,其实质不过是西方精英阶层,通过操纵媒体所渲染的关于白人种族优越论的伪叙事。

产生于消费社会和传媒时代土壤中的当代大众文化,被琳琅满目的商品与林林总总的图片所包围。图像的触手可及,使日常生活审美化、庸俗化了,也使得文字在图像的侵袭下面临着巨大的挑战。原本藏在深闺、不为下里巴人所熟悉的古典名著,经影视作品的改编而走入千家万户。音乐被配上图片,以 MTV 的形式广为传播。文学剧本与影视拍摄的传统关系被颠覆了,一本优秀剧本的影响力往往不如一个好的演员或导演,许多原来默默无闻的文学作品,因为被搬上了银幕而名声大噪,而尚未出名的作家则翘首以盼自己的作品能得到某位导演的青睐。类似《泰坦尼克号》《指环王》《阿凡达》之类的影视作品,通常依靠营造宏大的场面和令人震撼的视听效果来吸引观众,情节、内容和叙事技巧则乏善可陈。越来越多的年轻人或热衷于敲击手机与电脑键盘,或沉迷于虚拟的网络世界,读写能力不断退化。以上事实表明,在当今时代,文化已然成为一种商品消费形式,在这个过程中,现实的不断图像化不可避免,戏仿、拼贴、碎片化成为影像表征的主要方式。早在 1972 年,贡布里希就这样写道:

> 我们的时代是一个视觉时代,我们从早到晚都受到图片的侵袭。在早餐读报时,看到新闻中有男人和女人的照片,从报纸上移开视线,我们又看到食物盒上的图片。邮件到了,我们开启一封封信,光滑的折叠信纸上要么是迷人的风景和日光浴中的姑娘,使我们很想去作一次假日旅游,要么是优美的男礼服,使我们禁不住想去定做一

件。走出房间后，一路上的广告牌又在竭力吸引我们的眼睛，试图挑动我们去抽上一支烟、喝上一口饮料或吃上点什么的愿望。上班之后更得去对付某种图片信息，如照片、草图、插图目录、蓝图、地图或者图表。晚上在家休息时，我们坐在电视机这一新型的世界之窗前，看着赏心悦目的或毛骨悚然的画面一幅幅闪过。即使在过去或在遥远的异国创造的图像，也能够比以往任何时候都更快地接近公众——这些图像本来就是为公众而创造的。在我们家里，画册、明信片和彩色幻灯片这类旅游纪念物日益增多，就像我们的家庭快照之类的纪念品日益增多一样。

2. 图文关系与当代图像理论

图文关系无疑是当今学术界探讨最热门的话题之一，也极有可能是人类面临的最终无解的终极命题之一。因此，本文只打算简要谈谈一些已有定论的观点。

从最显而易见的层面上看，语言是线性的、有序的、时间的、概念的、抽象的、有距离感的，代表的是理性的文化（所谓知书达理）；图像是空间并置的、同时出现的、杂乱无序的、可大规模机械复制的、可接近的，代表的是感性经验和非理性的反智文化。这两者之间的区别似乎泾渭分明，"道听途说"的文字与"亲眼目睹"的图像显然不会混为一谈。然而事实绝非如此简单，古今中外的文论史上探讨图文关系的著作不胜枚举，如早在古希腊时期，柏拉图就曾提出文学像绘画的命题，而广为人知的莱辛在《拉奥孔》中关于"诗与画"的区分也涉及文学与图像二者之间的复杂关系。从中国来看，汉字的构型本身就是象形文字；而"河出图，洛出书"的传说，则将图与书视为一体，此后文学中屡屡出现的"诗画一体论"更是将书法、绘画、文学视作密不可分的整体艺术。这些讨论都涉及了文字、以文字为载体的文学与图像之间的复杂关系，赵宪章先生在《文学与图像关系研究中的若干问题》一文中将"语—图"关系概括为三种：语图一体、语图分体和语图合体，其对应的特点是以图言说、语图互仿和语图互文。赵先生的观点对我们理解图文关系颇有启发，然而如果以米歇尔·福柯在《这不是一只烟斗》中所举的那幅马格利特所绘的著名烟斗画为例，我们便会发现，图文关系的复杂性其实远远超出了人们的想象。

以图文关系为其讨论的核心话题，当代图像理论在西方迅速成为一门显学,其中尤以美国芝加哥大学教授 W. J. T. 米切尔的系列著述影响最广,他提出的"图像转向""图像理论"等概念已被学界普遍接受,其理论中包括三个与图像有关的单词:icon,picture 和 image。第一个术语借自潘诺夫斯基,多指语言学意义上的符号,一般可译为"象似"。第二个术语即普通人理解意义上的"图片",强调图像的通俗化和大众化。第三个术语或可译为"形象"或"意象",通俗的理解是指各种图片的底本。图片可以进行加工、修改、扭曲甚至撕毁,而无法被改变的原初图像就是"形象",包含了有形的可视图和无形的心象图等。

由于迄今为止人们所理解的文学都是以文字为载体的艺术作品,因此关于图文关系的讨论自然也集中于分析文学与图像的关系,这便产生了图像理论中一个重要的概念:ekphrasis。该词在汉语中尚无被普遍接受的对应的译文,鉴于该词所表达的核心内容是关于词语与形象之间的关系,笔者认为或可译为"图像叙事"。20 世纪下半叶,随着后工业社会图像转折时代到来的是叙事理论对 ekphrasis 的重新发掘,其中克鲁格、赫弗南、米切尔、弗兰克等对其定义的再探索影响最大。克里格从语言与造型艺术之间的关系开始探讨,强调了文学体裁的跨艺术倾向,认为图像叙事是诗歌与文学中的普遍现象,从而将其从一种独特的表现形式升华为一种文学的基本准则。赫弗南认为克里格的定义存在的主要问题在于,文学中对造型艺术的模仿无处不在,如果不加限制,它将失去实际的分析价值。基于这一原因,赫弗南将图像叙事重新定义为"视觉或绘画再现的文本再现",将其范围从文学中对造型艺术的模仿缩小为作为再现艺术的视觉艺术的文学文本再现,即文学再现中的视觉艺术本身也必须是被再现的,文字所描绘的不是静止而真实的自然实物,而是作为再现的视觉艺术,即核心为"再现的再现",这成为此后多数学者的共识。米切尔著有多部专著与大量文章探讨单词与意象之间的关系,其中《图像叙事与他者》一文影响颇大。与赫弗南一样,他将图像叙事定义为"视觉再现的文本再现"。米切尔更多地从心理认知的角度,阐述了对图像叙事的三个认识层次:冷漠、希望与恐慌。第一阶段的认知称"冷漠",即从常识看,图像叙事是不可能实现的。由于不同的艺术形式具有迥异于其他艺术的独特特征,文字的描写虽可讲述,但却永远无法如欣赏绘画般使人看见其讲述之物。第二阶段的认知称"希望"。虽然不同艺术间的鸿沟无法跨越,然而借助想象,我们有望克服这一障碍,可通过文字的描写,在脑海中看见具体的形象。第三阶段的认知是"恐慌"。"希望"使文字再现形象失去了限定,有将文字与形象同一化的危险,因此需时刻保持警惕,使文字与形象之间保持竞争与沟通的张力关系。对某幅绘画作品的文字描写往往导致如下效果:作者知道你看不到它,他们希望并乐见你能在脑海中再现它,然而他们又不想真的让文字具有等同于绘画的效果。图像叙事的希望与恐慌,建立在不可实现的基础之上;换言之,图像叙事的文学作品是一种文字与其意义的他者相遇的体裁,其核心目标是"克服他者性",这些他者是语言的竞争对手,是外来的图像、造型等视觉空间艺术。与插图版图书与形体诗等不同的是,图像叙事完全是隐喻的表达:它通过文字再现的视觉意象是不可能真实亲见的他者的艺术。弗兰克则从分析现代小说的书写与阅读出发,指出现代小说在结构、语言形式与阅读心理建构三个层面都具有空间的形式,其影响甚为深远,为后来的叙事理论空间转向奠定了坚实的基础。

3. 文学与图像

在图像叙事的发展演进中,有几个趋势值得引起重视。一是其历史可谓一场文学与艺术的圈地运动,有时疆域狭小,有时又被极度放大,这是 2000 年来该词意义演变的一条粗重脉络。在古希腊,图像叙事作为修辞格,涉及叙事与模仿、讲述与展示等颇具争议性的话题,所涵盖的对象几乎无所不包。此后其逐渐局限于一种文学体裁,特指对艺术品的文字描写,进而发展为贺拉斯以降的"诗如画"传统。到了克里格那里被放大为文学对视觉艺术的模仿,成为文学的基本准则。赫弗南与米切尔则再次试图将问题域缩小,提出"视觉再现的文字再现"这一目前最具影响力的定义。伴随空间叙事理论与文学图像转折时代初现端倪,图像叙事似乎再次面临被无穷放大的境地,成为放之四海而皆准的万金油式概念。一方面,从广义上讲它是美学、文学、艺术等的共同术语,因此需追溯上述学科自古至今的历史,要对其进行概述当然不可为之。另一方面,由于该词多义并存,学界对它的使用亦无定法,人人均可视乎具体的语境与目的各取所需。

在文学研究的框架下看,图像叙事多指在文字中呈现出视觉再现所特有的艺术效果的一种叙事手段,是由语言构成的图像。对此目前学界讨论的焦点大致包括以下三点:"诗如画",或书写与绘画的竞争与合作关系;语言的跨艺术、跨媒体越界;文字书写的空间形式。如上文所述,"诗如画"本身亦是一个争论不休的话题,牵涉到文字优于图像、图像优于文字、图文一体等诸多内容。以美国现代主义诗歌为例,它与欧美现代派绘画艺术有着深刻的渊源,众多美国现代诗人如约翰·G.弗莱契、威廉·卡洛斯·威廉斯、E.E.卡明斯、W.H.奥登等本是专业画家出身,他们多以绘画的方式作诗,卡明斯则是其中最典型的代表。人们熟知的意象派诗歌,其诞生过程毫不夸张地说,直接肇始于欧美现代派绘画。

按通俗理解,图像包括视像与图画等内容。视像指摄影、摄像、电影、电视以及各种广告等;图画则指人绘制的各种图像,如绘画、插图、漫画、卡通、电子游戏等。图像叙事发展的一个重要趋势,就是研究文字书写与上述跨艺术、跨媒体内容之间的交互关系。以美国现代小说为例,尤多拉·韦尔蒂、亨利·米勒、弗拉基米尔·纳博科夫等作家都曾受过专业的绘画训练;唐·德里罗、约翰·多斯帕索斯、F.斯科特·菲茨杰拉德、纳博科夫等人则与电影产业关系密切,他们或在其作品中有意识地运用了绘画中的色彩、透视、明暗阴影等技巧,或主动模仿电影叙事中的摄像机眼、新闻短片、蒙太奇、长焦近景、摇摆镜头、色彩渲染与场景设置等处理方式,使其作品具有了绘画与影视作品才有的图像效果。

尤为重要的是,美国学者约瑟夫·弗兰克早在上世纪40年代就明确提出,现代小说区别于此前小说的一大重要特点,是其刻意打破时间流逝幻觉的空间形式,他从叙事的三个侧面,即语言的空间形式、故事的物理空间和读者的心理空间分析了现代小说中的空间形式,强调了小说中对时间性因素如线性序列、因果关系的舍弃并转而采用共时性的空间叙述方式,其常见形式有:并置、碎片化、蒙太奇、多情节、省略时间标志、心理描写、百科全书式的摘录、弱化事件与情节以给人一种同在性的印象等。读者在欣赏具有空间形式的小说时,往往需要通过反复的阅读,从上下文的语义参照网络中重构故事的情节。这样的创作方式,已经与绘画等视觉艺术的表达方式十分接近了。以此观照现代主义以后的文学,不难发现在西方经典作家如乔伊斯、福克纳、纳博科夫,以及其后的大多数作家那里,刻意使用图像化的创作方式似乎已成为一种常态,意象与场景的并置,文本互涉,文字的空间组合游戏,时间的凝滞、颠倒与错乱等因素在这些作家的作品里随处可见。

推荐阅读书目:

1. Frank, Joseph. The Idea of Spatial Form [M]. New Brunswick: Rutgers University

Press，1991.

2. Mitchell，W. J. T. Ekphrasis and the Other [J]. South Atlantic Quarterly，1992，91(3):695—719.

3. W.J.T.米歇尔.图像理论[M].陈永国,胡文征译.北京:北京大学出版社,2007.

4. 鲍德里亚.消费社会[M].刘成富,全志钢译.南京:南京大学出版社,2008.

5. 周宪.视觉文化的转向[M].北京:北京大学出版社,2008.

复习思考题：

1. 请以你的切身体会谈谈我们为什么已处于一个图像泛滥的时代。

2. 请分析图像时代中文学面临的挑战与出路。

3. 试分析图像与文字之间的关系。

4. 试分析文学与电影之间的关系。

5. 你读过现代主义小说吗？为什么说它们具有空间的形式？

（王　安）

外国文化

希腊罗马神话

1. 引言

在人类不同文明形态的早期，神话似乎是最先结出的果实。英文中的神话（myth）一词来自希腊语中的"mūthos"，其含意是"虚构""言说""故事"或"传说""神话"等。Mythology 有两层意思，一个是指神话的总称或神话集，如 Greek Mythology 即是指希腊神话的汇集。因此神话故事通常不是分散、单个故事的讲述，而往往是汇聚成体系，由若干有内在联系的故事构成属于某特定民族的叙事，讲述其起源、神祇、先祖和先祖崇拜的英雄人物，一般涉及历史纪元开始之前"混沌之初"的时期。神话的另一层含意是神话学，指的是对神话叙事进行系统收集和研究的学术领域，旨在研究神话的起源、形式、流传、功能及文化、文学和人类学上的意义。

在世界各神话体系当中，最广为人知的就是古希腊神话、古罗马神话，其他重要的神话还有产生于斯堪的纳维亚的北欧神话和产生于中东的古代希伯来神话等。神话不同于历史。虽然某个神话故事中的"事件"经后人考证可能是或疑似于"真实的历史事件"，但毕竟不是历史，两者在功能上是有区别的。历史着眼于记载确曾发生/存在的历史事件/人物，交代相关的过程、时间、地点。而神话的功能不在于"记录"，而在于通过想象讲述发生在更遥远的人类纪元开始之前的故事。在世界不同的文明形态中，可以说神话是人类不约而同最早采用的叙事方式，是人类"摇篮"时期催生文化的"苗圃"。神话往往涉及人对人与自然、人和宇宙的起源、人在宇宙中的地位等问题的思考和解答，以及思考后留下的疑惑。而且，神话多经数百年岁月才能成形。在流传的过程（时间和空间）中，神话故事不断发酵、增补、丰富和阐释，以满足先祖对宇宙、人类、自然万物的求解愿望。换言之，神话作为一种手段，承载了先民对宇宙、人类自身种种问题的思索和解释，是人类最早的认识人与宇宙的关系、宇宙的面目、人在宇宙中的位置、人的自我面目等问题的努力,是人类理解自身和所处环境的一种重要的手段。

一般而言,神话都具有如下的一些特点:

(1)讲述开天辟地/创世纪的故事。

(2)讲述神的故事或英雄传说。

(3)形成过程及时间漫长,很难考证明确作者。

(4)神话的起源往往与宗教性仪式/祭祀有关。

(5)神话关注宇宙现象,如:日、月、星辰;或自然现象,如:四季更迭。

鉴于西方的神话体系的多样性,以及从对西方文化、文学产生的影响和重要性的角度来衡量,本文将只对古希腊神话和古罗马神话作一概述。希腊神话和罗马神话在西方可以说是广为人知,对西方文化有着巨大的影响力,因此对这些神话的了解有助于我们理解西方文明形成的文化背景。

2. 希 腊 神 话

希腊神话最初都是以口头流传的形式存在,经过长期的发酵、增补、转化和加工形成了希腊神话的体系。产生于克里特岛的希腊神话不仅对希腊文明有着重大的影响,而且对后来的欧洲文化有着深远的影响,一些现当代的欧美作家如艾略特、乔伊斯等人的作品中都使用了希腊神话中的因素,如人物、意象、象征、主题的因素,由此增强了其作品的表现力。

2.1 希腊神话的起源

希腊文化起源于古老的爱琴海文明,其中最辉煌的一部分就是神话故事。在那太初般蛮荒的时代,古希腊人对宇宙现象,对人的命运、生死,都感到困惑难解,于是他们极力想解开谜团,经过不断的冥思苦想,创造出一个包含众多神祇的谱系,并赋予诸神统治天空、海洋、陆地和人间的无边神力,环绕他们展开一个又一个故事。但这些天神并非远离了人间,他们可以上天入地、自由穿梭在神界和凡界之间,因而产生了许多天神与天神、天神与凡人相互缠绕的神话故事。这些最初口头相传,由无名氏创作的人、神、半人半神的故事,经由漫长的流传而扩展丰富,就形成了后来被学者统称为"希腊神话"的硕果。但从中也可看出希腊神话受到其他古老文化的影响,如古埃及和巴比伦文化的影响,像阿波罗这个神的名字可能出自小亚细亚语，欧罗巴也可能是出生于亚细亚的少女。古希腊人崇拜的神数量众多，且因地域不同而有差异。每个城邦都建有神庙，里面立有自己崇拜的神、女神的塑像；每个城邦都加入"造神"，创造关于他们的故事，因此神的故事和版本亦不统一。希腊神话大致产生于青铜时代中晚期，约在公元前1600至公元前1100年之间，直至公元前10世纪至公元前8、9世纪之间才由荷马整理记录于《伊利亚德》和《奥德赛》中。

古希腊的神系可分为几个演化的阶段。最早的神是泰坦神，其神王是克洛诺斯，他是杀死自己的父亲才得到众神之君的王位的，他预知将来被自己的某一儿子杀死，所以克洛诺斯就会吞吃每个自己刚出生的婴儿。因此宙斯出生时，母亲瑞亚将他藏匿到克里特岛交给三位仙女用羊奶抚育。后来宙斯设计迫使父王吐出吞下的五个兄弟姐妹，并与他们联合起来，推翻了父王克洛诺斯，成为最强有力的奥林匹斯诸神的众神之首。

而且，这些神组成的神界类似于人类社会，确切地说，类似于等级制的父权社会。不同等级的神享有的威权和力量是不一样的；他们的家庭结构也与人类的家庭关系类似。宙斯是神王，妻子赫拉是天后；阿波罗和阿尔忒弥斯、阿佛洛狄忒是兄妹，分管天上、人间各一领域。住在奥林匹斯山上的诸神更像是宙斯主导下的一个大家庭，但这也是一个纷争不断的家庭，因嫉妒、争权夺利生出许多事端。

希腊神话中的神和女神与人同形同貌，拥有几乎完美状态的健美身躯和俊美面庞，可见这是凡人的美在神的身上得到了极度的理想化。此外，神的情感世界也与人类似，也有人的爱恨情仇，懂得喜怒哀乐，甚至有人神交织的活动和恋曲。希腊神话中这样的例子并不少见，神进入人间与凡人相爱，如女神阿佛洛狄忒爱上阿多尼斯，宙斯诱惑凡人女子并与她们生儿育女。然而，尽管神与人有许多相似之处，但神毕竟是神，他们还拥有许多超越凡人的因素：除拥有人形之外，他们还能随意改变身形，如宙斯可化为白牛；爱、仇恨、嫉妒的情感表达也远远超越凡人，往往是暴风骤雨之势；最根本的差别是，凡人生命皆有限数，终会死去，而神却永生不死。尤其是神有与人同样的欲念：对权力的渴望，对某些卑劣欲望的放纵，对冒犯者必欲置之死地而后快。但并非所有的希腊神祇都是理想化的形象。有些神看上去古怪而狰狞，是人的想象所能创造出的最丑陋的东西。例如，美杜莎的头发是数百条蠕动的毒蛇，口中长着野兽的獠牙，任何人被她的目光锁定立刻就会变成一块石头；又如"灰女巫"格赖埃三人生来就是花白的头发，她们只有一只眼睛、一颗牙齿，后来唯一的牙齿也被夺走。

2.2 希腊神话中神的谱系

希腊神话由神的故事和英雄传说两大类组成。神的故事主要讲述宇宙和人类的起源、神的产生及其谱系等内容。相传古希腊奥林匹斯山上有十余主神：

（1）宙斯（Zeus）——众神之君，掌管天上和人间，威力无边。海神波塞冬、冥神哈得斯、农神德墨忒尔、灶神赫斯提亚以及他的妻子赫拉都是他的兄弟姐妹。宙斯的儿女众多，皆为统管某一方面的神祇。这些享有威权的神祇构成了奥林匹斯诸神谱系的重要部分。

（2）赫拉（Hera）——天后，宙斯之妻，婚姻及妇女的保护神。

（3）波塞冬（Poseidon）——海洋之神，统领海洋中所有的生物。

（4）哈得斯（Hades）——冥王，为宙斯、波塞冬、得墨忒尔的兄长，主管冥间、地府。他的名字在希腊文中的词义与"地狱"的意思相近，是死亡的象征。

（5）雅典娜（Athena）——希腊神话的主要神祇之一，称为智慧女神，传说是宙斯与墨提斯所生。

（6）阿波罗（Apollo）——宙斯和女神勒托之子，与月神和狩猎女神阿尔忒弥斯是孪生兄妹，希腊十二大神祇之一，为光明之神。

（7）阿尔忒弥斯（Artemis）——宙斯和勒托之女，与阿波罗是孪生兄妹，为狩猎与月亮女神。

（8）阿佛洛狄忒（Aphrodite）——美神与爱神，宙斯和海洋女神之女，象征着青春、美丽和爱欲。

（9）阿瑞斯（Ares）——战神，宙斯和赫拉之子，勇武、好斗、骁勇，为战争的象征。

（10）赫菲斯托斯（Hephaestus）——火神及工匠之神，宙斯和赫拉之子，跛腿，相貌丑陋。

（11）赫尔墨斯（Hermes）——宙斯与风雨女神迈亚所生的儿子，作诸神的传令使，同时也有其他的使命，如保护商人和贸易。

（12）德墨忒尔（Demeter）——农耕和丰收女神，她赋予大地生机，让万物生长，教授人类农事方面的知识。

（13）狄俄尼索斯（Dionysus）——酒神，放纵与狂欢的神，象征着非理性、激情和狂欢。

其他重要的神、半神人和人

（1）卡俄斯（Chaos）：混沌之神。在希腊神话中，宇宙万物一切皆始于混沌（Chaos）之中。洪荒之初，只有卡俄斯，他是一个浩瀚无边、一无所有的空间。由他生出地神盖亚（Gaea），天与地由此形成。

（2）盖亚（Gaea）：地神，卡俄斯之女，大地的化身。

（3）厄洛斯（Eros）：或称爱洛斯，爱神，形象为一金翅少年，被认为是五大创世神之一。他是诸神和男女之间爱情的催化者，是爱情的象征。

（4）欧罗巴（Europe）：美丽的凡人女子，为宙斯化身白牛所引诱，是宙斯众多的情人之一，为他生了三个儿子。

（5）伊阿宋（Jason）：率领阿耳戈英雄们历经艰险，夺取了金羊毛，娶巫女美狄亚为妻。

（6）阿喀琉斯（Achilles）：珀琉斯和海中女神忒提斯之子，特洛伊战争中的英雄，他勇武、英俊、浑身刀枪不入，唯一的弱点是脚踝。

（7）赫克托耳（Hector）：普里阿摩斯老王和赫卡柏的长子，帕里斯的兄长，特洛伊最勇敢、最孚众望的英雄，城邦的保卫者，最后在战斗中为阿喀琉斯所杀。

2.3 希腊神话故事举例

普罗米修斯

泰坦伊阿佩托斯之子，"普罗米修斯"的含义为"先知者"，他也是人类的创造者之一，同时也是最有智慧、知识的神之一。为了人类的幸福，他把许多知识教授给了人类。但宙斯拒绝把火给予人类。为了让人类能拥有火，普罗米修斯用智慧想出办法，当太阳车驶过天空时，把一根茴香杆伸进太阳车的烈焰中点燃，然后将偷到的火种送给了人类。普罗米修斯盗天火的行为触怒了宙斯，结果招致最严厉的惩罚，被用铁链锁在高加索山上的峭壁上，每日有凶猛的鹰来啄食其肝脏，然后又长好，鹰又来啄食。如此这般，日复一日，年复一年，普罗米修斯承受烈日严寒、风雨雷电和猛禽啄食的痛苦，但他从未后悔帮助人类，也拒绝向宙斯屈服来换取自由。几百年以后，赫拉克勒斯救出普罗米修斯，结束了他的苦难。

潘多拉

因普罗米修斯盗走天火送给人类，导致众神之君宙斯决定降灾来惩罚人类。根据宙斯的命令，许多神合力创造出了第一个女人——潘多拉，因此她身上有很多神给予的赠礼，如美貌、狐媚、机智、巧言、狡诈等。宙斯把潘多拉嫁给普罗米修斯的弟弟——埃庇米修斯,并送给她一只箱子。普罗米修斯深知宙斯对人类包藏祸心,警告弟弟不要接受宙斯的任何赠与。但埃庇米修斯为潘多拉的美貌所迷惑,接受了这个美妇。当她来到埃庇米修斯面前时,她打开了箱子,结果里面所有的灾难、罪恶和瘟疫都跑了出来。从此,人类就不得不承受苦难和折磨。但唯有一样东西没有飞出来——那就是"希望"——被永远地关在了箱子里。

特洛伊战争

见之于希腊神话的一场战争,也可能有一定的史实依据。荷马的史诗《伊利亚特》和《奥德赛》对这场战争都有叙述。战争的起因是特洛伊王子帕里斯诱拐了斯巴达王墨涅拉俄斯的妻子海伦。为了雪耻并夺回海伦,阿伽门农率希腊各部族组成的联军渡海攻打特洛伊。这场战争持续了十年之久。最后,靠奥德修斯的木马计才攻陷了特洛伊城。许多神都卷入了这场战争,如雅典娜、赫拉、阿波罗等。

3. 罗 马 神 话

罗马神话反映了古罗马人的宇宙观、宗教信仰和文化价值观。但普遍的看法认为罗马神话很大程度上是受希腊神话影响,承袭了希腊神话的许多因素。早期罗马人宗教活动中的神祇没有人的体貌,围绕这些神的故事或仪式也未形成体系,所蕴涵的思想因素亦不丰富,尚未对普通民众的行为、伦理价值观产生太大的教化影响。古罗马人崇拜的神主要有朱庇特、玛尔斯等,早期他们只是力量和威权的象征,还未发展到后来与人同形同性的阶段,也没有人的七情六欲,不能游走于上天和凡间,因而不像希腊诸神那样与凡人纠缠不清,卷入战争、情爱,甚至结婚生子。早期罗马人神话中最高的神除朱庇特、玛尔斯和奎里努斯外,还有雅努斯和维斯塔等。大约在公元前 6 世纪希腊神话开始传入罗马人的文化,在随后的岁月里,罗马人崇拜的神开始带有希腊神祇的特点。故也有一种说法认为,罗马神话是希腊神话的翻版,只是更改了神祇的名称,如罗马神话中的朱庇特等同于宙斯;天后赫拉则在罗马神话中称朱诺;雅典娜称密涅瓦;爱神维纳斯,在古希腊神话中原名阿佛洛狄忒。

因此,罗马神话产生的过程与希腊神话不一样,一是在时间上晚于希腊神话,二是形成的过程中受希腊神话影响甚大。生活于公元前 1 世纪的玛尔库斯·瓦罗以及罗马共和国末期罗马的诗人奥维德等都吸收了希腊神话的因素,并将之融入了罗马神话故事。

罗马神话的主神

（1）朱庇特（Juppiter）:众神之首,天庭和人间的统治者,相当于希腊神话中的宙斯(Zeus)。参见希腊神话中的"宙斯"。

（2）朱诺（Juno）:神后,朱庇特的妻子,婚姻的保护神,相当于希腊神话的天后赫拉(Hera)。参见希腊神话中的"赫拉"。

（3）墨邱利（Mercury）:众神的信使,主管商业的神,相当于希腊神话的赫耳墨斯(Hermes)。参见希腊神话中的"赫耳墨斯"。

（4）维纳斯（Venus）:美神、爱神,对应于希腊神话的阿佛洛狄忒(Aphrodite)。参见希腊神话中的"阿佛洛狄忒"。

（5）马尔斯（Mars）:战神,对应于希腊神话的阿瑞斯(Ares)。在罗马神话中,他的地位仅次于神王朱庇特,生性尚武,为战争之神。参见希腊神话中的"阿瑞斯"。

（6）狄安娜（Diana）:狩猎和月亮女神,对应于希腊神话的阿尔忒弥斯(Artemis)。参见希腊神话中的"阿尔忒弥斯"。

（7）密涅瓦（Minerva）:智慧女神,对应于希腊神话的雅典娜(Athena)。参见希腊神话中的"雅典娜"。

（8）丘比特（Cupid）:生有双翼的小爱神,维纳斯的儿子,对应于希腊神话的爱洛斯(Eros)。

4. 希腊罗马神话与西方文学

希腊罗马神话在西方流传甚广,为欧洲不同民族的文学艺术提供了源源不断的养分。不同时代的作者在诗歌、戏剧、小说创作方面都留下了与古希腊罗马神话有关的作品。有的是对希腊罗马神话中的一些故事进行再述、再创作;更多也更有意义的是一些作品努力发掘、运用希腊罗马神话的涉及主题、人物、形象、叙事、象征的因素,将之用作后来文学创作的原型。由于希腊罗马神话已深深扎根在西方的文化意识中,或作为一种文化传承,已成为西方的文化"集体无意识",因此,一个特定文学作品中若运用了希腊罗马神话中的元素,这部作品便可能使个人命运上升到普遍人性的高度,超越个别而获得普世的价值和意义。如乔伊斯的小说《尤利西斯》借用了希腊神话中的英雄尤利西斯在特洛伊战争后历经十余年的艰辛回家之路的故事,喻指一种"追寻"或"路"的主题。故事的原型来自荷马的史诗《奥德修斯》。另如雪莱的长诗《解放了的普罗米修斯》就直接取材于希腊神话,普罗米修斯盗天火送给人类而自己承受宙斯严厉的惩罚,但他不屈服,不乞求宽恕。这种精神恰恰契合了雪莱要表达的他那个时代的革命激情。福克纳的小说《押沙龙,押沙龙》除了运用《圣经》中关于大卫王及子女家族相互残杀的原型外,也不能说没有希腊神话的影响,如俄狄浦斯杀父娶母的悲剧。现代心理分析学说的奠基人弗洛伊德直接从希腊神话借用两个人物的名字来表述他的两个心理学概念,即"奥狄普斯情结"和"厄特克拉情结"。以上种种,大凡可以粗略说明希腊罗马神话在西方文化、文学中的传承和影响。

推荐阅读书目:

1. 葛斯塔·舒维普.古希腊罗马神话与传奇[M].叶青译.桂林:广西师范大学出版社,2003.
2. 郑振铎(编著).希腊神话与英雄传说[M].上海:上海书店出版社,2006.
3. 古希腊神话故事[M].万亭,武文胜译.北京:中国戏剧出版社,2007.

复习思考题:

1. 希腊神话中的主神有哪些?
2. 你最喜欢的希腊神话故事是哪个或哪几个? 为什么?
3. 希腊神话的最大特点是什么?
4. 罗马神话中的 Victoria 象征什么? 在希腊神话中与之相对应的是哪个神?
5. 除希腊罗马神话外,古代还有哪些神话体系? 试举例说明。

(查日新)

欧洲文化(一):西欧文明概况

如果我们从公元前 8 世纪算起,欧洲文明已经走过了近三千年的历程。本次讲座将粗略地勾勒这一历程,把这一历程分为古希腊文化、古罗马文化、中世纪、文艺复兴、宗教改革运动、启蒙运动和现代欧洲几个部分来加以讲解。

1. 古希腊文化

古希腊时期始于公元前 776 年第一次古代奥林匹克运动会,结束于公元前 146 年罗马征服希腊。这六百多年间的希腊文化普遍被认为是西方文明的精神源泉,对日后西方的政治、哲学、文学、艺术、科学、体育等诸方面都起到了深远的影响。

古希腊地区有几百个大大小小的城邦,各城邦有同样的宗教、同样的语言,然而却又有各种不同的政治制度。有些古希腊城邦如斯巴达一样奉行君主制,将统治权集中在国王手中;有一些城邦则如雅典一样实行民主政治;还有一些城邦则由贵族统治或由少数人控制的议会统治。这些政治制度为以后的西方的政治形态提供了最初的范本。

古希腊时期的哲学最重要的代表人物有苏格拉底(公元前 469—前 399)、柏拉图(公元前 427—前 347)和亚里士多德(公元前 384—前 322)。在苏格拉底以前,希腊的哲学主要研究宇宙的本源,世界的物质构成等问题,苏格拉底转而研究人类本身:探索人对真理和知识的认识能力、伦理道德等问题。他使哲学研究的方向发生了重大的转变。苏格拉底的学生柏拉图建立了包罗万象的唯心主义哲学体系,其范围涉及辩证法、理念论、自然哲学、心理学、伦理学、政治学等诸方面。亚里士多德虽然是柏拉图的学生,但却反对老师的唯心主义哲学。他的思想更倾向于唯物主义,并在逻辑学、修辞学、伦理学、政治学、诗学、形而上学、心理学、经济学、神学、教育学等方面著作颇丰。这三位哲人对西方文化未来走向以及内在特质的形成都产生了深远的影响。

古希腊的文学丰富多彩,其史诗、悲剧、抒情诗、寓言等给予后世以深远的影响。古希腊诗人荷马的史诗《伊利亚特》和《奥德赛》是欧洲文学史上最早的伟大作品。这两部作品讲述的是希腊与特洛伊之间的战争。诗人既歌颂了希腊将领们的英雄业绩,也赞美了特洛伊人的勇敢和责任感,他的作品超越了狭隘的是非观念和民族主义,充满了对生命本身的赞颂。古希腊悲剧的代表作家是埃斯库罗斯(公元前 525—前 456)、索福克勒斯(公元前 496—前 406)和欧里庇德斯(前 485?—前 406?)。他们的悲剧都认为神将苦难织入人的生命之中,因此痛苦是人的命运中不可避免的部分。然而悲剧的主人公能够直面苦难和逆境。按照亚里士多德的看法,悲剧的目的是要引起观众的"怜悯和恐惧",由此使他们摆脱负面的情绪,在感情上得到净化。抒情诗人中最著名的是品达(约公元前 518—前 442)和女诗人萨福(公元前 612?—?)。写作于公元前 6 世纪的《伊索寓言》在后世广为人知。

留存至今的古希腊艺术主要体现于建筑和雕塑作品。在建筑方面,气势恢宏的帕台农神庙和赫菲斯托斯神庙是其中的典型代表。希腊人创造的多利亚、爱奥尼亚、科林斯三种石柱的形式(Doric order,Ionic order,Corinthian order)为后世西方建筑所沿袭。雕塑的主要题材是神像和运动竞技者的形象。希腊人把神视为理想的、完美的人,因此神像也力求表现真实的人的形象和人的各种精神状态。而运动竞技者健美生动的形象显示出古希腊雕塑家已经能够非常高超地表现人的生理结构。

古希腊在科学方面也颇有成就。泰勒斯为首的伊奥尼亚学派开创了命题的证明,为建立几何的演绎体系迈出了第一步。稍后有毕达哥拉斯领导的学派,将数学理论从具体的事物中抽象出来,予数学以特殊独立的地位。欧几里得用公理方法整理几何学,写成《几何原本》,树立了用公理法建立起演绎数学体系的最早典范。阿基米德在纯数学领域涉及的范围也很广,他的一项重大贡献是建立多种平面图形面积和旋转体体积的精密求积法,其中蕴含着微积分的思想。

古希腊人热爱体育运动。他们认为健全的心灵育于健全的身体中。从公元前 776 年起,古希腊人每隔四年便在希腊半岛西南部的奥林匹克举行古代奥林匹克运动会(简称奥运会)。

2. 古罗马文化

古罗马文化发源于与希腊隔海相望的意大利半岛。罗马人于公元前5世纪开始不断向外扩张，并于公元前146年征服了希腊，逐渐发展成为一个横跨欧洲、非洲、亚洲的罗马帝国。但是征服者在文化上却成了被征服者：古罗马继承了希腊文化，同时也吸收东方文明的成分。

古罗马对西方文明最重要的贡献之一就是其完备的法律体系。罗马法的精神来源主要是古希腊哲学中的人文精神，其中包括适用于罗马公民的市民法和涉及外国人的万民法。罗马法经过几个世纪的不断补充和完善，至公元534年在东罗马帝国国王查士丁尼的主持下编撰完成并颁布施行，后人称之为《民法大全》。罗马法直接推动了欧洲大陆的法律制度的发展，其基本思想和原则已融入欧洲乃至世界各国的法律中。

古罗马继承和发展了古希腊建筑风格，在建筑艺术取得很高的成就。罗马的大型建筑物的风格雄浑凝重，构图和谐统一，以厚实的砖石墙、半圆形拱券、逐层挑出的门框装饰和交叉拱顶结构为主要特点。公共浴场一般都有集中供暖设施。热烟和热气流经各个大厅地板下、墙皮内和拱顶里的陶管，散发热量。大型剧场的观众席呈半圆形，逐排升起，纵横过道设计合理，观众出入十分方便，其结构与现代大型演出性建筑物相似。

古罗马文学中成就最高的是诗歌。最著名的诗人包括维吉尔（公元前70—前19）、贺拉斯（公元前65—前8）和奥维德（公元前43—公元18）。维吉尔的《埃涅阿斯纪》是关于英雄埃涅阿斯创建罗马文明的史诗，代表了罗马诗歌最高的艺术成就。贺拉斯具有多方面的才能，他是古罗马重要的讽刺诗人、抒情诗人和文艺批评家。奥维德的主要作品是神话诗《变形记》，其中的希腊神话故事和罗马传说为后世的文学家提供了重要的创作素材和灵感。

罗马通过战争和征服，积累了大量的财富，并且随着罗马帝国版图的扩大，希腊、埃及等各种文化逐渐的影响，罗马人也就渐渐放弃了早年简朴和严肃的道德传统，陷入了穷奢极欲的物质欲望之中，精神上也日益空虚。在这种信仰空虚的情势下，基督教的影响越来越大，公元313年基督教在罗马取得了合法地位，并且最终在公元380年成为罗马帝国的国教。

公元395年，罗马帝国分裂为东西两部。公元476年9月，日耳曼人入侵西罗马帝国，西罗马帝国宣告灭亡。而东罗马帝国（即拜占庭帝国）

一直延续到 1453 年,被奥斯曼帝国所灭。

3. 中世纪

欧洲的中世纪始于公元 476 年西罗马帝国灭亡,结束于公元 15 世纪文艺复兴运动的兴起。昔日的罗马帝国成为了北欧日耳曼入侵者的家园。古希腊罗马传统、日耳曼传统和基督教这三大因素交相激荡,催生了以基督教为中心的欧洲文明。在中世纪早期(476—1000),欧洲战乱频仍,生产倒退,城镇湮没,文化衰落。这是中世纪一段黑暗的历史。在中世纪盛期(1000—1300),欧洲摆脱了外来侵略,生产和贸易逐渐恢复,多次十字军东征,不仅是出于宗教上的缘由,也有强烈的攫取财富的商业动机。到了中世纪晚期(1300—1453),欧洲再现各种危机:英法之间爆发了百年战争,瘟疫横扫欧洲,东罗马帝国灭亡,教会腐败日盛。同时,商品经济在意大利首先开始发展,资本主义的萌芽出现。这为文艺复兴的发生提供了物质基础。

中世纪是封建制度形成和发展的时代。欧洲的政治经济体系建立在土地分封制度之上,国王、领主等以封地换取下属的效忠。大大小小的封建主构成了封建等级制度。同时许多地区长期处在割据状态,许多地区没有出现长期稳固的政权。

中世纪也是基督教占统治地位的时代。教会在战乱中保存典籍、传播知识的努力功不可没,但同时也垄断教育,严格控制大众的思想,禁止科学思想传播,并设立宗教裁判所惩罚异端。教皇与世俗君主争夺政治权力,教会不仅为大众提供统一的信仰和价值观,而且成为了制衡世俗权力的政治力量。这一时期的基督教教义吸纳了古希腊罗马哲学和科学方面的思想(尤其是亚里士多德的思想),从而促成了以安瑟尔谟、阿伯拉尔和托马斯·阿奎那为代表的经院哲学的形成。这一基督教哲学流派为近代哲学和实验科学奠定了基础。

4. 文艺复兴

文艺复兴是指 14 世纪末兴起的一场思想文化运动,这一运动发端于意大利各城市,以后逐渐传播到西欧各国,在 16 世纪达到鼎盛期。近代欧洲的历史由此开始。文艺复兴运动一方面继承古希腊罗马文化,另一方面也有诸多思想文化创新。当时的人文主义者提倡个性自由,肯定人在世俗生活中的欲望和享受,将人的思想从神学的束缚中解放出来。本着以人为本的精神,他们要求文学艺术再现人的思想感情,科学关注人的福祉,教育拓展人的个性。在文艺复兴运动时期,欧洲在思想、文学、艺术、自然科学等方面取得了惊人的成就,对人类文明的发展起了极大的推动作用。

在思想和哲学方面代表这一时期的人物有荷兰的著名的人文主义思想家伊拉斯谟、意大利的政治哲学家马基雅维利、英国的空想社会主义者的托马斯·莫尔,提倡理性的法国哲学家笛卡尔等人。

文学方面的先驱人物有意大利诗人、《神曲》作者但丁(1265—1321);十四行诗的代表诗人彼特拉克(1304—1374),他提出以"人的思想"代替"神的思想",被视为"人文主义之父";《十日谈》作者薄伽丘(1313—1375),他在书中无情地讽刺了教会的虚伪和基督教的禁欲主义。以后更有英国的戏剧作家莎士比亚,法国的小说作家拉伯雷、散文作家蒙田,西班牙的小说作家塞万提斯和戏剧作家维加等一大批文学巨匠。

艺术方面的巨匠有列奥纳多·达·芬奇(1452—1519);拉斐尔·桑西(1483—1520),他的圣母画像洋溢着母性的温柔和亲切;米开朗基罗·博那罗蒂(1475—1564)则代表了文艺复兴时期雕塑艺术最高成就。

这一时期也开启了欧洲历史上的第一次科学革命。在天文学方面,哥白尼提出了日心说体系,伽利略发明了天文望远镜,看到了星空别样的面貌。开普勒行星运动的三大定律。在数学方面,代数学、微积分取得了重要发展,三、四次方程的解法被发现。三角学相关的平面三角和球面三角等得到了系统的阐述。解析几何学、数论成为数学新的分支。在物理学方面,伽利略发现了自由落体、抛物体和振摆三大定律。法国科学家帕斯卡发现液体和气体中压力的传播定律;英国科学家波义耳发现气体压力定律。笛卡尔对折射定律提出了理论上的推证。

这也是个地理大发现的时代。葡萄牙、西班牙、意大利的探险家们开始了一系列远程航海活动。其中最重要的有:哥伦布发现美洲大陆,以及麦哲伦的船队完成环球航行,为地圆说提供了有力的证据。

5. 宗教改革运动

在文艺复兴运动进行的过程中,另一场意义重大的思想运动——宗教改革运动也应运而生。1517年,德国维登堡大学神学教授马丁·路德(1483—1546)发表《九十五条论纲》,抨击罗马教廷的腐败,此后宗教改革运动迅速在欧洲展开。马丁·路德提出的宗教改革有如下内容:(1)信仰的最高权威不是教廷,而是《圣经》;(2)教皇和教会没有阐释《圣经》的绝对权力,信徒可以通过《圣经》直接与上帝相通,不需要由教会做中介;(3)信徒因为坚定的信仰而得救(因信称义),而不是通过所谓的"善功"(例如购买赦罪符);(4)简化宗教仪式。

宗教改革运动产生了基督教的新分支——基督教新教,罗马天主教的一统天下被打破。新教中又有诸多派别,其中最重要的有路德教(信义宗)、加尔文教(归正宗)和英国国教(安立甘宗)三大宗派的基督教新教。路德教强调信仰的重要性,人凭信心得到神的恩典:"唯独因信称义"。加尔文教以法国神学家加尔文的思想为依据,除了强调因信称义之外,该教派还主张上帝预定论,认为上帝在创造世界之前,就已经预定了某些人得救,另一些人遭弃绝。英国国教在教义和宗教仪式上与天主教差别不大,但是不服从天主教教皇管制,承认国王是英国教会的精神领袖。

宗教改革运动推动了各种民族语言的《圣经》的出版,而新出现的活版印刷术迎合了这一时代的需要。宗教改革运动使民族意识进一步觉醒,民族语言文化得以深入发展,欧洲政治、经济和社会各方面都因此发生了深刻的变化。

6. 启蒙运动

启蒙运动通常是指在18世纪初至1789年法国大革命之间发生在欧洲的思想文化运动。启蒙运动是文艺复兴和宗教改革运动的自然延伸。他们认为应该用理性之光驱散人们精神上的黑暗,使人们受到启蒙,走向光明。启蒙运动的主要内容包括:(1)理性主义:随着对于认识自身和认识客观世界的能力越来越自信,受过教育的欧洲人认为人应当凭借健全的理性去观察世界,由此得出自己的结论,而不是盲从迷信和传统。他们还提出要建立一个以"理性"为基础的社会。(2)自由精神:宗教改革促成了宗教宽容和宗教自由,而启蒙时期的自由精神不仅在信仰方面进一步深化,而且扩展到了思想和政治领域。启蒙主义者提倡自然神论和无神论,抨击天主教权威;要求言论和出版自由,捍卫思想自由;要求政治自由,反对专制暴政。(3)个人主义:启蒙主义者重视个人权利,肯定合理的利己主义，提倡"天赋人权"，反对"君权神授"，主张"法律面前人人平等"，反对贵族的等级特权。(4)重视感觉经验和事实。启蒙运动的这一特质为日后的实验科学和技术铺平了道路。

当时的启蒙运动中心是法国，孟德斯鸠、伏尔泰、狄德罗、卢梭等各个领域的杰出人物大都生活在这一时期的法国。法语则是当时欧洲知识界的通用语言。启蒙运动使欧洲逐渐摆脱了基督教的控制，走上了世俗化的道路。启蒙运动提倡的民主、自由、平等、博爱为法国大革命、美国独立战争和旨在废除奴隶制的南北战争提供了思想上的依据，为三权分立的政治体制提供了理论上的基础。欧洲从此进入了真正意义上的现代社会。

7. 现代欧洲

19 和 20 世纪的现代欧洲在许多领域中发生了翻天覆地的变化。现代欧洲首先是由各种不同类型的革命所塑造。1776 年的美国革命和 1789 年的法国大革命结束了君主的专制权力，民主、自由、平等、博爱等观念变成了新的政治准则和社会理想。拿破仑在 1804 年颁布的法典（后称《拿破仑法典》）确立了法律上的平等权利和财产权。而由美国最先实践的三权分立的民主政治系统在欧洲也得到了普遍的推行。

18 世纪中叶从英国开始的工业革命首先是动力革命。蒸汽机和内燃机的广泛应用引发了从手工劳动向动力机器生产的重大变革。汽轮、火车、汽车、电报等改变了人们的时空观念。工业革命让欧洲从农业文明步入工业文明，也使欧洲的社会秩序发生了重要的变化：资产阶级和无产阶级同时登上了历史舞台，相互之间的冲突斗争在 19 世纪愈演愈烈。这使得社会主义思潮逐渐发展起来，其中以马克思主义最为著名。

欧洲的 19 世纪也是科学革命的时代。达尔文进化论的提出，给予基督教以沉重的打击，改变了人类对自我的认识；新物理学（分子物理学、光学、电磁学、热力学、空气动力学等）深化了我们对于自然界的认识。别的一些自然科学学科，如化学、生物学、地质学等皆逐渐成形，并催生新的社会科学分支或新的社会科学研究方法。

20 世纪的欧洲见证了前所未有的全球性战争（两次世界大战）与意识形态对峙（冷战）。二战后的欧洲担忧再陷战争泥潭，这种担忧成为了推动欧洲联盟建立的最初动机。欧盟是世界上成员国之间联系最紧密、最广泛的国际组织，在贸易、农业、金融、内政、国防、外交等方面的合作类似于统一的联邦国家或独立国家所组成的同盟。欧盟的建立不仅出自欧洲国家自身的政治经济利益，同时也是人类历史上一场意义深刻的实验，是走向永久和平和世界大同的伟大尝试。

推荐阅读书目：

1. 彼得·李伯庚.欧洲文化史[M].赵复三译.上海：上海社会科学出版社，2003.
2. 陈乐民，周弘.欧洲文明的进程[M].北京：生活·读书·新知三联书店，2003.
3. 雅各布·布克哈特.意大利文艺复兴时期的文化[M].北京：商务印书馆，1983.
4. 陈刚.西方精神史——时代精神的历史演进及其与社会实践的互动[M].南京：江苏人民出版社，2000.

复习思考题：

1. 灿烂的古希腊文明为什么最终走向衰亡？请谈谈你的看法。（可参阅修昔底德所著《伯罗奔尼撒战争史》）。
2. 中世纪常常被称为"黑暗时代"。但是这一时代也有许多积极的方面。请就此谈谈你的看法。
3. 根据雅各布·布克哈特所著《意大利文艺复兴时期的文化》第六篇"道德与宗教"，谈谈文艺复习的消极后果。
4. 你认为现代欧洲有什么显著的特点？请解释。
5. 你对摘自阿诺德·汤因比《历史研究》的选文有什么感想？请谈一谈。

（李　毅）

欧洲文化(二):俄罗斯文化概况

1. 理性的思索:俄罗斯文化的特点

在我们导论课的目录中,这一讲冠名为欧洲文化(二)。其实,我们今天要讲的俄罗斯文化,无论从内容还是实质上看,都不能简单地归入欧洲文化。俄罗斯文化有自己的独特性。

说到俄罗斯的文化,我们脑海里会浮现出什么样的影像呢?芭蕾舞《天鹅湖》,小白桦歌舞团的项链舞,列宾的油画,红场上的教堂,契诃夫的话剧,50年代风靡中国的苏联电影,《莫斯科郊外的晚上》,民间艺术中的套娃、复活节彩蛋、巴列赫首饰盒,等等。这是一个五彩斑斓,魅力无穷的世界。在我们想跨进这个神奇的世界去遨游一番之前,首先应该了解和思索几个有关俄罗斯文化的理论问题。俄罗斯文化与其他类型的文化相比,有几个很明显的特点,我们把它归结为外源性、兼容性、宗教性和爆发性。

(1) 俄罗斯文化的**外源性**。恰达耶夫(П. Я. Чаадаев)认为,俄罗斯文化是一种完全以借用和模仿为基础的文化[①]。俄罗斯历史上曾不止一次地奉行文化上的"拿来主义",比如,10世纪对东正教及拜占庭文化的引进和18世纪的西化改革。

俄罗斯文化的重要精神基础是东正教,它是从拜占庭引进的。公元988年,基辅罗斯接受东正教为国教,与东正教一并引进的便是拜占庭的文化。例如:建筑——基辅圣索菲亚大教堂、切尔尼科夫主变圣容大教堂等一大批建筑物都是直接请希腊建筑师按拜占庭风格,采用拜占庭的技术和惯用材料设计建造的。而且,在当时罗斯的主要城市里,都建造了与君斯坦丁堡圣索菲亚大教堂同名的教堂。音乐——除民间创作外,音乐的主流是宗教音乐。最初,唱诗班的歌手都是径直从希腊或保加利亚请

---

① 参见恰达耶夫.哲学书信.北京:作家出版社,1998:37.

来的,教堂合唱音乐大多是对拜占庭音乐和东斯拉夫教堂音乐的模仿,没有俄罗斯自己的民族特色①。绘画——圣像画、壁画都是从拜占庭学来的新的绘画形式。文学——翻译文学是其重要部分:圣经、圣徒列传、福音书都是引进的。俄罗斯的文字(基里尔字母)也是希腊修士为了传播东正教,专门为斯拉夫人创造的,它被一直沿用至今。从此,在拜占庭文化的植入和影响下,罗斯原有的多神教文化在与外来文化的斗争中不断消减,拜占庭强势文化也在与本土文化的融合和改造中渐渐融入了俄罗斯民族的骨髓。

18世纪也是俄罗斯历史上的一个转折时期。彼得大帝为了振兴俄罗斯,进行了大规模的西化改革,强制性地引进西方文化。到18世纪中叶,俄国不仅引进了欧洲的科技教育,模仿欧洲国家建立了大学和科学院,而且效仿欧洲的文化艺术。俄罗斯从法、意等国请来了大批建筑大师,修建了盛行于欧洲的巴洛克和新古典主义建筑,如冬宫、皇村叶卡捷琳娜宫、斯莫尔尼修道院等就是出生于法国的意大利建筑师拉斯特雷利设计修建的,彼得保罗大教堂是瑞士建筑师特列吉尼建造的。在绘画方面,彼得大帝为了发展俄罗斯造型艺术,派遣青年画家到西方去学习,他们回国后成为俄罗斯绘画的骨干。1757年成立的彼得堡美术学院完全按照西方学院派的模式进行教学,绘画的题材大多与俄罗斯的现实生活脱节。18世纪,真正意义上的雕塑在俄罗斯出现,当时许多雕塑品直接是到西方订制的,还有一些则是请西方雕塑家到俄国来创作的,如著名的青铜骑士就是法国雕塑家法尔康涅的作品,而18世纪后半叶涌现的一大批优秀雕塑家则都曾师从于被请到彼得堡美术学院任教的法国雕塑家尼古拉·吉莱②。这一时期,西欧音乐也开始在俄罗斯盛行,西欧器乐音乐开始走进俄罗斯人的日常文化生活。军乐、交响乐、歌剧、舞蹈音乐渐渐在宫廷、剧院、庭院、舞池等场所响了起来③;对欧洲的效仿还表现在语言、服饰、习俗、时尚等方面。这时,俄罗斯文化的外在表征的确很"欧洲"。

谈到借用和模仿,别林斯基(В. Г. Белинский)曾说过这样的话:俄罗斯文学是从纯模仿中产生的,但没有模仿就没有普希金;彼得大帝的士兵

---

① 参见任光宣.俄罗斯艺术史.北京:北京大学出版社,2000:11,48.
② 同上书,第72页。
③ 同上书,第78页。

模仿外国军队,从而取得了波尔塔瓦战役的胜利①。在本土文化产生了对外来文化引进的需求,并做好了接受它的准备,且外来文化与本土文化有机融合,互相改造,发展创新的前提下,"拿来主义"使俄罗斯成为了崛起的文化大国。不过,在文化的接受和认同方面,俄罗斯社会上层和下层是有所不同的。外来文化往往是至上而下地强制"拿来","拿来"的文化在初期往往对社会上层作用显著,对广大民众的影响则小得多。但到后期,外来文化浸润到社会底层,被吸纳消化,俄国人又会视之为本土文化,并以之去抵抗新的外来文化。

(2)俄罗斯文化的**兼容性**。前面我们讲,不能简单地把俄罗斯文化归入欧洲文化,为什么呢?从地理位置上看,俄罗斯是横跨欧洲和亚洲的一个超级大国。"俄罗斯民族既不是纯欧洲民族,也不是纯亚洲民族。俄罗斯是世界的一个完整部分,是一个巨大的欧亚洲,它将两个世界结合在一起。"②地理位置对于一个国家的文化固然有影响,但这种影响是通过历史因素来起作用的。俄罗斯文化是在不同文化的相互冲击和渗透过程中形成的。在俄罗斯文化的构成中,既有欧洲元素,又有亚洲元素;既有基督教世界的特征,又有非基督教世界的影响。例如:古罗斯最早的国家雏形是东斯拉夫人从北欧邀请来的王公建立的。从拜占庭引进的东正教对于俄罗斯民族文化的形成和发展起了至关重要的作用。然而,罗斯受洗虽然使俄罗斯加入了基督教世界,但俄罗斯没有接受以罗马为中心的天主教,而是接受了当时以君士坦丁堡为中心的东正教,这就决定了俄罗斯与大多数奉行罗马天主教的欧洲国家始终存在差异甚至隔阂。在俄罗斯历史上,它经历了蒙古骑兵建立的金帐汗国长达两百多年的统治,却没有放弃自己的东正教信仰。尽管蒙古人的统治对俄罗斯文化的影响有限,但金帐汗国还是在税收制度、征兵制度、户籍制度等方面留下了东方的印迹。为了抗击强大的金帐汗,这片土地上逐渐形成了东方式的集权体制,从而也产生了与之相适应的社会心理和精神文化形态。15世纪拜占庭帝国灭亡后,俄罗斯即自认为是东罗马帝国的继承者。在此后几百年的时间里,俄罗斯先后兼并了信仰伊斯兰教的喀山、克里米亚、西伯利亚等汗国,越过乌拉尔山,把大片亚洲领土及生活于其上的民族纳入了俄罗斯的版图。18世纪初,俄罗斯进行了西化改革,大规模强制性地引进

---

① 参见索洛维约夫等.俄罗斯思想.杭州:浙江人民出版社,2000:67.

② 别尔嘉耶夫.俄罗斯思想.北京:三联书店,1995:2.

西方文化。从建筑艺术、绘画、戏剧、音乐……到语言、服饰、习俗、时尚，等等。因此，俄罗斯文化在其发展过程中，同时受到来自东、西，甚至南、北多个方向的文化影响，所以有人说："无论就文化传统，还是就地理位置而言，俄罗斯都是欧洲的东方、亚洲的西方，俄罗斯文化像一个巨大的钟摆，沉重地来回于世界文化的两极之间。"①在西方人眼里，俄罗斯文化是"东方型"的；而在东方人眼里，俄罗斯文化又是"西方"的。如果从广义上理解文化的涵义，我们可以说俄罗斯文化的物质外壳是西方的，而社会形态和国民精神内核是东方的。如果从狭义上理解文化的涵义，举一个直观形象的例子：那么在这个幅员辽阔的国家里，既可以看到拜占庭式的教堂，又可以看到巴洛克式的皇宫，还可以看到伊斯兰教的清真寺和佛教寺庙。

（3）俄罗斯文化的**宗教性**。俄罗斯民族是个有宗教天性的民族。虽然东正教在俄罗斯是一个外来宗教，但东正教不仅是俄罗斯文化的精神基础，而且是俄罗斯各种主流文化艺术赖以形成的核心。我们知道，俄罗斯文化的主流源头是拜占庭文化，它是随着东正教的引进而引进的。当时的文化艺术可以说并没有自己独立的个性，他们是为宗教祭祀活动服务的。建筑——教堂是进行宗教仪式的场所；绘画——圣像画的目的是"通过可见的形象去想象不可见的神"；音乐——弥撒曲、赞美诗是祭祀仪式必不可少的内容；文学——圣经、福音书、圣徒列传等都与宗教相关。东正教是贯穿俄罗斯文化的主线，俄罗斯文化主流是以宗教为其发端的。到了中世纪后期，虽然有世俗化因素出现，但俄罗斯文化依然散发着浓郁的宗教气息。即使后来彼得大帝在文化上进行了世俗化改革，但俄罗斯民族性格中固有的宗教热诚和东正教的价值观仍在俄国民众心目中占据重要位置。尤其重要的是基督教对俄罗斯民族世界观、道德观的影响是浸入骨髓的。这一点在俄罗斯文学中表现尤为突出：东正教的世界观是俄罗斯文学最重要的特点。它的宗教性质不仅在于它的宗教题材和内容，更在于它对世界的特殊的感知角度。虽然近代俄罗斯文学已属于世俗文学，而不像古罗斯的教会文学，但东正教多个世纪以来对俄国人的教化已使得他们即使是脱离了教会，也仍然不能摆脱原有的世界观。这一点在近现代文学作品的人物塑造中表现得十分典型：欧洲文学中的人物

---

① 刘文飞，苏玲.俄罗斯文化史：译序.上海：上海译文出版社,1999:3.

所追求的是幸福,而俄国文学中的人物却在苦苦地追求灵魂的得救①。

4. 俄罗斯文化的**爆发性**。与东方中国、印度、古埃及、巴比伦、波斯等古文化相比,俄罗斯文化的开端要晚数千年,与欧洲的文化相比,由于没有文艺复兴和启蒙运动,它也要落后许多。但是,俄罗斯的大自然,俄罗斯人和俄罗斯文化都有一个共同特征:可以长时间处于休眠或停滞状态,然而长期积蓄的能量却可能在短时间内爆发。从最初的直接照搬拜占庭文化和西欧文化,经过漫长的消化、吸收、改造和创新,在兼收并蓄了东西方文化的成果,经历了无数历史事件的洗礼,经历了文化的巴洛克、古典主义、浪漫主义、现实主义甚至现代主义,当文化艺术的外来形式和技法与俄罗斯的民族精神相结合,当自己的精神内涵酝酿成熟并寻求表达的时候,俄罗斯文化在很短的时间里(主要在 19 世纪至 20 世纪初不过一百多年的时间里),异军突起,在各个领域里都涌现出一大批文化艺术天才和世界级的大师,创作出一大批至今仍对世界文化具有重要影响的杰作(文学界:普希金、果戈理、陀思妥耶夫斯基、托尔斯泰、契诃夫、高尔基、阿赫玛托娃、马雅可夫斯基、布宁、帕斯捷尔纳克、肖洛霍夫、索尔仁尼琴等;绘画界:列宾、列维坦、康定斯基、马列维奇等;戏剧界:斯坦尼斯拉夫斯基、涅米诺维奇-丹钦柯、梅耶霍德等;音乐界:格林卡、穆索尔斯基、里姆斯基-可萨科夫、柴可夫斯基、斯特拉文斯基、肖斯塔科维奇等;电影界:爱森斯坦、格拉西莫夫、梁赞诺夫等;舞蹈:尼津斯基、乌兰诺娃、普里谢茨卡娅、尼金斯基等),达到了空前的发展和繁荣,让世界刮目相看。难怪高尔基说:"在任何地方不到一百年的光景,都不曾像在俄国这样人才辈出,群星璀璨。"俄罗斯文化为世界做出了巨大的贡献,它已经不再是模仿别人,而是反过来以自己丰富的精神内涵和独具一格的文化品位影响世界文化的总进程。

2. 感性的鉴赏:俄罗斯文化的魅力

俄罗斯文化的奇葩五彩缤纷、绚丽多姿。但在这个浩大的宝库里,我们只能选择最有代表性的作品,以求窥一斑而见全豹。在此,我们将一同欣赏柴可夫斯基的第六交响乐和列宾的绘画《伏尔加河纤夫》。

① 参见 М. М. Дунаев. Православие и русская литература. части Ⅰ—Ⅱ. М. , 2001:3—4.

柴可夫斯基直至今日仍可称为俄国最伟大的作曲家[①]。在世界交响乐的发展史上,柴可夫斯基是抒情戏剧交响乐和抒情悲剧交响乐的创造者,而第六交响乐《悲怆》则是他交响乐创作的最高峰。它用音乐体现了永恒的悲剧主题——生与死的较量。在这部作品中,柴可夫斯基将欧洲的音乐传统和俄罗斯的民族气质有机地揉和在一起,用西方交响乐的形式体现了俄罗斯式的忧郁、敏感、偏激。

在第一乐章开始的时候,低音区传出缓慢低沉的旋律,犹如呻吟,犹如叹息,犹如一个饱经沧桑的老人,从迷糊混沌中渐渐醒来。回首往事,欲言又止。第一主题(命运主题)快速而富于节奏地呈示出苦恼、不安和焦躁的旋律。渐渐地,仿佛意识开始苏醒,情绪开始亢奋,遥远的过去又浮现在眼前:那是生命中的激烈搏斗、奋勇抗争。第二主题(光明主题)响起,它哀婉而美丽的旋律中蕴含着对光明和幸福的向往。单簧管发出对人生的询问,另一个声音附和着它,宛如对话一般……光明主题再次出现,心中的向往和渴求已变得那么强烈、那么真挚……突然,一声晴天霹雳打破了美好的幻想:命运主题好似凶神恶煞,它残酷而强大。善与恶对峙着,剑拔弩张。命运步步逼近,气氛紧张到极点。搏杀展开,悲壮而惨烈……变了调的命运主题步步紧逼,生命在最后的反抗中竭尽了全力,但结局却是失败。悲歌四起,走向毁灭,万劫不复……当光明主题再度响起时,它已成了悲愤的哀鸣:望长空,问苍天,光明在何处?在远方,在远方——光明已是残留在天边的一抹余晖,渐渐暗淡、消逝……这时,和弦恰似教堂的管风琴,它伴着拨弦,如远去的脚步,好似走向了另一个世界……第一乐章结尾仿佛在告诉人们:抗争是徒劳的,一切将归于灰飞烟灭。

这就是柴可夫斯基的《悲怆》,这是柴可夫斯基蓄积以久的内心告白。第一乐章就像整部交响乐的总序一样,向人们预示了人生的失败和灭亡。它充满了深刻的绝望,它告诉我们,人生就是永无休止的与死亡斗争,是充满痛苦和磨难的毁灭之路。

第二乐章的圆舞曲把人带到遥远的青春时代,那似乎是一个幸福美丽的世界,但却如梦依稀。当副部主题圆舞曲响起时,人们从那旋转的节拍中听到的,仍然是变了调的忧郁的叹息。

第三乐章快节奏的进行曲慷慨激昂,它体现了生命的力量。但当轻

---

① 参见金亚娜.俄罗斯艺术文化简史.哈尔滨:黑龙江大学出版社,2008:29.

快的谐谑曲一插入,人们脑海里不免会浮现出堂·吉诃德斗风车的幻象:原来,一切抗争是如此枉然和可笑。

到了第四乐章,作曲家一反交响乐创作的惯例,在终曲采用了哀伤的慢板。该乐章共持续了十分钟,而在这整整十分钟的时间里,在沉郁、晦暗的哀歌声中,我们听到的全是灵魂的号哭——放声地号哭,长声地号哭,直到整个乐曲回复到第一乐章引子的氛围,与之形成呼应,在无限的凄苦中归于沉寂……

这就是柴可夫斯基对人生的总结。极端的悲哀,极端的绝望,他绝对地描写人生的失败和灭亡,绝对地否定人生的一切希望。

列宾是俄罗斯最著名的绘画大师。俄罗斯美术学院就是以他的名字命名的。《伏尔加河纤夫》是列宾的第一幅现实主义画作,有评论家把它称作"俄罗斯的第一幅具有合唱效果的画作"。一次列宾与朋友在涅瓦河边散步。他们往上游走来到了郊区,那里有豪华的别墅,还有许多衣着华丽的贵妇人在散步。他们赞叹优美的景色和清新的空气。这时,遥远的河岸边出现了一个移动的小黑点,原来,那是一队纤夫拉着驳船艰难地逆流而上。当他们走近时,列宾才看见:这群人破衣烂衫、蓬头垢面,但他们黝黑的脸上透出刚毅和倔强,他们身上潜藏着一股力量。画家的心灵受到了极大的震撼!为此他两次到伏尔加河写生,以求找到自己心目中的人物形象。在写生的过程中,他了解了下层的劳动人民,并对他们产生了深切的同情。在收集了大量素材、画了上百张草图和人物形象底稿后,终于完成了自己的这幅成名之作。

这幅画在构图和技法上体现了西方学院派的特点,画中的十一个人物被分作近、中、远三组,但列宾将三组人物紧凑排列,使他们浑然一体。第一组四个人:拉中杠的人面部表情恭顺,内在意志坚韧。他双眼深陷,前额开阔,突显出他的智慧,他头上的包布更使人联想到古希腊哲人。这是一个俄国农民智者的形象。他的右手边是一个魁梧憨直的汉子,蓬头、赤脚,满脸大胡子,似在向第一个人絮叨什么。在他身后是个细长的瘦子,头上盖顶麦秆帽,叼着一只土烟斗,他挺直身子,好让纤索松弛一下省点力,体现出农民的小滑头。中杠人左侧的纤夫弓着腰,卖力地拉着纤绳,两手向下握拢,眼神直勾勾地凝视着前方,性格倔强。第二组也是四个人。最显眼的是身穿粉色破衫的少年。他皮肤还不太黑,眉头紧锁,看来入行还不久。由于负荷太重,他本能地用手去调节纤索,想改变令人难受的状态。少年的左手边是面色土灰、身体瘦弱的纤夫,他步履艰难,微微闭上眼睛,正用手抹去头上的汗水。右边是个秃顶老汉,他阴沉着脸,但也只能知命安天。他打开烟袋,想吸口烟来缓解一下劳累。在色彩上他和少年形成对比,两代人心态不同,但都系在一根绳索上。第三组除了白衣加坎肩和戴希腊帽的人,最后那一个,我们只能见到他低垂的头顶,显然他很吃力。在天水相映的伏尔加河边,这群衣衫褴褛的纤夫艰难地拉着驳船,他们身上蕴涵着巨大的能量,但在开阔的母亲河怀抱中,他们却忍受着生活的艰辛与苦难。

俄罗斯文化是一个博大的世界。今天的讲座只是一个引子,希望你们能够深入其中,亲身感受它的美轮美奂,你将会得到无与伦比的精神享受。

推荐阅读书目:

1. 别尔嘉耶夫.俄罗斯思想[M].雷永生,邱守娟译.北京:三联书店,1995.
2. M. P. 泽齐娜等.俄罗斯文化史[M].刘文飞,苏玲译.上海:上海译文出版社,1999.
3. 金亚娜.俄罗斯艺术文化简史[M].哈尔滨:黑龙江大学出版社,2008.

复习思考题:

1. 在你的心目中,俄罗斯文化与真正的东方文化(比如中国文化)有什么区别?
2. 我们对待民族文化传统应该采取什么态度?
3. 你同意文化"拿来主义"吗?它的前提条件是什么?
4. 你了解哪些俄罗斯的文化名人?喜欢谁的作品?能说清它的魅力何在吗?
5. 你认为在哪个领域俄罗斯文化对世界文化的贡献最大?

(孙　蕾)

日本文化概况

1. 中日文化交流

中日两国文化交流源远流长,中国古代的文化、风俗、宗教、典章制度等对日本社会产生了深远的影响。

7世纪初,圣德太子模仿中国的制度,颁发"冠位十二阶",制定"宪法十七条",为日本古代政治制度的形成奠定了基础。他还派遣遣隋使到中国留学,学习佛教经典。到了唐代,日本开始大规模地派遣遣唐使,从政治、文化、宗教等各个方面学习中国。7世纪中叶,日本模仿中国的律令制度进行了一场大的政治改革——大化改新,成为日本中央集权制国家形成的出发点。

奈良时代(710—784),日本出现了借用中国汉字来进行日文表记的万叶假名。平安时代(794—1183)初期,又借用汉字草书创造出了平假名(安→あ、以→い、仁→に、奴→ぬ、良→ら、与→よ、女→め、礼→れ),以及借用汉字偏旁部首创造出了片假名。"片",为"一部分"之意,即由汉字的偏旁部首构成的假名,如:阿→ア、伊→イ、宇→ウ、久→ク、己→コ。

日本没有5世纪以前的文献资料,中国的史籍记载是追寻其历史文化的唯一依据。《后汉书·东夷传》记载到,公元57年,"倭奴国奉贡朝贺",这是有关日本的最早记录。

总之,古代的中国,无论从政治制度、宗教文化、语言等各个方面都对日本产生过直接而深远的影响。

然而,如果说古代的中国对日本的影响是单向的话,我们也不能忘记到了近代,尤其是1894—1895年的甲午战争以后,中日两国文化相互影响,即日本文化亦对中国文化产生影响这一事实。

1.1 文学方面的影响

甲午战争以后,为了学习明治维新之后日本富国强兵的经验,掀起了一股留日热潮。近代中国历史上的许多著名人物,如鲁迅、周作人、李大钊、田汉、郭沫若、郁达夫、王国维、陈独秀等都曾经留学日本。在留日浪潮中,日本文学也通过翻译被大量译介到了中国。

中国传统的小说题材,其类型划分概念比较模糊。20 世纪初,中国新小说的主要题材分类几乎全部袭用了日本文坛在翻译西方小说题材类型时所创造的概念和汉字词汇,如:政治小说、科学小说、冒险小说、军事小说、侦探小说等。

其中,"政治小说"的出现,可以追溯到 1898 年。戊戌变法失败之后,维新派领袖梁启超遭清政府通缉,在乘日本船只逃往日本的途中,他偶然读到了一本叫《佳人奇遇》的政治小说(1885—1897,日本明治时期作家柴四郎所著。描写了三个虚构人物故国沦亡的悲惨境遇和重建国家的政治抱负)。梁启超第一次知道了"政治小说",并从中受到极大的启发,意识到了小说亦可作为宣传政治主张、开启民智的道具。到日本后,梁启超在自己创办的《清议报》上发表了一篇著名的文章《译印政治小说序》,这是中国人介绍政治小说的第一篇文章,此后,中国涌现出了一系列翻译、改写、创作的政治小说。中国的翻译文学也以梁启超在 1898 年发表的《译印政治小说序》以及同年林纾翻译的《巴黎茶花女遗事》为标志,开始走向繁荣。

有学者统计,自 1896 年清政府首次向日本派遣留学生到民国成立的 1911 年,日文著作的中译本共达九百余种。从某种意义上说,中国近代的翻译文学,很大程度上是在日本翻译文学的直接启发和刺激下形成的。

同时,日本近代戏剧亦对中国近代戏剧的形成产生了重大的影响。日本的近代戏剧改良运动始于 20 世纪初年,而中国早期话剧的创始者中大多数都在日本接受过教育。可以认为,五四新文化运动时期中国戏剧的现代转型直接受到了日本新剧的影响和推动。

中国第一个话剧团体"春柳社"于 1906 年冬在日本东京组建,该社的发起人、组织者李叔同、曾孝谷、陆镜若、欧阳予倩等均为留日学生。1907 年留日学生曾孝谷根据美国小说改编的《黑奴吁天录》成为中国早期话剧的第一个剧本。1921 年 5 月,欧阳予倩与沈雁冰、郑振铎、汪仲贤等十三人,在上海组织"民众戏剧协社"。其后,经北京《晨报》主编蒲殿俊(留日学生)参与,在该团体的基础上组建了"新中华戏剧协社",吸收了在国内外的四十八个团体会员,人数多达两千以上,并创办了近代中国第一个专论戏剧的杂志——《戏剧》月刊。1922 年冬,蒲殿俊还集资在北京创办了中国第一所职业戏剧学校——人艺戏剧专门学校。留日学子的这些活动,从各个方面促进了中国近代戏剧的发展。

1.2 语言文字的影响

如前所述,日本的平假名、片假名都形成于中国的汉字,现代日语也由假名与汉字构成。然而,自明治维新以来,日本推行一系列改良措施,如富国强兵、殖产兴业、文明开化等,全方位学习西方。在这一过程中,日本人对来自西方的许多复杂的新概念,如哲学概念、思想概念、科学概念、军事概念等进行了整理、消化,并在去粗取精后,对汉字进行了重新组合,给汉字赋予了新的意义。甲午战争以后,以梁启超、鲁迅、周作人、郭沫若等为代表的翻译家们通过文献翻译,将这些由汉字构成的新词、新概念逆向传播进了中国。

立场	景气	内幕	手续	鼻息	干部	民主	卫生
哲学	理论	动员	义务	杂志	消化	剧场	关系
经验	会谈	申请	封建	革命	自由	积极	具体
抽象	目的	美学	……				

从日本"输入"的一千多个翻译词汇成为汉语中的重要组成部分,对于丰富我们的语言、文化,拓宽我们的知识领域起到了积极的促进作用。

近年来,出现了"哈日族""月光族""袋鼠族""乐活族"等"族语"结构词汇。其实,"族"的用法最初也源自日本。1947年,日本近代著名的无赖派作家太宰治在其代表作《斜阳》中描写了二战后随着社会的急剧变动,走向没落的上流贵族——"斜阳族"的故事,此后,"族语"开始在日本流行,并被借鉴到了中文词汇中。

可见,文化在自身纵向深入发展的过程中,还需要横向地发展,即在与他民族文化交流的过程中立体地、多方位地发展,通过与他民族间的取长补短,来丰富自身的文化。

以上,重点强调了中国文化中的日本元素,主要目的是希望学习外语的同学们避免以文化大国自居,抛开偏见,尊重外国的文化,虚心地学习外国文化,将异文化作为反思本国文化的镜子。

2. 日本民族、日本文化的特征

对于当今的中国人来说,日本并不陌生。丰田汽车、家电、生鱼片、卡通漫画、日剧、流行音乐……然而，仅凭这些表象的感性认识是不足以了解日本这个既有深厚的历史文化底蕴又善于创新、不断寻求变化的国度的。

与世界其他民族一样，日本民族也有它特殊的思维方式、行为特征和文化模式。自1868年明治维新取得巨大成功以来，有诸多研究日本的名著问世。其中，具有代表性的有：

- 鲁斯·本尼迪克特（美国文化人类学家）著《菊与刀》
- 埃德温·赖肖尔（美国历史学家、外交家，1961—1966驻日大使）著《当代日本人——传统与变革》
- 戴季陶著《日本论》
- 周作人著《周作人论日本》
- 小泉八云（英国人，明治时期曾任早稻田大学教授）著《日本与日本人》

笔者认为，鲁斯·本尼迪克特的著作为我们研究日本民族、日本文化提供了尤为重要的参考。《菊与刀》是一本从文化人类学的视点出发研究日本民族的经典名著。该著作虽然成书于二战期间，可仍是当今日本人公认的迄今为止解读日本最精辟、最权威的著作。作者鲁斯·本尼迪克特是美国著名的文化人类学家，在书中，她开篇直言日本民族琢磨不透和令人迷惑的性格，提出了"日本文化的双重性""二元性"概念。如著作题目所比喻的那样，菊花象征着美丽、风雅、高贵，而刀则是暴力、战争、血腥的象征。这种看似矛盾对立的事物，在日本人身上却纵横交织在一起，形成了他们爱美又黩武，谦恭温和又好斗，忠诚服从又心存叛逆，崇尚新事物又保守顽固的民族性格。

除此之外，通过集团意识、暧昧性、人情与义理社会、追求极致的审美意识、独特的生死观、耻感文化、纵向社会（等级社会）、多重信仰共存的宗教文化等概念亦可加深对日本民族、日本文化特征的了解。

2.1 日本人的集团意识

日本人将"家"视为社会构成的基本单位。但他们所指的"家"并非单纯的"家庭"概念，而是个人所属的公司、学校、宗教团体等所谓的"命运共同体"，共同体成员需全面归属于集体。虽然西方社会批判日本人缺乏主体性，欠缺个人责任感，但日本人却认为没有集体的利益便没有个人的利益,并认为能够在集体与个人利益之间保持平衡是日本人的长处。

集团意识的形成与日本农耕社会的发展历史有关。与游牧文化不同,农耕社会需要生活共同体之间互助,并遵守共同的秩序。此外,儒教思想对日本人集团意识形成的影响也不容忽视。孝道、尊卑观念使"家长"拥有绝对的权威,成员必须无条件地服从这一权威。

2.2 暧昧的日本人

表面用语与内心真实想法相违是日本人的一个行为特征。他们认为,在发表意见时,理应将真实想法与表面用语区分使用。受儒教思想的影响,日本社会尊卑观念极强,日本人尊重权威,服从上级,为了在这个等级社会中生存,隐瞒自己的真实想法便成了日本人明哲保身的秘诀。

2.3 日本人的生死观

佛教对日本人生死观的形成影响最大。平安时代中期的佛教宗派"净土宗"主张"厌秽欣净",即远离秽土,欣求净土。镰仓时代初期开创曹洞宗的道元也主张"生死由命",告诫信徒不得拘泥于生死。这些观念成为日本战国时代随时可能战死沙场的武士们的心灵依托。成书于江户时代中期的、阐释武士道德的著作《叶隐》中更是明确指出,所谓武士道即是对死的领悟,坦荡的死则是完美的生。

这些生死观的形成与延续,使日本成为自杀率较高的国家。据日本官方统计(1994),10万人中平均有16.9人自杀,占死亡人数的2.4%。

2.4 多重宗教信仰

据日本文化厅编纂的《宗教年鉴》(1997)统计,日本的宗教人口为:

神道教徒　　1 亿 1838 万
佛教徒　　　8903 万
基督教徒　　151 万
其他信徒　　1115 万

从统计数据来看,总人口1.2亿的日本人拥有2亿776万的宗教人口,几乎每人平均信仰两种宗教,这无疑是一种特殊的现象。如同日本人自己形容的那样,迎接新年时要参拜神社,结婚时婚礼要在教堂举办,而辞世时葬礼则要在寺庙举行。在日本,许多家庭同时设有神龛与佛坛,表现了日本人在宗教信仰上的多样性。

神道是日本民族固有的宗教,它原本是祈求丰收以及部落平安的祈祷宗教。公元前6—前5世纪起源于印度、寻求自我拯救的佛教在6世纪上半叶传入日本后也逐渐变成了一种祈祷宗教,即成了日本人祈求家人平安、生意兴隆、除灾避邪等现世利益的手段。可见,日本人很少对某种宗教抱虔诚的信仰,从根本上讲,他们追求的仅仅是一种"现世福报"。

2.5 追求极致的审美情趣——从"茶艺"到"茶道"

在审美意识方面,日本人有将一种艺术或技艺发展到极致的审美倾向。如闻香、插花、品茶等原本是一种生活艺术,然而,这些生活艺术在从中国传入后,日本人则按照大和民族的审美情趣,将其发展成一种集美学、宗教、哲学于一体的香道、花道、茶道。

奈良时代,中国的茶文化由遣唐使传入日本,其后曾一度衰微。15世纪末,室町时代的僧人村田珠光复兴茶道,而集大成者则是16世纪末的千利休。后来,其子孙继承茶道精神,发展了表千家、里千家、武者小路千家,即所谓的"三千家"茶道流派,并延续至今。

在茶道仪式上,人们除在幽雅恬静的环境中,从美学、艺术的角度欣赏茶室内的陶器、书法、插花,观赏茶师行云流水般娴熟、优美的沏茶技艺等之外,还应该更深入了解茶道的真谛。千利休将茶道的精神阐释为"四规七则"。

四规指"和敬清寂"。"和"为平和,"敬"为尊敬长辈,敬爱同济。"和"与"敬"构成主客心灵和睦交融的理想境界。"清"则指茶室茶具的清洁、心灵的清静,而"寂"乃是茶道的最高理念,即摒弃欲望,凝视自己知足的内心。

所谓"七则"则是指待客的要诀:茶要浓淡适宜,添炭煮茶要注意火候,茶水温度要冬暖夏凉,茶室内插花要自然勿造作,要在规定时间内完成茶道仪式流程,即便无雨也要备好雨具,要用心体察客人。

对日本人来说,茶道是修身养性的最好手段。而茶道发展的过程本身也反映出了日本人寻求完美、追求极致的审美情趣。

3. 文化与语言学习

甲午战争以来,日本帝国主义就开始有目的、有计划地侵略中国,卢沟桥事变以后,更是将侵略野心指向全中国,奸淫烧杀,无恶不作,对中华民族犯下了滔天罪行。铭记历史是我们的责任!被侵略的历史固然是惨痛而屈辱的,然而,它却不能成为我们拒绝了解日本、拒绝学习日本文化、拒绝借鉴日本经验的理由和借口。

在日本,长期以来,研究中国问题的学者众多,研究领域亦涉及政治、经济、文化、历史、地理、教育、民族等各个方面,可谓无孔不入,远非中国学者对日本的研究可比。曾长期留学日本并担任过孙中山先生秘书的戴季陶早在 20 世纪 20 年代,就意识到了这个问题。在《日本论》中,他指出:"'中国'这个题目,日本人也不晓得放在解剖台上,解剖了几千百次,装在试验管里化验了几千百次。我们中国人却只是一味地排斥反对,再不肯做研究功夫,几乎连日本字都不愿意看,日本话都不愿意听,日本人都不愿意见,这真叫做'思想上闭关自守''智识上的义和团'了。""我劝中国人,从今以后,要切切实实的下一个研究日本的工夫。他们的性格怎么样?他们的思想怎么样?他们风俗习惯怎么样?他们国家和社会的基础在哪里?他们生活根据在哪里?都要切实做过研究的工夫。要晓得他的过去如何,方才晓得他的现在是从哪里来的。晓得他现在的真相,方才能够推测他将来的趋向是怎样的。拿句旧话来说,'知彼知己,百战百胜',无论是怎样反对他攻击他,总而言之,非晓得他不可。"

如前所述,我们心目中有太多的日本印象,但遗憾的是这些印象大多都是表象的。长期以来,人们都喜欢用"长相酷似""同文同宗""一衣带水"来形容中国与日本的关系。可事实却远非如此简单。真实的日本离我们很远,有待我们去做理性的探索和研究。一个有前瞻性的民族、开放的民族、善于吸收他民族文化中优秀元素的民族,才能充满生机,才能够不断地创新与发展。

近代著名文学家、日本学研究学者周作人在《谈日本文化书》中指出:"如果有人因为喜欢日本的文明,觉得他一切都好,对其丑恶面也加以回护,又或因憎恶暴力的关系,翻过来打倒一切,以为日本无文化,这都是同样的错误。"

笔者认为,周作人先生的此种观点是客观、理智的,应该成为我们研究日本问题的基本立场。从现实意义上讲,日本文化在传承与变革中所表现出的特性,无疑也为当今的中国提供了良好的借鉴。赖肖尔指出:"日本人的突出之处,与其说是模仿性,毋宁说是其独特性以及他们在学习和应用外国经验时不失自己文化特征的才能。"这正是值得我们学习的地方。

中国人是否能以现实的眼光,冷静、客观、理性地关注并研究日本,其意义绝不仅仅只是对日本的认识,从某种意义上讲,它是中国人进入新世纪、为适应世界新的发展环境而需要进行的一次思考方式上的变革。

了解外国文化,对于学习外语的同学尤其重要,它是我们学好语言的前提与保证。众所周知,语言是文化的载体,古人云:"皮之不存,毛将焉附?"没有"文化"基础,是无法真正学好"语言"这门功课的。当然,要了解外国文化,书本知识远远不够。因为我们需要认识的是一个现实的、具体的、活生生的异国,而不仅仅是书本上所描述的抽象的、静止的异国。为此,需要我们运用语言知识,谦虚地对待异国文化,从包括文化信息在内的所有信息中去全方位地了解我们语言学习的对象国,使我们能够在国际交流的大舞台中真正起到"桥梁作用"。

推荐阅读书目:

1. 鲁斯·本尼迪克特.菊与刀[M].吕万和等译.北京:商务印书馆,2002.
2. 埃德温·赖肖尔.当代日本人——传统与变革[M].陈文寿译.北京:商务印书馆,1992.
3. 戴季陶.日本论[M].北京:九州出版社,2005.
4. 中根千枝.纵向社会的人际关系[M].陈成译.北京:商务印书馆,1994.

复习思考题:

1. 应该怎样正确对待日本文化?
2. 日本文化的特征何在?
3. 中日两国文化特征上的异同何在?

（林　敏）

西方戏剧概况

对一种事物的深入认识,总是免不了要触及其本质属性。对西方戏剧的讨论亦复如是。因此,要认清西方戏剧,我们也必须厘清这样几个重要问题:戏剧的本质是什么？戏剧的起源何在？戏剧有哪些种类或审美形态？等等。

1. 什么是戏剧的本质？

几乎所有的戏剧理论著述在开始其论述时,都不可避免地试图对戏剧的本质加以定义。其实这是一个极不讨好的差事。纵观大部分"戏剧概论"之类的名著,关于戏剧的本体及属性,大致可以归纳为以下几种说法:"模仿说""冲突说""激变说"和"情境说"。

"模仿说",或曰"行动说",可能是西方戏剧史上最具影响力的理念。它的创始者是古希腊的悲剧理论大师亚里士多德。亚氏在其名著《诗学》一书中给悲剧下了这样的定义:"悲剧是对一个严肃、完整、有一定长度的行动的模仿,它的媒介是经过'装饰'的语言,以不同的形式分别被用于剧的不同部分,它的模仿方式是借助人物的行动,而不是叙述,通过引发怜悯和恐惧使这些情感得到疏泄。"这里的关键词汇是"行动"。这使戏剧得以区别于其他文学种类,所以,亚氏的定义又被称为"行动说"。另外一个关键词是"疏泄"(Katharsis)。它在希腊文里的意思是"对不利于身心健康的情绪的涤荡或清除",故有的译者也将其译为"陶冶"。亚里士多德认为悲剧具有在观者的心中引起"怜悯和恐惧",并将这种情绪加以宣泄从而得以升华的功能。这无疑道出了悲剧在古希腊流行的部分秘密,以及当时的希腊人对精神世界的热情向往和追求。这一点在我们后面讲述西方戏剧的起源时再进一步阐述。亚里士多德接着说:"悲剧是对行动的模仿,而这种模仿是通过行动中的人物进行的。"黑格尔说得更清楚:"能把个人的性格、思想和目的最清楚地表现出来的是动作,人的最深刻方面只有通过动作才能见诸现实。"在古希腊,演员(Actors)就是"行动者",剧场就是表现行动的场所。当然,在 20 世纪早期开始的"反戏剧"的浪潮中,梅特林克的"静剧"理论以及后来荒诞派对动作的排斥,仍然是从反面强调了行动的重要性。

另一个需要强调的概念就是"动机"。戏剧行动的产生不可能是无缘无故的,它必有其动机因素。它不仅是行动的内因,也是人物性格心理的集中体现。

"冲突说"。黑格尔有句名言:"戏剧的动作在本质上须是引起冲突的。""冲突说"的代表人物是法国的布伦退尔。他发表于 1894 年的《戏剧的规律》提出了"意志冲突"为主轴的观念。在中文里也有一句大家耳熟能详的话:没有冲突就没有戏剧。布伦退尔在这里所说的意志就是所谓的自觉意志。舞台就是人的自觉意志得到公开展示的场所,源于自觉意志的行动必然要受到来自自然或各种神秘力量的阻碍,主体势必反抗阻碍,与之进行斗争,就会发生冲突,这就是戏剧性产生的源头,也就是戏剧的本质所在。后来的一些戏剧理论家们对此加以补充,认为这种冲突主要是"社会性冲突"。由"自觉意志"引申出来的"冲突"说,作为阐明戏剧本质的一种观念,在戏剧理论的发展中居于十分突出的地位。

"激变说",又称"危机(crisis)说"。它是由英国戏剧家威廉阿契儿提出的。他认为,冲突并非戏剧必不可少的东西。譬如《罗密欧与朱丽叶》中的"阳台会"一场戏,它的要旨就并不在于意志的冲突,而在于"意志的极度融合"。他甚至提出:小说是一种"渐变"的艺术,戏剧则是一种"激变"的艺术,因为后者处理的是人的命运或环境的一次"激变"。故而,戏剧的实质"激变"。

"情境说"。最初由 18 世纪法国启蒙思想家狄德罗提出。他指出:情境乃是戏剧作品的基础;因为人物性格取决于情境,所以,在戏剧中情境比人物性格更重要。狄德罗所说的情境指的就是"家庭关系、职业关系和友敌关系"。准确地说,狄德罗的"情境说"探讨的是属于戏剧的外部规律。戏剧情境作为戏剧艺术的表现对象,是人的内在生命活动的存在形式,成为联系剧本创作、演员表演和观众接受的重要的艺术纽结。

所谓"戏剧的本质",指的是戏剧艺术自身规律的内核。人们对对象内在规律的认知,不是一次完成的。随着接受美学及剧场学的发展,人们对戏剧本质的问题的关注重心也发生了位移,遂产生了"观众说""结构说"以及"话语模式说"等等,限于篇幅,就不在此一一阐述了。

2．西方戏剧的起源和发展

一般的理论家都认为欧洲戏剧发端于古代希腊祭祀大典的歌舞表演（廖可兑：7—8；艾思林：20）。古希腊戏剧是从酒神狄俄尼索斯仪式中产生的。人们在祭祀酒神的仪式中，吟唱酒神颂讲述酒神在人间的功德。一年两次的酒神节（Dionysia），不仅为注重仪式又擅长情感宣泄的希腊人提供了其满足其宗教诉求的机会和场所，也成为其展示丰富诡谲的想象力的绝佳时刻。酒神节上的表演以仪典和崇拜为首务，不在乎故事的叙述与矛盾冲突的编织，因而歌队（chorus）的颂唱和整一化的动作配合遂成为整个演出过程的重头戏。直到忒斯比斯从歌队中分离出第一个"对话者"——演员，对话——之后戏剧的重要元素之一，才成为可能。据说，悲剧一词来自于希腊文中的"羊颂"（Tragodia）。"相传酒神曾经漫游世界，有半人半山羊神随从，因此合唱队身穿羊皮，头戴羊角，扮成半人半山羊的样子。"（廖可兑：8）也有人认为是因为悲剧比赛中的奖品是一头山羊（罗念生：73）。更有说法是因为祭奠酒神的祭品是山羊（艾思林：18）。公元前5世纪，古希腊戏剧进入鼎盛，并且在古罗马文化中得到进一步的继承和发展。到了欧洲中世纪，宗教戏剧占有统治地位。英国的神秘剧、法国的奇迹剧、意大利圣剧、西班牙的劝世局剧、德国的鬼神剧，都属于宗教戏剧。宗教戏剧的内容大多是圣经故事，如诺亚方舟，约拿和鲸鱼，参孙和达利拉的故事，耶稣的降生、受难和复活，等等。以后还出现了圣徒和殉难者故事的剧目。与此同时，欧洲各国的民间戏剧（folk plays）也一直未曾泯灭，如中世纪英国乡村的"假面哑剧"、法国"愚人节"期间的讽刺笑剧和闹剧等等。正是这些中世纪的宗教戏剧和民间戏剧为文艺复兴时期的喜剧繁盛提供了重要的土壤。

发源于意大利的文艺复兴运动，作为资产阶级的思想解放运动，肯定人的价值，赞美人的理性和智慧，提倡人对现时幸福的追求和个性自由。人文主义也在戏剧史上形成了第二个繁荣期。此一时期的欧洲戏剧以英国和西班牙为主流，主要的剧作家有英国的马洛、莎士比亚和琼生等；西班牙的鲁艾达和维加等。其中莎士比亚的剧作已经成为世界戏剧宝库中的珍品，属于所有的时代。

17世纪，欧洲戏剧进入古典主义时期。此一时期，法国的君主专制进入全盛时期。王权君临一切之上。国王也要求文学艺术为他的利益服务,而且通过其御用工具法兰西学院制定各种方针政策和存在规则约束作家和艺术家。古典主义戏剧作为一个流派其主要特点是:强调理性,强调共性代替个性;悲剧与喜剧不容混杂;提出"三一律"作为戏剧创作的最高原则;强调结构严谨与语言的质朴典雅。其代表作家有高乃依、拉辛和莫里哀等。

18世纪是欧洲历史上著名的启蒙时代。在法国,启蒙戏剧是在与古典主义的艰苦斗争中发展起来的。启蒙运动的主将狄德罗提出建立市民戏剧、演示戏剧的纲领;著名剧作家博马舍则为这种新兴戏剧提供了实践的范例。在德国,康德、费希特、黑格尔的哲学与美学理论,为戏剧创作提供了理论指导;而创作方面,莱辛成为德国民族戏剧的创始人,并涌现出如歌德和席勒这样的伟大剧作家。在英国,戏剧创作远不如文艺复兴时期那样辉煌,大量剧作带有说教的色彩,喜剧作家有菲尔丁、戈尔德斯密和谢里丹。

而到了19世纪,欧洲戏剧大致分为两派:浪漫主义戏剧和现实主义戏剧。浪漫主义运动是对古典主义的一种反动。它的主要特点是:注重主观世界的探索和内心世界的表现。在主题上,偏重对理想的追求;在人物形象塑造上,往往赋予主人公某种品格并将其理想化,以曲折离奇的情节和对照的手法,造成强烈的效果;反对任何创作规则,强调创作自由。浪漫主义戏剧在法国的代表是雨果,他的剧作《爱尔纳尼》是浪漫主义戏剧的代表作。此外有法国的维尼、缪塞和大仲马,德国的克莱斯特,英国的拜伦和雪莱。俄国的普希金的诗剧则是欧洲戏剧史上的精品。

现实主义戏剧作为一个流派在诸多方面与浪漫主义戏剧是对立的。它更重视客观性,强调按照生活的本来面目再现现实;它更重视细节的真实和人的个性特征,以真实地再现典型环境中的典型性格为显著标志。其代表作家有挪威的易卜生、法国的小仲马、英国的萧伯纳、高尔斯华绥、俄国的果戈理、托尔斯泰、契诃夫和高尔基等。

19世纪后半叶,在实证主义哲学和现代心理学的影响下,欧洲出现了自然主义戏剧,强调从生理和病理的角度去发掘人的本能。代表作家有法国的左拉、德国的豪普特曼、瑞典的斯特林堡等。

19世纪末,西方戏剧进入了现代和当代阶段。在现实主义戏剧被广泛继承和发展的同时,各种流派相继出现:象征主义、表现主义、未来主义、超现实主义、存在主义和荒诞派等等。这一时期,美国戏剧呈后来居上趋势,属于现实主义的剧作家有奥德兹、海尔曼、米勒和英奇等。被誉为美国现代戏剧之父的奥尼尔也写有大量现实主义剧作。象征主义是从诗歌扩展到戏剧的,它强调凭借艺术家的直觉创造的象征形象表现世界和人自身,其代表作家有挪威的易卜生、比利时的梅特林克和爱尔兰的辛格等;表现主义源于绘画,是对印象主义的反拨。表现主义戏剧强调在人的潜意识的心灵深处发掘原始性的本质,通过各种方式将其戏剧化。代表作家有德国的凯泽、托勒尔,捷克的恰佩克。未来主义戏剧发源于意大利,马里内蒂是其倡导者和主将,此流派强调在舞台上表现速度、力量、竞争和战争,充满了神秘莫测的情调。超现实主义戏剧诞生于法国。这个流派把戏剧创作看成是一个"纯精神的自动反应",着重表现超自然现象、幻觉等荒谬背理的事情,代表作家有阿波利奈尔、科克托等。存在主义戏剧诞生于 20 世纪 40 年代的法国,其代表作家萨特、加缪都是存在主义哲学家。这个流派主张存在先于本质,强调"情境"的价值,甚至将自己的戏剧称为"情境剧"。荒诞派戏剧盛行于 50—60 年代的欧美各国,常常把人在荒谬世界中世界中的尴尬处境作为主题把人与人之间不能沟通作为人类的普遍处境予以表现。与其内容相适应的是荒诞的形式:语无伦次的台词,零散、破碎的舞台形象等等。其代表作家有爱尔兰裔的贝克特、法国的尤奈斯库、美国的阿尔比和英国的品特等。

关于西方戏剧的种类或审美形态,一般将其分为悲剧、喜剧、正剧和荒诞剧等。因篇幅所限,我们不能在此详细地加以论述。希望通过相关的经典著述的阅读,同学们会有更为深入的认识。

推荐阅读书目:

1. M. Esslin. 戏剧剖析[M]. 罗婉华译. 北京:中国戏剧出版社,1981.
2. 廖可兑. 西欧戏剧史[M]. 北京:中国戏剧出版社,2005.
3. 何其莘. 英国戏剧史[M]. 南京:译林出版社,1999.

复习思考题:

1. 戏剧的本质是什么? 历史上曾经有哪些关于戏剧本质的学说?
2. 戏剧的产生于宗教仪式有什么样的关系?
3. 西方戏剧有哪些基本类型?
4. 戏剧性的涵义是什么?

(李 兵)

西方文化影视概况

电影是一个最为典型的文化现象,而且它是源自西方的舶来品。这就是为什么我们这门课要开设"西方文化电影赏析"这一讲的理由。

1. 电影的缘起

早在 1826 年基本的摄影术就在西方出现,这便是后来的电影得以诞生的基础。我们现在所说的电影一般是故事片,它经历了一个较为漫长的发展历程。1895 年法国的吕米埃尔兄弟发明的可以拍摄连续活动的摄影机在巴黎首展,但是电影的长足发展却是在美国。1905 年,美国已经有 1000 家镍币影院,到 1908 年就激增到 6000 家,到 1915 年,观众数量几乎翻了一番,达到每周 4900 万人次。

早期电影实行的是所谓"摄影师制度",即每部电影都是由个人(摄影师)制作,并负责策划、编剧、摄影和剪辑;后来才出现导演及制片人制度。早期电影与现代电影的差别是很大的。前者最显著的特点是倾向于记录和重现现实生活的真实场面,并进行长距离的连续拍摄;即使有虚构场面的出现,也多是小品、歌舞杂耍或者对真实事件的重现。另外,早期电影依赖于景象而不是叙事,因此早期电影也被称为"展示性电影"。

2. 经典好莱坞电影

所谓经典好莱坞时期通常是指 20 世纪 50 年代到 50 年代末期的美国电影。从技术上来看,最重要的就是声音和色彩的出现。华纳兄弟公司在《唐璜》(1926)中首次使用声音,但是声音技术很不完善。20 年代出现的色彩技术刚开始由于成本太高、色彩生硬而难以广泛推广,直到 30 年代质量才得到提高,而且需要发展新的照明技术。虽然存在种种障碍,声音和彩色技术都很快成为好莱坞电影的主要成分。从业界的角度来看,"制片厂制度"出现,主要是五家电影公司称霸:华纳兄弟、米高梅、福克斯、派拉蒙和雷电华(即"五大")。此外,还有三个比较小的公司("三小"):哥伦比亚、环球和联美。

如果说早期电影是"展示性"的,那么经典好莱坞电影就是叙事性的。一些常见的电影元素已经具备:因果关系、时间逻辑、行为动机、情节完整。另外,连续剪辑的艺术已经被电影工作者们熟练地掌握,这种剪辑方法可以让一个镜头平滑自然地过渡到另外一个镜头。

这一时期还诞生了"明星媒介":即围绕着几个主要电影明星制作电影,从而给电影制作公司带来更加稳定的利润保障。明星和几大主要电影公司签订长期合同,被这些合同控制,他们演什么角色由电影公司决定。

最后,经典好莱坞时期主要的影片类型形成的时期。华纳兄弟发展的声音技术一开始就是为了在大银幕上表现歌舞;因此,歌舞片这个类型诞生了。在这个时期,其他的主要类型也基本成熟——恐怖片、黑帮片、科幻片、战争片以及黑色电影。

3. 后经典好莱坞电影

从 20 世纪 60 年代开始,好莱坞面临一系列的严重挑战:首先是去电影院的人数锐减,其次是派拉蒙等公司遭受反垄断诉讼而发展大受影响。另外就是越来越多的美国人离开城市(电影院所在的地方),搬往市郊(没有电影院的地方);电影制作的过度投资也给好莱坞带来重创。

电影业别无选择,只有进行调整。一方面调整供求关系,限制电影的供应,另一方面通过加大宣传支出的比例来刺激需求。还有就是与电视公司合作以避免直接竞争:把电影卖给或租借给电视台,为电视台专门制作电影,甚至和电视公司合并。充分利用发行渠道,保证最大限度地抓住观众:电影首先在大银幕上上演六个月左右,然后发行 DVD 或录像带,时间不限。接着在付费电视、付费电影频道以及电视网络上播放。

从电影本身来说,后经典好莱坞又可以分为两个时期:新好莱坞时期和新新好莱坞时期。前者又称为"复兴时期",指 20 世纪 60 年代末和 70 年代。新一代导演进入电影拍摄的前线,推出一系列脍炙人口的作品:弗朗西斯·福特·科波拉的《教父》(1972)、威廉姆·弗莱德金的《驱魔人》(1973)、马丁·斯科西斯的《出租车司机》(1976)、史蒂文·斯皮尔伯格的《第三类接触》(1977)。从 80 年代开始,这些才俊们成为新新好莱坞的先锋。其中一些来自其他国家,还有一些人在来到好莱坞之前在独立电影公司工作过。他们的加入使好莱坞导演队伍人才济济。

4. 影片类型的分类

电影学者们一直企图精确地定义好莱坞的电影类型,但这种努力却是徒劳的。西部片和歌舞片这两个类型的定义没有什么争议,但是现在前者基本上已经绝迹,后者也十分罕见。戏剧片和战争片可以算是风格明显的两类,但也并非一清二楚,因为它们都有不容忽视的副类型(例如演员喜剧片和越南战争片)和混合类型(例如浪漫喜剧)。黑帮片的结构和内容都比较固定,历史独特,可以算是明确的类型,但也可以看做是犯罪片的副类型。定义电影类型非常复杂,尤其是电影业认可的类型在评论界还存在着不同看法。

事实上,类型和类型划分并没有评论界认为的那么死板。我们很难找到一部严格属于某一类型的电影,更难找到具有某一类型所有特点,没有其他类型任何特点的电影。例如,《银翼杀手》既可以算是科幻片,又可以算是黑色电影;《沉默的羔羊》既可以算是恐怖片,又可以算是惊悚片。

类型的划分主要依靠电影的题材、形式、风格或者效果。例如科幻片和黑帮片都是按照电影题材划分的:科幻片应该带我们走入未来世界,而黑帮片则是有关黑帮分子的故事。另一方面动作片和歌舞片可以按电影的形式划分——前者应该包括动作镜头,后者则有歌曲和舞蹈穿插其中。相反,黑色电影则是按照风格划分的类型:情景通常在夜间拍摄,演员站在阴影里,外面阴雨绵绵等等。

5. 类型片的功能

类型片的一个主要功能就是保证和提高利润。首先,类型的存在可以让电影在发行前"提前预售":观众们可能对具体电影并不了解,但如果他们熟悉这种类型,就有可能去电影院观看这部电影。类型制度的另外一个优势就是更容易锁定目标观众群。从制作的角度来说,类型也是有优势的:电影的制作者们已经知道电影的类型有什么基本的框架,这样他们所制作的电影就可能效果更好,利润更大。

从更深的层次来看,类型是一种想象中的基本形式和结构,让我们去理解生活的意义和价值。例如,科幻片帮助我们想象自身以及我们所处社会的未来;黑帮片是悲剧的现代形式——通过表现在这个表面繁荣的世界里,还有比我们失败得更加惨痛的人,让观众获得一种安慰;史诗片刺激人们去思考一些"大"问题,关于伟大的民族、自由、英雄主义以及人类本身的问题。由于有着固定的,甚至是仪式性的形式,类型电影常常被看做为现代神话。

6. 电影赏析的基本方法

观看电影的乐趣不仅来自于电影的形式,也来自于电影的内容。形式繁复但缺乏内容的电影是空洞的、肤浅的,也是无法真正满足观众的。分析电影内容的传统方法是分析电影的主题。主题也就是中心思想,电影的其他元素都围绕着主题。其他赏析电影的角度包括:作者论、结构主义理论、女性主义理论、心理分析理论和旨在阐释电影的意识形态的各种理论等等。

电影的主题:

就是一部电影的主要观点,也就是电影的中心思想,反映了对于人类经历的独出心裁的理解,而不仅仅是关于电影的叙述,或者电影中出现的那几个角色。

作者论:

这个概念约出现于 20 世纪 50 年代,首先出自一些年轻的法国批评家在著名的电影期刊《电影手册》上发表的文章。他们提出:导演应该是电影的真正作者。作者论在分析电影方面是非常有用的。批评家可以借助作者论分析电影的独特风格和主题,并依此把不同的电影作品分类。

结构主义:

也是分析电影的一个好手段。它关注的不是事物的表面现象,而是试图分析深层次的结构——这些结构往往采取对立的结构:黑与白、善与恶、文明与野蛮,等等。

种种的批评手段和方法都朝向一个目的:那就是多角度地去赏析一部电影。至此,我们已经对西方电影的发生发展过程、基本生产过程、发行过程、好莱坞电影的分期,电影类型的划分、功能,电影赏析的基本方法和手段都有了一些了解,这对于我们进一步去把握作为一个文化现象的西方电影是很好的准备。接下来,就应该是多去接触具体的电影现象,运用我们已有的知识尝试着去理解它们,分析它们,真正成为中西文化交流的使者。

推荐阅读书目:

1. 戴锦华.电影理论与批评[M].北京:北京大学出版社,2007.
2. 徐葆耕.电影讲稿[M].北京:北京大学出版社,2006.

复习思考题:

1. 试述早期欧洲电影、经典好莱坞时期电影和后经典好莱坞时期电影的主要特点。
2. 如何给一部电影划分类型?
3. 西方电影的赏析有哪些基本方法,你倾向于运用哪一种方法?
4. "作者论"何以产生,它的意义如何?

(李 兵)

语言学

话题之一:语言——人类独有的能力

1. 引言

语言司空见惯,却奥妙无穷。日常生活中,人们几乎时时刻刻都在使用语言来交流想法、表达情感、提出疑问、发布命令、做出请求或者做其他与人际关系有关的一切事情。正因为语言太平常了,除了哲学家、心理学家和语言学家外,一般人很少停下来追问,语言究竟是什么? 语言为什么能表达意义? 语言意义是什么? 为什么语言既让交流成为可能,又时常导致误解? 为什么只有人具备语言能力,而没有任何其他生物拥有语言? 语言到底是如何产生的? 人是如何获得语言能力的,是天生的,还是后天习得的? 这些问题,我们竟然至今还答不出个所以然来! 语言充满了奥秘。

这些问题就是自古以来仰望星空的人们不断追问的问题,因为这些问题的回答,对于人类而言实在是太重要了。有人说,人类的一切文明就是造句;这话一点儿也没夸张。语言诞生之前,世界拥有人类;语言诞生之后,人类拥有了世界。语言造就了理性的人,因为语言为人创造了一个崭新的、无限的思想世界。"语言是存在之家"①。语言使人超越了他们在客观世界的物性存在,而获得了思想世界的理性存在。人类的文明,包括物质文明,首先是由人提出思想,然后才可能物质化的。若没有语言,人根本就无法进行抽象的思考,也无所谓理性可言,还谈什么文明? 那么什么是人类语言? 我们就从这个问题开始谈起。

---

① Heidegger, M. On the Way to Language. New York: Harper & Row Publishers, Inc, 1982.

2. 什么是人类的语言

"语言"一词用途很广。汉语、英语、日语等当然是语言,但我们也还有其他各种各样的"语言",如:科学的语言(如被誉为"最美科学公式"的爱因斯坦能量公式:$E = mc^2$)、抽象逻辑语言$[\forall x\ (Px \rightarrow Sx)]$、文学家谈论的莎士比亚语言、社会学家的阶级语言、聋哑人的手势语言、红绿灯等交通语言,甚至表演艺术家的体态语言、服装语言等等。

语言学研究的"语言"是人类以语音的方式交流思想的语言,如:英语、汉语、俄语等世界各民族的语言。无论形态差别多么巨大,这些语言都具有共同体系:语音、语词、句法。语言学研究的,就是这些体系和规则,相应的语言学分支就是语音学、语义学和语法学。

语言的物质表现首先为语音。元音和辅音按规则构成可以有意义的语词,语音及其组合规则在不同的语言中是有一定差别的(例如,英语没有俄语那样的大舌弹音或者法语中的小舌弹音;而汉语标准语中也没有英语的[tæp]这样的闭音节组合等)。但光有语词还不行,语词还必须按规则组成表达完整思想的语句。这些规则不可违反,否则意义交流便不可能,或者导致意义的完全相反;例如,"狗咬人"和"人咬狗"表达的就是截然相反的意思;而"绿走较桥"肯定让人不知所云。人们依据规则就可产生出无穷多的有意义的语句。所以,当代著名语言学家乔姆斯基说,语言是人类受规则约束的最富于创造性的行为。这正是人类语言区别于动物交际的最主要特性。

动物也有"语言"。蜜蜂以飞行的模式和与太阳光方向形成的角度来相互"告知"食物源的方位和距离;鸟儿们通过鸣叫的速度、音高等,来传递求偶、食物、危险等信息。有些高等动物甚至结合叫声、体态、表情等手段来进行交流。在 20 世纪六七十年代,心理学家们还试图教会大猩猩学说话,因为他们想知道,既然大猩猩之类的高等动物具有相对发达的大脑和类似于人的发音器官,那么他们能否也习得人的语言呢?心理学家们采用了发声语言训练、手势语、塑料符号块等方式对大猩猩进行了长期的训练。然而结果却是令人失望的。大猩猩的智力可以达到 3—4 岁人类儿童的水平,但是他们的语言能力跟 3 岁儿童相比,实在不值一提[①]。虽

---

① Carroll, D. Psychology of Language. 北京:外语教学与研究出版社,2000:357—361.

然动物们能够用一定的物理符号（比如各种颜色、形状的塑料块儿）来表达一定的意思，但是它们的"语言"总是缺乏人类语言的设计特征（design features）①。

（1）任意性，也称为约定性：人类语言的音与义之间没有必然的逻辑联系。我们不可能找到任何理由来论证为什么某个语音形式一定与某个意义相联系；同一个意义，在不同的语言中，可以用完全不同的语言形式来表达；而同一个音，在不同的语言里也可以表达完全不同的含义。这完全是使用同一种语言的人们约定俗成的。

（2）生成性，也称为创造性：在有限的规则之上理解和产生出无限多语句的能力。人类语言的语音、构词、造句的规则都是非常有限的，一本工具书足以概括全部规则；一个人可以在短时间内学完一种语言的规则，但他永远没有可能接触完一种语言所有可能的有意义的语句。事实上，人们每天听到的或说出的语句，除了极少量程序性话语之外，绝大部分都是新的；从未学习过的新语句，人们也能毫不费力地理解；这也正是人类语言最大的奥秘。

（3）位移性：人使用语言并不限于眼前的具体情况，而是可以谈论不同时空的事件，即过去、未来、在另外的地方发生的事件；还可以谈论抽象的、与客观事物现象无关的概念；甚至可以谈论想象出来的在现实世界不可能存在的东西。

（4）文化传递性：即语言总是通过教和学，由上一辈传递给下一辈的，而不是像动物那样，其叫声由基因决定，本能就会的。由于这个特性，人类语言是文化特有的；如果不经翻译或语言学习，英国人不能懂得汉语，而中国人也不能懂得英语。而对于动物而言，同一种系的动物在全世界都具有同样的叫声。

这些设计特征是任何其他动物的交际方式所没有的。一种交流方式，只有在具备了上述基本特征时，才有资格被称为语言。人之所以能拥有语言这一独特的心理能力，全赖于人所具有的发达的发音器官和高度复杂的大脑。

人的唇、齿、舌、小舌、上下腭、鼻腔、咽、声带、气管等等，构成了非常精巧的发音器官系统。这个系统的各种动作组合，相互协调，使得人能够十分自如地发出不同的音来。圆润而响亮的元音不仅相互之间可以组成

①　胡壮麟等（编著）．语言学高级教程．北京：北京大学出版社，2002：5—12.

双元音、三元音,更重要的是与喉、唇、舌、齿等部位形成的爆破、摩擦、阻塞等辅音构成了各种各样的音节,使得人能够以丰富的音节来表达形形色色的意思。这是动物的发音器官望尘莫及的。现代解剖学研究表明,动物界哪怕是最灵巧的发音器官也远逊于人类;如大猩猩那巨大的、几乎充满口腔的舌头无法像人的舌头一样灵活地发出动作,而高位的喉结也使它们无法像人一样形成气流的阻塞,不大可能发出爆破音、后鼻音等语音。如此等等。

然而,动物们不可能掌握人类语言那样的交流方式,最根本的原因还不在于发音器官的差异,而在于人脑与动物脑之间的天壤之别。

3. 语言与人脑

人类那大约相当于一块桌布大小的灰白色物质——大脑皮质,面积远大于动物的脑皮质,且沟回复杂。正是这大脑皮质,对于人类能够拥有语言起着决定性作用,不仅因为它对于语音动作协调进行着精确控制,而且因为它具有的专门的语言中枢。

首先,让我们想想,要发出一个音,大脑必须做出多么精密的控制和协调。比方说,要简单地发出[a]这个音,必须要开口,开口则意味着下腭向下运动到几乎是极限的位置,双唇放松,舌头向后部运动并放置于低位,鼻腔闭合,向外呼气,声带振动等等。这些运动必须按照大脑发出的指令进行。这已经够复杂了,而更复杂的是,不同的器官所处的部位离大脑的距离并不相等。例如,上嘴唇比下嘴唇离大脑更近,声带则比鼻腔离大脑远许多。假如大脑在同一时间向各个器官发出动作指令,则势必造成协调紊乱,有的部位动作完成,而另一些尚未接到指令而毫无动作。结果,计划发的音要么发不出来,要么发出的不是那个音。

于是,大脑必须依据各发音器官的位置、距离来调整指令发出时间,远的提前,近的延后。由于一个音的发音在极短的时间内完成,因此大脑发出的各条指令之间的延迟时间可能只有短短的十几毫秒(1 毫秒 ＝ 1/1000 秒)。这还仅仅是就一个单音而言。想想我们在 1 秒钟之内可以发出多少个单音组成的音节吧!我们不能不惊叹人脑那卓越、精密的语音调控能力。正因为此,人类大脑皮质上的体感带和运动带中,调控语言发音器官动作的区域面积远远大于用于调控其他身体部位运动的皮质面积;仅次于语言器官的,也就只有手、指了。

这种精密的运动调控能力是动物大脑所缺乏的。更独特的，是人脑专门的语言中枢。在大脑的几十个分区中，与语言相关的分区很多，但最重要的分区是位于左脑半球的布洛卡氏区（Broca's area，也称为"前语言中枢"）和韦尼克氏区（Wernicke's area，也称为"后语言中枢"）。这两个区分别是以发现它们的研究者法国医生布洛卡和德国医生韦尼克命名的。现已查明，布洛卡氏区主控语言的结构，而韦尼克氏区负责语言的意义。这可以从由各种脑疾病、损伤引起的失语症（aphasia）症状得到证明。当布洛卡氏区受到损伤而丧失功能时，失语症病人的临床表现是无法构成完整的语句，甚至不能完整地说出词语；虽然从他们断续、不连贯的语音中，听者可以看出他们确实有想表达的意义，但那种支离破碎、结构严重缺失的语句却让人非常难以理解其含义。而当韦尼克氏区受到损伤而丧失功能时，失语症病人却能说出流利的、句法结构完整的，却与语境没有关联甚至毫无意义的"语句"。这意味着，我们的语言能力中，语法和语义是分别由布洛卡氏区和韦尼克氏区这不同的语言中枢来负责的。人类语言形与义各自的指挥部是实实在在分开的、各司其职的[①]。

除了这两个语言区外，人脑关于语言的脑皮质分区还有不少。例如，同样位于左脑的脑角回（angular gyrus）也有十分重要的意义。它负责的是将人通过视觉接收到的文字符号转换为语音符号，然后送至韦尼克氏区，以启动语义的加工。我们前面说过，语言本质上是语音的，这在神经生理学那里得到了证据的支撑。当然，语言中枢并不是孤立运作的，其活动也需要其他脑分区的协同，例如运动皮质在语言器官的运动指令和协调中发挥着极其重要的作用。大脑皮质的功能区既有分工，又相互协作，以实现语言交流；这一功能是动物的大脑无法比拟的。

因此，我们完全有根据断言：语言是人类种系特有（species-specific）的心理特征和行为能力，其基础就是人类拥有的高度发达的大脑。

4. 语言的习得

既然语言是人类种系特有的，那么语言能力是天生的，还是后天习得的？这是一个还没有完全解决的问题。传统直到现代，不少人都认为，语言是后天习得的。如同人类习得其他技能一样，语言也是人类在与他人

---

① Carroll,D. 2000:333—353.

的交往中,逐渐获得的能力。

欧洲中世纪的大思想家奥古斯丁(Augustine)在他的《忏悔录》一书中这样写道:"当他们(我的长辈们)称呼某件东西,并随之向它走去时,我看到了这种情况,并懂得,在他们想要指出这个东西时,就发出这声音来称呼它。我从他们的身体动作中察知他们的意愿,这是各民族的自然语言:用面部表情,用目光,用身体其他部分的动作,用声音来表达内心感受:他们或是想得到,或是拥有,或者拒绝,或者逃避什么东西。这样,当我一再听到那些词汇被用在各种句子的恰当地方,我便渐渐懂得了这些词所指的物体,在我学着张口来做出这些符号之后,我就用它们来表示自己的愿望了。"简言之,儿童是从观察成年人是如何将特定的音与特定的物或事件相联系,而学会了如何用音来表达意义的。

奥古斯丁的这个思想在行为主义心理学家斯金纳(B. F. Skinner)的理论那里得到了呼应。行为主义的立场大致可以这样来表述:人与其他生命体一样,都是对环境刺激进行反应的机制;不存在诸如思维、情感、性格之类的东西,一切都是由环境刺激引起的行为反应而已。人的行为,包括言语行为,都是由于强化(reinforcement)而形成的条件反应(conditioned response):

(1)R + S$^+$ → R$\uparrow$ (2)R + S$^-$ → R$\downarrow$ (3)R + S^0 → R$\downarrow$

这几个行为反应公式的意思是:一个行为所导致的后果对行为本身的作用:当行为得到正强化的时候,该行为的发生频率就会上升;而当行为得到负强化或没有得到强化的时候,该行为的发生频率就会下降。通俗地说,行为的后果令你愉快,你就更积极;若行为的后果令你不愉快甚至很痛苦,或者行为没有导致任何后果,那么你就会不积极,或者不再做出那种行为了。

语言习得似乎如此。一个还不会说话的儿童反复听到母亲在给他喂奶时,总是发出[nǎi]这个音。于是他也开始试着发出[nǎi]的音;他的母亲听到后,非常高兴,很快就给他喂奶了。对于儿童而言,他发出[nǎi]音的这个行为直接导致了喝到奶这一愉快的后果,他的发音行为因此得到了正强化。反复多次后,这个儿童掌握了"奶"这个语词的意义,能够正确地使用这个词来表达要喝奶的愿望了。行为主义者认定,人们就是这样习得语言的。

但是这种语言习得理论有很多无法克服的困难。首先,抽象的概念,那些我们无法在客观世界中找到对应物的概念,又是如何强化的?再如,老师在课堂上给学生讲授微积分或者原子的结构时,这些刺激导致了学生的什么反应?人们为什么能理解自己从来没有听到过的话?为什么能够说出别人从来没有说过的新句子?这些问题他们无法回答。

其次,语言习得的临界期(critical period)也构成了挑战。语言习得的临界期指的是儿童从出生到青春初期这样一段习得语言的敏感期。如果儿童在这段时间中没有接触到人类语言,那么在此之后儿童便不再可能完整地习得语言了。20世纪70年代,美国发现的女孩Genie的案例非常说明问题:她在被父亲禁闭、与世隔绝12年多之后被解救。后来虽然得到了强化心理训练和语言训练,但她的语言始终没有能够发育完全。①

心理学家的实验也证明儿童语言无法强化训练。以成年人的"标准"语言对儿童进行训练固然可以在短期内"提高"儿童的语句水平,然而训练一旦结束,儿童又回到了他们自己的"非标准"说话方式。行为主义理论无法解释为什么强化的语言训练没有效果。

当代著名语言学家乔姆斯基(N. Chomsky)发现:(1)全人类的语言尽管形态各异,但都有共同的结构。(2)人类的语言规则都很少,但是这些规则基础上,语言的创造力却是无限的,而这不能用行为学习来解释。(3)所有民族的儿童语言习得过程都惊人的相同,都必须经过相同的发展阶段,而且在这些发展阶段中,儿童语言的特征几乎完全相同。(4)儿童语言习得的速度非常快;只需要三四年的时间,他们就掌握了母语,并且能够创造性地使用。(5)所有的儿童在习得语言的过程中,都可能会语法错误,这是事实,但是他们绝不会犯完全没有句法的错误。例如他们不会说出"了饭吃"之类句法结构紊乱的语句(除非他们故意闹着玩儿)。这些现象无法用行为学习来解释②。

乔姆斯基因此针锋相对地提出了"内在论":人的语言是先天的、由基因决定的;语言最重要的核心框架——语法是与生俱来的。这真是个大胆的假设!当然,这"天生的语法"并非具体语言的语法,如汉语语法、英语语法等,而是普遍语法,即一切语言都具有的结构共性。

人类天生具有普遍语法的"语言习得装置(LAD)",就像婴儿一出生,就天生具有学会走路的潜力一样,是基因决定了的。之后,在儿童的生活中,他们用普遍语法框架来处理加工所接收到的语言资料,并在这个

① Carroll,D. 2000:312—314.

② Chomsky, N. Aspects of the Theory of Syntax. Cambridge:MIT Press,1965.

过程中,通过对所接触语言的规则的假设、评估和选择来逐渐建立起具体语言的语法。一个出生在英语环境的中国儿童习得的语言不是汉语而是英语,就是这个原因;反之也一样。儿童天生就是语法专家,他们按照天生的习得程序获得语言能力,根本不是强化训练的结果。儿童自己构造了语法,他们就是"语法学家"。

内在论的语言习得观要成为科学事实,必须有"语言基因""语法基因"的实验证据。目前,至少我们还没有找到"语法基因",而关于语言基因,科学家们却发现,有的鸟类也具有与人类相同的语言基因(FOXP2)!乔姆斯基的内在论假设能否得到最后证实,还有待时日。

内在论也有反对者。瑞士心理学家皮亚杰(J. Piaget)否认语言基因的存在,他认为人的语言是与认知操作能力相匹配,是儿童在与环境的互动中,通过吸收和同化操作,构建认知图式的过程[1]。语言的结构和意义都可以在早期的行为操作中追溯到根源。在一定程度上说,语言是感觉—运动操作的内化。换句话说,一个人的语言能力应当是取决于他的认知能力。可是,特纳氏综合征(Turner's syndrome)、话匣子综合征(chatterbox syndrome)等似乎又对这一理论构成了挑战,因为这类综合征的患者认知能力低下,但句法能力却正常[2]。

可见,语言习得的问题远未得到普遍接受的回答。这还仅仅是第一语言习得。另外还有第二语言习得的问题,它牵涉的范围也很广:学习者的个人特征、动机、语言学能倾向等等。这使得第二语言习得也成了语言科学的一个重要分支。

5. 结束语

从语言的设计特征、语言理解和产生的生理、心理机制以及语言习得等角度看,语言确实为人类所独有。可是,关于这些问题,我们却远未获得透彻的认识。科学就是这样,永远只有需要回答的问题;语言科学也不例外。要认识我们今天讨论的问题,还需要语言科学家们继续努力。或许未来有一天,经过世世代代语言学家的不懈努力,语言学大厦的修建已达相当的规模,人们回首一望,恍然领悟:"啊,原来语言是这么回事儿!"

---

① 皮亚杰.心理学与认识论.袁晖等译.天津:求实出版社,1988.

② Carroll,D. 2000:320—321.

但那一天到来之前,我们还只能在自己的具体领域里,为这个大厦的建设添砖加瓦。

推荐阅读书目:

1. 平克.语言本能[M].洪兰译.汕头:汕头大学出版社,2004.
2. 陈明远.语言学和现代科学[M].成都:四川人民出版社,1983.
3. 徐通锵.语言学是什么[M].北京:北京大学出版社,2007.

复习思考题:

1. 你同意"人类的一切文明就是造句"的说法吗？为什么？
2. 人类的语言交际与动物的交际方式有什么根本性的差异？
3. 你留心过儿童说的话吗？请举例分析儿童语言的创造性及其与成人语言的异同。
4. 什么是语言习得的临界期？成人的外语学习是否说明语言临界期不存在？
5. 你是在什么时候开始学外语的？结合你自己的经历和所学的理论,谈谈你认为从儿童期就开始外语教育是好还是不好？为什么？

(刘利民)

话题之二：语言的家族

1. 语言起源的问题

儿童的语言习得，即他们获得语言的能力属于个体发生学（ontogenetic）问题，而人类在历史长河中是如何获得语言的就是种系发生学（phylogenetic）问题了。人的语言如何起源的？形态各异的各民族语言是单源的还是多源的？这些问题，学术界尚无答案。

最天真的理论是"神赋能力说"。在西方传统中，人们相信世界是上帝造的，而上帝创造世界就是用的语言。既然如此，人类语言当然就是上帝给予的。最早的人类语言是共同的。然而，人有了语言，就野心勃勃，决定齐心协力建造一座"巴比伦塔"（Babel Tower），以图直通天庭。上帝为了阻止人类这样做，于是就施法，使得工匠们的语言互相不能交流。结果，巴比伦塔的建造失败，人们只好分散至世界各地，使用着不同的语言了。

神赋能力说完美地解释了人类语言的不同，却只是个浪漫的想象。看似无所不包、解释一切的理论往往也是最不可靠的。所以自古人们还是在另外的方向上寻求答案。一个传统的理论就是"自然摹仿说"。古希腊的哲学家中就有人提出，人的语言是摹仿自然界的声音而产生的。既然人的语言是摹仿世界，那么就存在一个摹仿正确与否的问题。对此，苏格拉底（Socrates）的说法就是，这种摹仿是由最具智慧的人进行的，他的作用就是语言的"立法者"，负责为万事万物给定一个正确的、自然的名称。苏格拉底的理论似乎能够解释各种语言中的象声词，因为它们是那么接近于自然的声音；然而这却不能解释人类语言的高度理性的结构特征。于是亚里士多德（Aristotle）反对自然说，而提出了"约定论"。我国古代思想家，如公孙龙、荀子等，也提出了"约定论"的理论。荀子说："名无固实，约之以命实，约定俗成，谓之实名。"意思是，实在之物并不是天生就有固定的名称，是人们约定用语词来命名实在；而这样约定俗成的就是我们用来言说实在的语言词汇。这个观点，至今仍是非常正确的。但它却未解释语言约定的起源和机理。

还有一种理论，可称为"劳动创造语言说"，或者按鲁迅先生的提议，叫做"吭唷吭唷说"。古代原始人类为了适应世界、改造世界以求得生存，必须团结协作；特别是制造工具的劳动，使得原始人的社会劳动分工愈发复杂，思维也愈发精细。恩格斯（F. Engels）说，在这种情况下，"那些正在形成中的人已经到了有些什么不得不说的地步"，为了说出这些"什么"，语言就产生了。劳动创造说有一定说服力，但尚须深入探索，以解释语言的生成性、歧义性等一系列问题。

语言本质上是语音的，文字是在语言诞生之后人们发明来记录语音的，所以逻辑上说，我们不可能有关于语言起源的任何证据资料。也正因如此，虽然还有很多理论试图回答语言起源的问题，如：手势论、突变论、本能论等等，但语言起源的问题仍然不能得到完全正确的回答。我们充其量能够说，哪种理论看起来更合理一些。语言起源的问题，或许我们永远回答不了，但是世界各民族语言各有各的独特形态和风格，这却是事实。

2. 语系、语族、语支

世界上各种各样的语言到底是从同一种远古语言进化而来的，还是各自有自己的起源？这个问题引起了 18 世纪语言学家的浓厚兴趣。具体地说，1786 年，英国人琼斯（W. Jones）发表了一篇论文提出，梵语与古欧洲语言在很多方面非常相似，它们或许共享着一个起源。例如：

	"母亲"	"二"	"三"
希腊语	*mētēr*	*duo*	*treis*
拉丁语	*māter*	*duo*	*trēs*
梵 语	*mātā*	*dvāu*	*trayah*

接着，人们又发现欧洲语言之间确实有很多相似之处，而欧洲语言与非欧洲语言之间差别则很大。例如，

英语	法语	意大利语	汉语	日语	PIMA 语
one	*un*	*uno*	*yī*	*ichi*	*hermako*
two	*deux*	*due*	*èr*	*ni*	*gohk*

| *three* | *trios* | *tre* | *sān* | *san* | *waik* |

这些发现引起了很大的反响,导致了语言学领域中的历史比较语言学研究的潮流。如何解释这些现象?人们提出了三种理论:(1)纯粹巧合,(2)语言间相互借用,(3)所有语言均源自于一个源始语(Ursprache,protolanguage)。纯粹巧合说不过去,因为当巧合太多的时候,巧合就变成一种规律性的东西。语言间的借用当然可能,但是世界各民族交流那么多,为什么只有欧洲语言之间那么相似,而其他语言则与欧洲语言那么不同呢?汉语借用了那么多的外来词,但仍然保留着汉语的特征,这是为什么?借用论难以说明。[①]

恰好,19世纪流行达尔文(C. Darwin)的进化论思潮。在进化论的影响下,科学界相信万事万物都是进化、发展而来的。另一方面,或许还有圣经的传统影响,例如我们谈到过的"巴比伦塔"说。这使得当时的语言学家们普遍接受了第三种理论,认为欧洲语言是从同一个源始语进化而来的。于是那个时代的语言学家们试图基于欧洲语言的共有特征,来努力重建那源始语,并且坚信他们所做的工作是唯一正确的语言科学研究。

重建源始语的工作现在看来是失败的,也没有多少理论价值。但历史比较语言学家们歪打正着,在研究过程中确定了各种语言的谱系关系。这是他们为语言学做出的重大贡献。目前,语言学已经确定,世界上的语言大致可以归入八个大的语系:印欧语系、汉藏语系、亚非语系、阿尔泰语系、尼日尔—刚果语系、乌拉尔语系、马来—波利尼西亚语系、德拉维达语系。其中汉藏语系和印欧语系是最大的两个语系。

语系的家庭由有亲戚关系的语族构成,语族下面则是更直接的亲属语支,而一个语支下面就是具体的兄弟姊妹语言了。我们使用的汉语比较特殊,自己构成了汉藏语系中的汉语语支,虽然汉语本身也有北方方言、闽方言、粤方言等等区分;藏语则同门巴语、嘉戎语等一起,属于汉藏语系家庭的藏缅语族中的藏语语支。

同学们所学习的英语、法语、俄语等(除日语、韩语外)大都在印欧语系中。英语在这个语系中,属于日耳曼语族中的西日耳曼语支,是低地德语的一种,其兄弟包括德语,不过德语是高地德语之一。稍微加以考察,我们不难发现,现代英语和现代德语在许多方面,特别是基本词汇和句法

---

① 资料及讨论参见:陈明远.语言学和现代科学.成都:四川人民出版社,1983.

结构上有着惊人的相似之处。这是因为古英语事实上就是一种古日耳曼语（若不算凯尔特人的语言的话）。

法语、意大利语、西班牙语等则与英语、德语差别较大，因为它们属于印欧语系的拉丁语族。值得一提的是，许多语言都对英语产生过极其重要的影响；其中犹以法语为大。自从 1066 年诺曼人入侵英国之后，法语不仅影响了古英语的结构转型，而且大量的法语语词进入英语。目前的英文词汇中至少 60% 来自法语或通过法语借自拉丁语。因此，我常作这样的比方：英语的父亲是日耳曼语，母亲是法语。反过来说，法语、德语等也从英语引进了不少的语词，以至于法语中还出现过这样的语言幽默："*Nous avons le four-o'clock thé à 5 heures l'après midi.*"（我们在下午 5 点钟喝"四点钟茶"[下午茶]。）

我们学习的俄语则属于巴尔干－斯拉夫语族中的斯拉夫语支。在形态、结构上，俄语与英语、法语等之间的差别要大许多。直观地看，英、德、法、西等语言的字母都是 26 个且差别很小，而俄语字母是 33 个，且与西欧语言在形态上差别很大。此外，西欧语言多是分析语，而俄语则是较典型的多式综合语。关于分析语和综合语的区别，我们稍后即谈。

至于日语和韩语，我们还不知道它们属于什么语系。有人把它们归入了阿尔泰语系，与蒙古语是亲戚。但它们的特征却并不完全符合阿尔泰语系的特征。比如有日本语言学家认为他们的语言与欧洲的芬兰语在结构上有不少相似之处。同样归属不定的，还有越南语。有的语言学家把越南语送进了汉藏语系家中，说那是壮侗语族中的壮傣语支的一个成员。

3. 语言的不同形态

那么我们对语言分类是按什么进行的呢？我们当然可以按语言的语音、语词、语法系统来进行。例如，汉藏语系中的主要语言，汉语和藏语都是声调式语言，这与印欧语系的语调式语言非常不同，因为前者的声调具有区别意义的功能（例如汉语的四声调可以区别同一个音节的不同意义：妈[mā]、麻[má]、马[mǎ]、骂[mà]）；而印欧语系诸语言虽可用语调来表示陈述与疑问的不同句型，却不能区别词的语义。这是分类依据之一，但只是语言的差异之一，且并非最关键的差异。

我们也可以从语词形态的角度进行分类。例如，汉语是一种"字根"

语言,即是说汉语的每一个方块字都具有独立的意义,是汉语的基本单位。而印欧语言则以语素为基本单位,其语素可以具有,也可以不具有独立的意义。还有的语言,如北美因纽特人的语言甚至以句为基本单位,尽管我们也可以分析出其中的"语素"。这是分类依据之二。这个依据也有一定难点,因为语词的边界划分有时很困难(语言学家们至今仍然在汉语是否具有"词"这个单位的问题上各执己见,且都有一定道理);而且语言之间的相互借词也使这个问题复杂化。

还有个分类的依据,就是语言的结构。从大的方面看,各种语言可以归入两个大类:分析式(analytic)语言和综合式(synthetic)语言。分析式语言指的是以句子中语词的顺序表达句子意义的语言;而综合式语言则是以语素变化(变格、变位等)来表达句意的语言。英语和汉语都属于分析式语言,其主、谓、宾语词的位置不能任意变动,否则就会出错或者表达了相反的意义。例如,在英语中,可以说"*Dogs are animals*",而不能说"*Animals are dogs*",因为后者在逻辑上是错误的;在汉语中,"我打他"与"他打我"则表达了完全相反的含义。但在综合式语言中,只要词尾变化正确,那么词语的顺序是不重要的。例如,"我读书"一句,在俄语中,只要主、宾变格以及动词变位正确,我们可以按任意顺序来表达同一句意(Я читаю книгу;Читаю Я книгу;Книгу читаю Я;甚至 Книгу читаю;Читаю книгу)。

语言结构还可以细分。例如,同属于分析式语言,汉语和西欧语言在结构上仍然有很大的差别。汉语不重结构,几乎完全没有语素变化("们"可能是个例外),几个字按顺序放在一起,甚至无需动词,就可能构成一个可理解的语句(如"枯藤老树昏鸦""清明时节雨纷纷"等)。这些特性使得汉语被称为"词根孤立型语言"(root-isolated)。汉语的句意几乎完全依赖于词义顺序组合,是一种"意合语言"(paratactic)。与之相反,欧洲语言更依赖于词素的变化,就连英语这样具有高度分析性的欧洲语言,也有名词的单复数和动词时、体、态等等屈折变化,用形式结构来表达句法意义差别。因此欧洲的诸语言也叫做"屈折型语言"(inflectional)。屈折语的结构形式至关重要,故也称为"形合语言"(hypotactic)。

这些分类并不能概括完所有的语言。比如,日语是一种"粘着型语言"(agglutinative),因为其特点就是,在每一个句法成分(主谓宾等等)之后,都附着一个符号来表明前面的语词的句法角色以及结构功能。例如"わたしは本をよむ"一句,若用汉语语法来刻画,则将是:"我(主语标记)

书（宾语标记）读（谓语动词标记）"。

而另一些语言，如北美因纽特人的语言，则似乎属于某种整体式语言（holistic），我们无法用汉藏或印欧语言的语法来对他们的语言进行分析。如果说套用英语的语法来分析汉语仅仅是不那么恰当的话，那么套用英、汉语的语法来研究因纽特人的语言则根本不可行。

总之，从结构的角度来分析语言的特征，应当是最有明显成效的，但这需要结合关于语音、语词的特征一起进行。这样，语言的分类就更加明确、细致，因而更能描述各种语言之间的差别。

需要指出的是，当时人们不仅仅是对语言做出了分类，而是进一步认为这些分类表明了语言结构的进化阶段和各种语言的进化程度。例如当时的施莱赫尔（Schleicher）体系提出了如下的对应联系：

孤立型语言——古代原始期

粘着型语言——中间过渡期

屈折型语言——最高发展期

他们认为屈折型语言由于其复杂的形式变化，代表了语言进化的最高级阶段。这是因为在他们那种眼中，欧洲屈折语言的形式完整、严格，因而非常适合形成并表达严谨的思想；而如同汉语这样的词根孤立语，由于缺乏精密的形式，使得其使用者的思维模糊，无法精确化。而模糊不清的思维应当是远古时代的人的思维特点，所以这类语言是古代留下来的"语言化石"——进化程度很低的原始语言。而英语因为已经丢掉了许多屈折变化，而被判为是处于"现代退化期"的语言。这样的看法当然是相当错误的，因为它有可能限制研究者的视野，妨碍语言科学的发展，甚至被种族主义者所利用。因此，在现代语言学界，持这种观点的语言学家几乎没有了。

4. 汉语是语言化石吗？

汉语真是语言化石吗？不仅有的西方人觉得汉语不适合缜密的逻辑思维，中国人自己也有些人持类似的看法。我们熟悉的利玛窦（Mattew Ricci）说："汉语是我所见到的最模糊不清的语言"[1]；洪堡特（W. von

---

[1] 利玛窦,金尼阁.利玛窦中国札记(上).何高济等译.北京:中华书局,1983:29.

Humboldt)也认为:"汉语作为思维工具无疑远远比不上拥有完善的语法形式的语言"[①]。

我国著名文学家鲁迅提出:"中国的文或话,法子实在太不精密了。……这语法的不精密,就在证明思路的不精密,换一句话,就是脑筋有些糊涂。倘若永远用着糊涂话,即使读的时候,滔滔而下,但归根结蒂,所得的还是一个糊涂的影子"[②]。语言学家王力也曾说:"就句子的结构而论,西洋语言是法治的,中国语言是人治的。法治的……总要呆板地求句子形式的一律;人治的用得着就用,用不着就不用,只要能使对话人听懂说话人的意思,就算了。"[③]

语言的特征我们无法否定。如前所述,汉语是词根孤立语,没有任何变格、变位的形态变化,语词的句法关系需要从上下文推知,而不像西方屈折语那样,句中所有语词的语义及语法特性都有形式化标明,例如名词的性、数、格,动词的时、体、态等等。屈折语确实有利于语义的高精度表达,而汉语确实极可能产生模糊歧义现象。例如,"他们明早 10 点乘火车到重庆",究竟是十点钟到达重庆,还是十点钟出发去重庆?"我借他 100 块钱"一句到底说的是把钱借给了他,还是从他那儿借钱;到底说的是打算借,还是已经借了?若没有上下文,单从这些语句本身实在没法确定。在"中国队大胜日本队"与"中国队大败日本队"两句中,动词的意义截然相反,可是两句的句意却居然完全相同!如此等等,的确很让人感到困惑。

尽管如此,说汉语是化石语言的看法是有问题的。首先,汉语同其他任何语言一样,能够有效地以音、形、义符号系统来交流思想。凡是西方语言能够表达的意义,汉语都可以表达。虽然有些意义限于具体的语言形式,无法直接从西方语言翻译成汉语,但是中国人完全能够通过另外的方式对意义进行理解。同样的现象当然也存在于从汉语翻译进西方语言的过程中。由于其形式并不呆板,汉语言事实上在借词和造词方面非常灵活,在短语和句子层面上也是一样,所以到目前为止,还没有西方语言中的概念、命题不能为汉语所表达。在极其抽象的层面,如哲学层面,西方语言的有些概念(如著名的"*Being*")不能够直接译成汉语对应词。但

---

① 洪堡特.洪堡特语言哲学文集.姚小平编.长沙:湖南教育出版社,2001:120.

② 鲁迅.《二心集·关于翻译的通信》.北京:人民文学出版社,1958.

③ 王力.王力文集:第一卷.济南:山东教育出版社,1984:53.

同样，汉语的有些概念（如著名的"道""阴""阳"等）也无法直接在西方语言中找到对应词。不过，稍加解释，这些极其抽象的概念也是能够用不同的语言来理解和交流的。我们没有理由来断言某种语言不能表达另外的语言能表达的意思。

其次，汉语言以语义为中心，具有很高的表达效率。汉语的组词能力强大；操汉语的人只要学会了 2500 个左右数量的汉字，就可以顺利地读书看报；而操英语的人要做到这一点，最起码也得熟练掌握 6000 以上的单词量。其原因就是汉字的不同组合就可以表达英语单词所代表的概念，一般情况下无须在现有的汉字之外，再造新字来表达新概念。不仅如此，汉语的表达精练，信息量很大。一个汉语四字成语或惯用语，用西方语言来表达，通常会是长长的一个语句。有人曾经按齐夫定律（Zipf's law）计算，汉语的信息量高达 9.65 比特；而西方语言无一超过了 5.00 比特[①]。这意味着汉语的冗余度很小；或者用大白话不那么严谨地说，汉语表达中几乎没有费字。正由于此，现代计算机科学发展起来后，人们发现汉语的输入速度最快；在表达同一个意义的情况下，汉语的录入效率是非常高的。当然，这必须以输入者熟悉输入法为前提，因为现有的计算机键盘是按拉丁字母输入方式设计的。

再者，现代语言科学家们发现，汉语的文字同时具有符号性和形象性两大特征，而西方语言则只有符号性。比如："人""哭""笑"等汉字在作为语音符号的同时，本身看上去至少可以让人联想起一个正在走路的人，一张哭泣的或者微笑的人脸。而西语的拼音文字（如英语的"*man, cry, laugh*"）却只是表音符号，不带任何形象性。汉语言的这一特点不仅使得汉字很适合理解和学习，甚至有人提出，这有助于同时锻炼左、右大脑半球的能力，充分发挥大脑的功能。事实是否如此，尚有待研究验证。至少，现代神经心理学已经确定，中国人（以及日本人）的大脑具有"复脑效应"，即：大脑左、右半球都共同参与语言的处理。这也算是一个支撑证据吧[②]。

我们能够肯定的是：汉语是历史悠久的语言，迄今至少有 6000 年的文字记录，但汉语并非贬义的"语言化石"。汉语与其他语言一样，是人类

---

① 详见：冯志伟.汉字的熵.见：陈原主编.现代汉语定量分析.上海：上海教育出版社，1989.

② 详见：史有为.汉语如是观.北京：北京语言文化大学出版社，1997.

语言家族中的一员。人类一切语言都是平等的,都是人认识世界、交流思想的方式。

5. 结束语

世界上各种语言以其千差万别、多姿多彩的形态,构成了复杂而绚丽的语言世界;但是语言之间具有极大的核心共性;例如,一切语言都有主语和谓语,也都有名词、动词、形容词等。这是因为语言是人以语音形式来把握世界的认知方式。各民族人民都有同样的生理、神经结构,因而世界给他们的感受是一样的;这决定了他们的思维和语言,在相当大程度上说,共性大于个性。

推荐阅读书目:

1. 萨丕尔.语言论[M].方立等译.北京:商务印书馆,2002.
2. 波林格.语言要略[M].方立等译.北京:外语教学与研究出版社,1999.
3. 姚小平.语言文化十讲[M].北京:外语教学与研究出版社,2006.

复习思考题:

1. 你认为哪种关于语言起源的理论更有说服力一些? 为什么?
2. 你知道你所学外国语的谱系归属吗? 请查阅资料,谈谈该语言与汉语不同的特征。
3. 为什么英语丢掉了许多屈折变化,却被有的人称为处在语言进化的"现代退化期"?
4. 有人说,汉语太落后,不适应现代社会、科学、文化的发展。你同意吗? 为什么?
5. 既然缺乏类似西语的句法形式变化,汉语如何表达性、数、格、时态、语态等内容?
6. 请收集、查阅资料,举例论述汉语独特的表达法该如何用你所学的外国语来表达。

(刘利民)

1. 语言反思中盘旋出的哲学①

哲学一词源于古希腊语的 philosophia,其中 philo-表示"喜欢、热爱",而-sophia 表示"智慧"。philosophia 意思就是"爱智慧",而汉语中"哲"字的意思也是"智慧、智者"。可见,哲学就是爱智慧之学。西方哲学起源于古希腊,而古希腊的哲学就发端于人对于世界的好奇。面对纷繁复杂的世界,千变万化的自然,他们力图在杂多中追求纯一,变动中把握秩序,偶然中探索必然,现象中追问本质。在我们语言学家眼中,哲学却源于语言中的盘旋。

最早的哲学是自然哲学。第一位哲学家泰勒斯(Thales)提出,"世界的本原是水"。他追问的是世界存在的抽象的本质和原则。这里,他是在以自然之物作为抽象的本体。赫拉克利特(Heraclitus)提出,世界的本原不是水,而是火,因为火象征着矛盾和运动;毕达哥拉斯(Pytagoras)则认定,世界的本原是数,因为数体现了完美的秩序性和规则性。

很快,哲学家们的思维就上升了一个层面,进入了语言与思想的抽象之中。赫拉克利特最先提出了"逻各斯"(logos)的概念。所谓逻各斯,就是人的理性通过语言所把握并展现的关于世界的道理。从一开始,哲学与语言就脱离不了干系。(徐友渔,1994)

这里有必要说说西方语言的一个关键词:"to be"。这个系词兼有表示联系主谓、断真和表示存在(如:*God is* 等)三重涵义。我们说一句话,总是谈及某个对象 x,并且言说这个对象具有什么特性 y(如:*A flower is red*;*The man is sitting*;*She is a student* 等等)。所有这类陈述中,主语可变,谓语也可变,唯一不变的是 *is*。那么,什么条件下我们才能正确地

---

① 注:本文的部分讨论主要参考自:(1)徐友渔.哥白尼式的革命.上海:生活·读书·新知三联书店,1994;(2)陈嘉映.语言哲学.北京:北京大学出版社,2003.具体材料不再在文中标注。

说 x is y 呢？同时，is 又可以表示存在；这个特性很容易使哲学家们把"being"与抽象的存在联系了起来：只有那所"是"才是真正的存在。哲学名词"ontology"（本体论）正是由"to on"（希腊语：being）＋"-logy"构成的，意即"关于'being'的学问"。

最早从 to be 入手进行哲学思辨的古希腊哲学家巴门尼德（Parmenides）认为，可言说的就是可思想的，因而也是存在的。他提出要区分"意见"和"真知"。什么才算真知呢？他说："那是者必然是，并且不可能不是(That which is is, and it cannot not-be)"；只有那"所是"才是我们最终应该把握的真知。

可是，人的语言是有问题的（后面我们还要谈到）。诸如"我在撒谎"等之类悖论对语言表达的是否真知构成了严重的挑战。既然语言会出问题、有漏洞，这不是说明我们的思想可能会出错、有漏洞吗？所"是"是什么？如何保证所"是"之为真？

伟大的哲学家柏拉图（Plato）提出，只有"理念（Idea）"才是那真正所"是"的东西。他所说的"理念"其实就是语词所表达的概念意义。柏拉图认为，只有理念才是真实的存在，万事万物只不过是其理念的摹本（copies）。事实上，他把语言表征的概念实在化了。这种实在化在现实世界之外，又给我们创造了一个理念的（精神的）世界。用哲学家蒯因的话说，柏拉图脸上长出了坚硬的、剃不掉的"柏拉图胡须"。形而上学终于诞生自语言的盘旋。

亚里士多德也是伟大的哲学家，他反对柏拉图的观点，认为理念并不是实在的存在之物。他认为，世界上存在的就是个体的事物，每一个个体是由形式和质料相结合而构成的。实实在在的事物就是那所"是"的本体。真，只能靠严格的逻辑思辨才能得到保证。从此，"是"与"真"成为了形而上学哲学的永恒课题。

柏拉图和亚里士多德所开创的哲学思想对后世影响十分巨大。两个思想传统之间的争论一直就没有停止过。即使是在欧洲中世纪的黑暗时代，两者之间的争论也仍然是针锋相对的，例如当时的"唯名论"和"唯实论"就是关于语言的意义到底是否具有实在性的著名争论。

到了 17 世纪，西方哲学发生了第一次转向：认识论转向。哲学的提问方式由"什么'是'"转向了"如何认识'是'"。既然关于"是"是什么，人们争吵了一千多年都没有结果，那么不应该反思一下人是怎么认识"是"的吗？同时，近代科学的发展也要求哲学思想的支撑。所以，认识论转向也就出现了。转向之后,哲学家的争论聚焦于知识的来源和可靠性。在这个问题上,他们又分成了两大主要的思想派别:经验论和唯理论。

经验论者认为,人的知识不是天赋的,只能来源于经验,亦即感觉资料。既然如此,那么观察与实验就非常重要。经验论者的哲学立场为科学的实验、观察方法提供了理性的支撑。

唯理论者非常怀疑经验的可靠性。例如,笛卡尔(J. Descartes)认为,一切都可以怀疑,唯一不可怀疑的是"我"在怀疑、在思考这件事情本身。这就是他的著名命题:"我思,故我在(Cogito ergo sum)"的意义所在。只有人的理性是不可怀疑的,因而只有运用理性从不可怀疑的第一原理所推论出来的知识才是必然的、普遍的、确定的知识。

后来德国哲学家康德(E. Kant)试图弥合经验主义和唯理主义的鸿沟,他力图回答人到底能够认识什么、认识如何可能。不过,康德提出的"人为自然界立法"却又引出了意识的问题。在他之后,黑格尔(W. Hegel)更是建立了一个庞大的唯心论体系。这一体系把哲学对知识客观性、真理性的认识引向了神秘化,导致了德国哲学的心理主义的发展。

2. 语言论转向(Linguistic Turn)

19世纪末、20世纪初,科学的发展突飞猛进,传统哲学的对象纷纷独立于哲学成为经验科学。哲学失去了许多自己研究的对象,它还有存在的必要吗? 西方哲学遇到了生存危机。

这时,哲学家发现了语言这一新的思辨领域。如果我们要认识 being 及其本质,我们先应当弄清楚我们自己是怎么认识它的,这就要求对思维过程进行研究;但是我们怎么知道人到底是怎样思考的呢? 那就看人们是怎么说话的。于是,20世纪西方哲学的第二次问题转向:语言论转向(一般称为"语言转向"或"语言学转向";但这并不确切:语言没有发生改变,哲学也并未转向语言学;故,本文仿"认识论转向"而译之)。转向后的西方哲学主要就是语言哲学,即透过分析语言来反思人的认识、存在等等一系列带有终极性、整体性的根本问题。

若要概括语言哲学的话题,最恰当的词莫过于"指称"(reference)和"意义"(meaning)。这两者不仅仅是语言学中最困难的分支——语义学的梦魇,也是哲学家关注的焦点。为什么哲学家那么关注"指称"和"意义"呢? 因为这些都与人对世界的认识有关。

指称问题造成了很多逻辑困惑,例如:

(1) 空名问题,即那些明显有意义,却无法证实其指称对象的问题。如:"离地球最远的恒星""最大的自然数""最小的分数"明显是有意义的,但是我们能找到那颗星,能得到那两个数吗?"每条狗都咬人"这句话肯定有意义,但是"每条狗"指什么狗?在哪儿?人们无法看到每条狗,怎么知道"每条狗"的?即,找不到指称,怎么确定语词的意义呢?

(2) 同一性问题,例如:"晨星"(morning star)和"暮星"(evening star)都是指金星(Venus),所以"晨星=暮星"。但是"晨星是晨星"不需要其他知识我们就知道这句话为真;而"晨星是暮星"却必须依赖天文学的常识。"晨星是晨星"这句话完全正确,却没有多少认知价值(正确的废话),但是"晨星是暮星"却具有认知价值(提供了新信息)。为什么同一个对象的不同指称会有不同的意义呢?这不等于说,指称对象可能会变得与自身不相同吗?再说了,假如人们并不具备相关天文学知识,那么"晨星是暮星"这句话的命题意义还是不是真的呢?

(3) 存在性问题。当我们说"王母娘娘不存在"时,我们是否是在自相矛盾呢?我们每说一个陈述句,总是有主语和谓语的结构。主语总是提出一个主题对象,而谓语用来说关于这个对象的特性、状态等等。例如:"花是红的"一句,说的对象就是花,然后说花具有红色这个特点。照此推之,"王母娘娘不存在"说的就是"王母娘娘"这个对象,然而我们又立刻否定,说这个对象不存在。这不是很有问题吗?

语义因此成了令人头疼的问题。意义存在吗?如果说存在,那么我们去找到意义就行了,根本不会有意义的理解差异甚至错误的问题。若说它不存在,为什么有的语词串对我们有意义,而有的没有?例如:"Hoe is het met du vantag"和"How are you today";"棉到穿冬天人衣"和"人到冬天穿棉衣"。为什么说"花是红的"是对的,"红的是花"却是错的?

柏拉图最早提出了语义的本质论,认为意义就是一类事物共有的本质。但是,这样的本质若是真的存在,人们为什么又无法把握准确而出现分歧呢?就说"美"吧。九寨沟的风景美、世界小姐的相貌美、《荷塘月色》的语言美之间共同本质是什么?"情人眼里出西施"又该作何解释?

后来,洛克(J. Locke)又提出了"观念论":意义就是事物在人脑中留下的观念。但是,若问他什么是观念,他又回答说,观念就是事物对人所具有的意义。这就陷入了循环论证。此外,"11维空间""圆形的方块"不也能懂吗,可它们又是什么事物在我们脑中留下的?

20世纪，罗素（B. Russell）提出指称论，即语词的意义就是它指称的对象。至于不存在之物，罗素认为那不是名称，而是描述语。但是有人挖苦说："我可以从口袋里掏出手绢，可是掏不出手绢的意义呀！"确实也是，鲁迅死了，难道"鲁迅"一词的意义也死了吗？

后来，逻辑实证主义者又提出，语言的意义在于验证它的方法。只要一个语句原则上是可以验证的，那么它就是有意义的。而哲学的形而上学问题，例如"宇宙是由绝对精神构成的，这种绝对精神永远不为人所知觉而又无处不在"这句话，根本没有任何办法来验证，因而是无意义的。但问题是，要去验证，首先必须知道意义，否则怎么去验证？而这不等于说无须验证，我们也能知道语句的意义了吗？

面对这些逻辑困惑，维特根斯坦（L. Wittgenstein）提出了意义的"游戏论"，也叫做"使用论"，即语言的意义就是其使用。就像玩游戏一样，我们按游戏规则进行活动，意义就体现在活动中。一个单独的语词是没有意义的，只有当它被用于"生活形式"中的语言游戏中时，它才具有了意义。这似乎有道理。然而，panda 这种动物在台湾被称为"猫熊"，而在中国大陆却被称为"熊猫"；到底它是熊还是猫？"Panda 是熊猫"和"Panda 是猫熊"这两句结构完全一样，使用也完全一样，而差别就在于"熊猫"和"猫熊"两个词。这可表达了两种完全不同的类属（犬科和猫科）！语词显然单独具有意义。不然，我们怎么知道一个语句中该用这个词而不该用那个词呢？

关于意义的理论还有很多，却没有任何一种能够对语言意义问题做出没有漏洞的回答。（陈嘉映，2003）这些问题促使哲学家思考：人用语言把握了一个什么样的世界？

3. 人工语言学派（Artificial Language School）

在反思语言的问题上，语言哲学内部分成了两大对立阵营：人工语言学派（也称为"理想语言学派"）和日常语言学派（也称为"自然语言学派"）。

人工语言学派的代表人物当推弗雷格（G. Frege）、罗素和前期维特根斯坦。他们的基本立场就是：日常语言是模糊不清的、有歧义的，可能导致人们的思想混乱，因此要求哲学对于日常语言引起的思想混乱进行澄清。罗素认为整个西方哲学的问题就是因为语言的混淆所引起的，而维特根斯坦更是直接说,哲学就是语言病的治疗。他们所使用的分析语言的工具就是现代逻辑,他们希望建立起一种定义准确、没有歧义的理想语言;这就是逻辑语言。

人工语言学派的研究非常丰富,就算是简单的提及,也不可能在短文中做到。这里,我们以罗素的研究来做个例子,以展示这一学派的思想家是如何进行研究的。

罗素认为语言的意义就是其所指称的对象。这种观点被称为语义的"指称论"。但正如我们在前面提到,指称论必须面对"空名问题"。例如:罗素如何断定"当今法国国王是秃头""金山不存在"是真还是假呢?无论他断言这类句子为"真"还是为"假"都有问题。

无论说"当今法国国王是秃头"为真,还是为假,我们都不可能在全世界秃头以及有头发的人中找到当今的法国国王。传统的逻辑定理"排中律"(一个命题要么为真,要么为假)在此根本不起作用。而说"金山不存在"则就遇到我们前面的问题:那不存在的东西是什么?回答只能是"金山"。这就等于说有个东西是金山,而那个东西不存在,于是乎自相矛盾。

怎么解决这个问题呢?如何既要坚持语义指称论,又不引起逻辑困难呢?罗素的方法就是利用现代逻辑来分析这类句子的表面句法所隐藏着的逻辑。

罗素提出,语句"当今法国国王是秃头"的表面语法误导了人们,使人们误以为真的有一个存在着的主体,叫做"当今法国国王";而事实上,该语句命题真正的逻辑却被隐藏起来了。其真正的逻辑意义应当包含如下三个命题:

(1)至少有一人是当今法国国王(There is at least one present French king);

(2)至多有一人是当今法国国王(There is at most one present French king);

(3)并且这个人是秃头(That man is bald)。

前两个命题合起来,表示"唯一性"(the),即"当今法国国王"是特指。罗素指出,只要三个隐藏的逻辑命题中有一个是假的,那么这个语句就为假了。显然,第一个命题就为假,所以"当今法国国王是秃头"就是个假命题。

罗素的哲学智慧在于:他利用现代逻辑手段,消除了主语,即把原来占据主语位置的"当今法国国王"一语挪到了谓语的位置之上:

$$\exists x\,[\,(PFK)x \wedge (B)x\,]$$

这个逻辑表达式读作：有一个 x，x 是当今法国国王（PFK），并且 x 是秃头（B）。你瞧，现在处于主语位置上的，不再是"当今法国国王"，而是"x"了。"当今法国国王"与"秃头"一样，处在了句子的谓语位置上去了。主语变成了 x，而它是一个变项，并不确定具体指谁。这样一来，我们说"x 是当今法国国王"总不会有矛盾了吧？x 是个未知数，它有待于某个具体人去填充、满足，所以我并没有确定是哪一个人呀！

同样"金山不存在"的逻辑含义是：

$$\neg\exists x\,[\,(G)x \wedge (M)x\,]$$

即："不存在这样一个 x"，"x 是金（G）"并且"x 是山（M）"。这样的表达不导致逻辑矛盾。我们尽可以说"金山不存在"而不必担心因找不到指称而自相矛盾了。

于是，罗素信心百倍地坚持：名称的意义的确就是它指称的对象，而我们普通所谓的名称，只不过是"描述语"而已。"亚里士多德"就是"写了《形而上学》的那个人""柏拉图的学生""亚历山大的老师"等等描述语的缩写词；同样，"林黛玉"就是"葬花的那个人""那个性格多愁善感的人""爱上贾宝玉却无法嫁给他的那个人"等等描述语的缩写词。这样一来，人们尽可以谈论根本不存在的对象，而不担心因指称对象而引起逻辑问题了。

罗素的描述语理论提出来后，大家在很长时期内都高度认可，认为他完满地解决了存在与语言表达的问题。但是后来，人们还是发现了问题。我们前面提到，有哲学家挖苦罗素说，能掏出手绢，可是掏不出手绢的意义；那个人就是英国哲学家斯特劳森（P. Strawson）。不过，斯特劳森的观点已经是日常语言学派的了，而后者本来就反对人工语言的解决方案。

即便是从语言逻辑本身的角度看，罗素的理论也还是有问题。按他的理论，专名都可能是描述语的缩写词，这应当包括我们的名字在内，也都可能是描述语的缩写。那么什么才能算得上是真正的专名呢？这个问题确实很难回答。就连罗素本人最终也只好承认，只有"我（I）""这个（this）""现在（now）"才是真正的专名。然而，这样一说几乎就等于否定了专名，因为这几个词是典型的索引词（index words），它们指称谁、指称什么需要根据具体的语境和说话人而确定。比如说，人人都可能说出"我牙疼"这个陈述句，但是这个句子中的主语"我"显然不可能指称同一个人,而只能是指称某一情境和时间之中的具体说话人。于是,名称所指称的对象确定性问题又遇到了挑战。

后来的语言哲学家又提出了其他很多理论,如逻辑实证主义者的语义可证实理论、塔尔斯基的真值条件论等等。他们都以严格的逻辑分析为主要方法。

4. 日常语言学派(Ordinary Language School)

与人工语言学派对立的哲学思想学派是日常语言学派。日常语言学派认为,人类千百年来就是使用自然语言来认识世界、交流思想的,因而人类的思想智慧就沉淀在日常语言之中。语言哲学家并不需要另外建立什么精确的人工语言,恰恰相反,他们应该做的,就是在日常语言中去追求思想智慧。他们认为人工语言学派研究的问题在于把语言意义与语言使用者和使用语境脱离开来,而这就会走入歧途,因为不是语言本身在指称什么东西或表达什么意义,而是语言使用者在特定的语境之中,运用语言来进行指称、表意。既然是人在指称对象、在表达意义,那么语言意义的反思应当着重考查语言使用者、他们在特定语境下的语言活动以及他们的交际意图等。

日常语言学派的代表人物当为后期维特根斯坦、奥斯丁(J. Austin)、格赖斯(H. Grice)等。跟人工语言学派一样,日常语言学派的思想成果也十分丰富。这里,我们以奥斯丁的研究来做一个例子,看看日常语言学派哲学家们的研究路数。

以前的哲学家谈到语言的意义,都试图在客观对象那儿去寻找依据。这往往让哲学研究走入困境。奥斯丁则不然,他跟后期维特根斯坦一样,把目光投向语言的使用问题。他认为,语言的意义就是在于其使用。人用语言就是做事情。我们的确有很多语句是陈述句,这些陈述句表达了有真、假判断可能的命题。但是我们也有更多的句子,并不表达这样的命题。例如:"起立!""我答应给你一份生日礼物。""请把门关上,好吗?"这些语句表达的意义并不能作真、假判断。事实上,我们用这些语句完成了某个行为,做了某件事情。

奥斯丁认为,对于断定式语句(constatives),我们确实可以作真假判断;如:"窗子是关上的"一句,我们可以通过看窗子是否真的是关上的,来判断这个语句意义的真假。但是对于施行句(performatives)我们却不能作这样的断定；如："把窗子关上！"这个句子就无法断言真假。对于这类句子，我们只能去看说话人是否真诚，他说的话在语境中是否恰当。

例如，A对B说："我答应嫁给你"。我们无法断言其真假，但可以从后继事件来判断说话人使用这个语句是否真诚：如果A的确嫁给了B，那么A的话是真诚的，否则不真诚。但是，不真诚的许诺仍然是许诺；说话人A对B还是做了许诺这件事，只不过并不一定真的打算履行诺言，因而其许诺并不真诚。再如，如果我（学校教师）说"我宣布你们结为夫妻"，没人会认可，因为我不是教堂的牧师，也不是民政局颁发结婚证的人员，不具备做出这类宣布的必要身份条件，所以我的宣布不具备恰当性，是无效的。

从哲学上而言，奥斯丁的理论把哲学从真、假二元对立中解放了出来，开拓了更广阔的关于语言意义研究的领域。他提出的语言行为论突出了语言使用者的角色，不仅为哲学，也为语言学创立了一个崭新的研究学科——语用学。我们看待语言的意义，不仅仅要看语句本身的字面意义，还要考察语言使用的意义。奥斯丁认为，我们说一句话，除了字面意义外，还有语言外的使用。

奥斯丁区分了三个层面的语言行为：发音行为（locutionary act）、言旨行为（illocutionary act）和言效行为（perlocutionary act）。比方说，A说："这屋里很闷热。"这是发音行为，其意义就是字面的意义，即这屋里很闷热。但他说这句话不仅仅是为了表达一个陈述，而是想做一件事，即请听话人把窗子打开，这就是他言语蕴含的旨意，即言旨行为。听话人在听到一句话后，真的站起来把窗子打开了。这就是A那句话的言语效果，是言效行为。请大家想想，如果你听到A说了那句话后，回答说："是啊，这屋里真闷热！"会出现什么情况呢？总之，奥斯丁的理论说明，我们不一定必须在传统形而上学中去寻找意义理论的依据，既然说话就是做事，那么我们应当去判断，在什么特定语句由什么特定说话人说出的话是否恰当。奥斯丁的哲学理论直接导致了语言学的一个分支——语用学的诞生，而语用学专注的领域就是言外之意。说话人在语言意义分析中取得了应有的地位。

后来的语言哲学家在这个方面取得了丰富的成果。例如，格赖斯进一步突出了说话人的意图，认为一个语句完全可以用来表达不同于其字面意义的说话人的言语意图，甚至于是完全相反的意图。当我们听到有人说了一句不得体的话时，我们说"你可真会说话！"这并不是赞扬，而是表达了批评。语句与其表达的世界不一定是对称的。当我们理解话语的时候,我们不应该局限于语句的意义本身,而应该考察该语句隐含了什么样的交际意图。也就是说,句子字面意义与世界事实并不是对称的、对应的;字面意义之外,还有着说话人的交际意图、说话人说出某句话时的假定前提,那才构成了语言意义的整体。

对于我们以外国语言为专业的学生而言,日常语言学派所探索的语言问题非常值得我们深入地考查。比方说,汉语的"你很上相"用英语表达则为"*Your picture flatters you*";可是中国人听了后很高兴,而英美人士则很不高兴。这是为什么? 因为这两个语句所表达的命题在关于对象的自然相貌及照片效果之间关系的基本预设上是不完全一样的,所以听话人的反应也就不一样了。我们学习外语,可不能只局限于书本上的句子的字面意义,也不能只靠词典,至少还要多与外籍人士交流,从中体验更多的东西。

5. 结束语

结束本章时,我想建议同学们:别把语言哲学当成纯粹知识来学,切忌死记硬背。我们应当留心的是,语言哲学家提出了一个什么问题,他解决或者消解这个问题的眼光和方式是什么,他的睿智甚至狡猾之处在哪儿。反思语言就是反思人自身、反思人把握世界的方式。这样的反思虽然不解决任何实际问题,也很困难,但它的确能开阔我们的眼界,锻炼我们的思维能力,启迪我们的思想创新。

推荐阅读书目:

1. 文聘元.西方哲学的故事[M].天津:百花文艺出版社,2001.
2. 赵敦华.西方哲学简史[M].北京:北京大学出版社,2001.
3. 赵敦华.现代西方哲学新编[M].北京:北京大学出版社,2001.

复习思考题:

1. 为什么说"指称"和"意义"是语言哲学的中心话题?
2. 你思考过语言的意义是什么这个问题吗? 请结合某个语言哲学的观点说说你的看法。
3. 你认为你总是能够使用语言来准确、充分地表达出你的思想吗? 为什么?
4. 什么是"语言行为论"? 你觉得这个理论是否符合人们的日常语言使用实际?

5. 请举出日常生活中语言交际的实际例子,说明交际意图并不限于语句意义本身。

6. 你觉得语言的意义是否在于验证？如果原则上不可验证,语句是否没有意义？为什么？

7. 语言的意义是否只在于使用？语言没有被使用的时候有意义吗？为什么？

（刘利民）

话题之四:语言科学的研究

1. 语言学:研究语言的科学

语言学是研究语言的科学。由于语言作为研究对象的复杂性,语言学也分成了许多分支:理论语言学、应用语言学、语用学、社会语言学、心理语言学、数理语言学,等等。其中每一个领域还有自己的组成学科;例如理论语言学包括音系学、句法学、语义学等;心理语言学之外还有相关的神经语言学、病理语言学等。语言学的学科中,有的侧重将语言作为形式结构来研究(如理论语言学、数理语言学),有的研究语言的心理机制,而有的侧重语言的社会功能,还有的则侧重语言的运用(如应用语言学中包括的语言教学和翻译)。

作为一门现代科学,语言学的诞生应当归功于瑞士学者索绪尔(F. de Saussure, 1857—1913),学界公认的现代语言学之父。是他提出了语言科学的真正适当的对象:"语言以及用于研究语言的语言",而且提出了与之相适应的研究方法,即结构的分析。

索绪尔提出语言是符号的系统,而符号则是音响形象和概念的不可分的组合。这个符号是人类创造一种与其他符号不同的特殊符号,其特征就是任意性和结构线性。

所谓任意性,指的是语言形式与语言意义之间没有逻辑必然性;也就是说,我们无法找到任何理由来解释为什么某个语音必然只能用来表示某个意义;而一旦形式与意义的联系被约定,则其关系相当固定,变化非常缓慢。

所谓线性,指的是语言表达是在时间上延伸的矢量;即是说,我们总得先说某个词,然后再说另一个词,直到语句表达完整;而我们发出每一个词,也是由先至后按音节发出。

这样一来,语言显然是一个独立的形式系统,构成这个系统的符号也有自己形式特征。正是这使得现代语言学获得了脱离哲学,成为独立科学的底气：既然语言自成系统，那么这个系统本身就可以成为单独的研究对象，而不必像传统语言学所做的那样，把语言学视为哲学的事业，努力去寻找、思辨语言与外界事物的联系。

索绪尔进一步区分了语言（langue）与言语（parole），说这两者共同构成了人类说话的活动（langage）。语言被定义为一个独立的、共有的抽象系统，它不可直接观察到，却是人们说话都必须遵守的规则体系；而言语则是人们遵从语言规则而说出的具体的话，是可以直接观察到的说话活动，具有鲜明的个人特征（生理、心理、社会、文化等）。

语言和言语的关系是什么呢？我们用乐谱和演奏来做比方：《梁山伯与祝英台》曲谱是固定的、不变的，对于所有演奏者，都是一样的；若不按乐谱演奏，则演奏出来的就不是这首曲子。但是，具体的演奏者却可以选用小提琴来演奏这首乐曲，也可以用黑管、二胡等音色完全不同的乐器演奏，所奏出来的声音效果尽管各有不同，但都是《梁山伯与祝英台》。

那不可改变的体系就是语言，而各具特色的活动就是言语。索绪尔有一个很简单的描述公式：$1' + 1'' + 1''' + \cdots\cdots = 1$。等号前面的"1"是每一个人头脑中的言语结构，而等号后面的"1"就是它们共有的纯粹结构，这就是语言。

在索绪尔眼中，言语太过复杂，涉及太多因素，需要很多学科才能弄清楚，而且其中有的东西恐怕很难弄清楚，比如语言的意义。既如此，言语的不同方面应该由相应的学科来研究；例如生理学、心理学、社会学等，各负责研究言语的相应方面。而语言学作为专门的科学，必须有自己独立的领域，而这只能是语言，那不可改变的形式体系。语言学应该研究语言的形式结构和规则[①]。

有两个问题我们需要注意。第一，科学活动本身是对具体对象的归纳性质的推理，它并不能整体地研究对象，而只能把对象分成具体的部分，一个个地加以考察。例如，地球的研究被分成了地质学、海洋学、土壤学、天体物理学、气象学、地震学等学科；而海洋学内还有海流动力、海洋生物、海底地震等细分。心理学也是如此，我们把心理分为认知、情感、性格等，而在认知中我们还细分出感知、记忆、概念形成等，其中记忆又再细分为感觉登记、短时记忆、长时记忆等。若不细分，我们实在不知道该从何入手研究一个对象。语言也是一个极其复杂、丰富多彩的对象，不可能

---

① 详细讨论参见：索绪尔.普通语言学教程.高名凯译.北京：商务印书馆，2002.

整体地把握。于是我们把语言分成形式结构、意义、功能等,而形式结构中我们又细分为句法结构、语词形态、语义结构等等。这不是说语言本身具有这些分类,而是说为了认识的需要,我们把语言进行了这样的"切割"。

第二,关于语言科学,索绪尔指出,一般科学的对象是独立于研究者的立场观点而客观地存在着的,而语言学的对象却是语言学家的观点创造的。严格地说,语言学的对象并非由研究者的观点所创造,但研究者把语言视为一个什么对象确实将决定其方法论取向。这是因为语言一方面具有音、形等具体可感的客观属性;另一方面,语言本身就是人认识世界的方式。既如此,语言学用语言来研究语言,也就难免具有以认识方式来认识认识方式本身这样的主观属性。因此,我们很难像其他科学那样绝对客观地确定语言学的研究对象。在相当大程度上,语言学家着重语言的哪一个侧面,就会因此而提出自己关于"语言是什么"的定义,从而确定"什么才是关于语言的知识"。结果,语言学与其他科学有一个很大的不同:语言学存在着理论流派。不过,语言学各种流派的研究并不矛盾,而是相互补足的,因为语言学家只能就所预设的语言对象进行探索。

前面所说的语言学的各个学科,也是从不同的侧面,用不同的方法,对语言的问题进行的研究。其中,理论语言学一般是以定性的方法进行语言对象本质的讨论,而实验科学(如心理语言学)则是以观察和实验对语言行为的心理机制等方面进行的认识。具体的方法多种多样,但是一般而言,语言科学的方法可以大致分类为定性研究和定量研究两大类别。下面我们做个简单介绍。

2. 定性研究方法

所谓定性研究方法指的是非实验性的、一般不以数据形式表达的研究。这种方法通过观察和逻辑分析等,考察研究对象具有何种属性或特征,对象之间具有什么关系等,力图对研究对象的性质做出阐释。

这里,我们先以乔姆斯基的转换生成语法的分析来做个介绍;然后我们再简要介绍语言的模糊性研究、认知视角的研究,看看语言学家们是怎么进行定性研究的。

2.1 句法分析举例

现在，我们面临这样一个英文句子："*Visiting relatives can be a nuisance.*"这是个典型的歧义句。"*visiting*"是动词"*to visit*"的现在分词形式，但在英语中，这个形式既可以作形容词，也可以做动名词。由于这一结构原因，该语句的意义可做两种解释：(1)"拜访亲戚是很烦心的事情"；(2)"亲戚来访是很烦心的事情"。如果语言学家能够形式化地描述这两者的区别，那么这对于语言教学、翻译、人工智能等领域都是十分有价值的。可是，单靠传统的句子成分（语素、词类、主语、谓语等）划分，我们根本无法把这个区别表示出来。怎么办呢？

乔姆斯基的转换生成语法为我们提供了一个有用的方法。他认为语言的结构应该分成两个层次：表层结构和深层结构[①]。简单地理解，表层结构就是我们说出来或听到的语句，而语句的意义却是由深层结构决定的。表层结构相同的语句，其深层结构却可能不一样（如前述的例句就是一歧义句，其表层结构一模一样，而深层结构却极不相同）。而同一个深层结构却可以转换成不同的表层结构，例如："丁丁打了东东"和"东东被丁丁打了"这两个语句的表层结构是不相同的。一个是主动态，一个是被动态。然而两句所表达的意义（深层结构）却是一样的："丁丁"做出了打人的行动，而"东东"是这个行动涉及的对象。

那么我们就用深层结构分析的方法，来试试分析前述的歧义句和后两个表面上结构不同的句子。我们约定采用转换生成语法的符号：S＝初始符号、NP＝名词短语、VP＝动词短语、N＝名词、V＝动词、comp＝补足成分。

按照转换生成语法的规则，每一个 S 都可重写为 NP＋VP 结构：

$$S \rightarrow NP + VP$$　（注："→"读作"重写为"）；

其中，NP 又重写为 N＋comp 结构，VP 重写为 V＋N 结构：

$$NP \rightarrow N + comp$$
$$VP \rightarrow V + N$$

[①]　Chomsky, N. Language and Mind. New York: Harcourt Brace Jovanovich, Inc. ,1972.

并且这个基本结构是回归的(regressive)：

N → S

comp → S

(注：N 等结构成分可重写为"S"，以描写定语、主语从句等)。

现在，我们来分别看看前述歧义句的解释。按解释(1)，说话人"拜访亲戚"这件事是让人烦心的，因而这件事应该是主语，这个结构可描述为"解释一"(下图)。而按解释(2)，"来访的亲戚"是让人烦心的，"亲戚"应该是主语，这一结构描述为"解释二"(下图)。

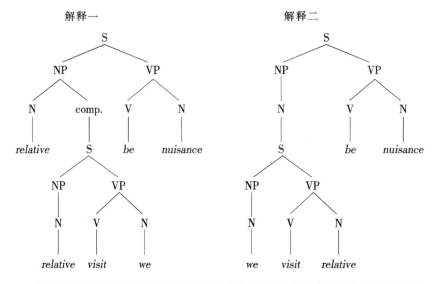

同样的方法可以用来描述"丁丁打了东东"和"东东被丁丁打了"两句的深层结构；它们的含义是相同的，因而能够用同一个图形来刻画：

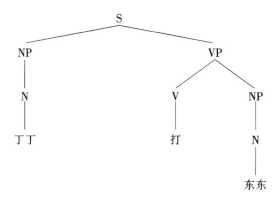

这样的深层结构生成之后，经过转换规则（例如："被""了"——插入规则[insertion rules]，以及换位规则[permutation rules]等等），转化为表层结构，即我们上文说出的实际语句。

这种被称为"结构树"的分析方法非常严格而又一目了然地描述清楚了前述歧义句的两个不同深层结构以及表面上看结构不同，句意却相同的语句的同一深层结构。转换生成语言学，以及后来的 MG（蒙塔古语法）、GPSG（广义短语结构语法）、HPSG（中心语驱动短语结构语法）等，不仅对语言学习和语言学研究有很大的启发意义，而且被互联网络、人工智能、机器翻译等现代科学技术研究所采用，已成为了其重要的理论基础。

2.2 模糊语义研究举例

现在，我们再以语义模糊性和认知视角的研究来看看定性研究的另一模式。

语言的词汇总是代表概念的，但概念却具有模糊性（fuzziness）。这种模糊性不等于歧义，也不等于混淆不清，而是指语词概念的定义并无明确的边界，符合概念意义的元素的共有本质很难整齐划一地确定。就像一个家族的成员之间，并不是长得一模一样，而是多少有些相似的特征，人们一眼就看出他们属于一个家族；同样，语词所代表的概念意义并不是一模一样，但人们还是把它们都归入同一个概念之中。这就是维特根斯坦提出的"家族相似性"（family resemblance）原理。

一个简单的例子："成都离重庆很近"（以千米计），"书架离办公桌很近"（以米计），"电子离原子核很近"（以微米计）。这三个句子所表达的长度单位完全不是在一个数量级，"很近"意义的"长相"是不一样的，但是句子所表达的关系意向却是十分相似的，所以人们轻而易举就理解了这些"很近"的概念。事实上，人类语言的大部分概念都具有这样的模糊性。（或许只有"男""女"之类的概念词是完全清晰的？）

既然概念有家族相似性，那么有的概念家族成员十分接近家族标准，而另一些就不那么接近。例如在"水果"概念家族中，"苹果"显然是十分接近标准"水果"的，因此"苹果"被称为"水果的原型成员"，即"最典型成员"。"香蕉"虽也是这个家族成员，却不那么典型，可是又比"西红柿"要接近典型得多。而"小麦"肯定就不是这个家族一员了，因为它与水果没有相似之处。

不仅名词如此,形容词甚至动词也有这个特征。例如:"年轻的"就是模糊概念,多年轻算"年轻"? 对于体操运动员,20岁就已经"不那么年轻"了,28岁则已经"很老"了;然而在学术界,28岁还算"很小",40岁还"很年轻"。再如:争斗一方告诉调解人说"他打了我";另一方则说"我没有打他,只是推了他一下"。究竟什么才算是"打"的标准? 精确语言很难确定,因而只有依靠模糊语言学的刻画。模糊语言研究的目标不是为了确定语言有多么不清楚,而是要通过模糊刻画的手段达到一种模糊的精确。

比方说,中国人普遍把什么年龄段视为"年轻"? 这个问题我们可以通过调查来获得答案,建立"年轻"概念的模糊学模型,或者用统计方法获得这一概念的模糊曲线(见下图)。

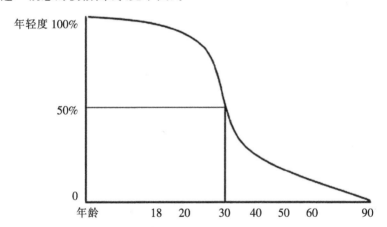

这一刻画大致反映出了我们关于"年轻"这一概念模糊数学模型。举个例说,一个人现年30岁,他算不算年轻啊? 咱们来试试确定一下吧:[①]

给定:$x=30$

根据:$\mu_{年轻}(x)=\begin{cases}1 \ (0<x\leqslant 25)\\ \\ \{1+[(x-25)/5]^2\}^{-1}\end{cases}$ (注:"年轻"概念隶属度公式)

代入:$\{1+[(x-25)/5]^2\}^{-1}$

得:$\{1+[(30-25)/5]^2\}^{-1}=(2)^{-1}=1/2=0.5$

结论:他0.5年轻,即50%年轻;不算很年轻,也不算老。

---

① 材料引自:苗东升.模糊学导引.北京:中国人民大学出版社,1987.

用这样的方法，我们达到了对模糊概念的精确认识。不同的民族、不同的行业等，语言概念使用的模糊性是不同的，这也正好反映了人们对世界和社会的认知。

须注意，这类研究虽然采用数字性的描述，但还不是严格意义上的定量研究，因为它依赖的不是实验，而是数理推论。模糊语言学的一些概念，例如心理词汇的模糊性等，当然也可以进行实验验证。我们在量化研究部分，将以一个例子来演示。

2.3 认知视角研究举例

除了模糊性外，人对于概念的认识和把握还受他们观察视角的影响。认知语言学的方法虽然也是属于定性研究，但是与上面所讲的描述形式不一样，认知语言学研究有其自己的特点，它主要基于人的具身体验[①]（embodiment），从认知活动的角度来认识语言的形式和意义。认知语言学目前正是语言学的前沿课题之一。

什么叫观察视角呢？一个很简单的例子就是：假如在位置相对的两个人中间写一个数字"6"，则对其中一个而言，是"6"，在另一个看来则是"9"。他们要争论到底是"6"还是"9"，是没有可能争出结果的，因为从每个人的角度看，都是正确的。视角的不同导致了他们对事物意义的不同理解和认识。

语言也是这样，可以反映语言使用者的认知视角。比如说，英文词"*space shuttle*"在中国大陆被翻译成"航天飞机"，而在台湾，叫做"太空梭"。我们不能说哪一个是正确的，哪一个是错误的；应当注意的是，大陆的翻译词侧重的是功能，而台湾的译文侧重的是性状。从各自的认知视角看，这些译文都是合理的。另外，认知视角的不同，还可以导致语义的不同凸显。例如："日本人像中国人"与"中国人像日本人"这两句话说的都是亚洲的这两个国家人们的长相差不多。但是，句子凸显的意义却不一样：前一句以中国人为标准、模板，而后一句则以日本人为标准、模板。

作为外语学习者，这些研究对我们的学习有重要的参考价值。它们帮助我们认识我们所学外国语言的文化认知视角与我们中国人自己的认知视角的不同。例如：汉语句子"她嫁错了老公"，在英语中则表达为"*She is married to a* wrong *husband.*"汉语句中的"错"是个副词，修饰的是动

---

① Lakoff，G. et al. Philosophy in the Flesh. New York：Basic Books，1999.

词"嫁";而英文句中的"*wrong*"（错）则是形容词,修饰的是名词"*husband*"（老公）。纯粹语句角度看,两句所表达的意思是一样的,但是它们却各自反映了中、英文的认知视角差别:前者把责任归于主语（是"她"自己做错了事）;后者则把责任归于宾语（不是"她"做错了事儿,而是"老公"有问题）。同样,由于英国人传统上是靠海为生,所以他们的语言表达会常常与海、鱼等有关（如:"*to drink like a fish*"）;而中华民族传统上是农耕民族,所以我们的语言表达常常与土地上的事物有关（如:前述英文短语在汉语中叫做"牛饮"）。

学习外国语的时候,我们不妨多注意一下中、外民族的观察视角,因为它能反映民族之间的文化差异,也有助于我们学好外国语,正确地使用外语。

3. 定量研究方法

除了定性研究之外,语言学也大量采用定量研究法。定量研究是经验科学（empirical sciences）的主要方法,即通过一整套严格的程序,来控制变量,观察事件的发生与变化,处理数据,并归纳出关于对象的客观结论。这种研究的信息都用数据来精确表达,以保证研究结果的客观性。

简单地理解,所谓定量方法就是实验的方法,而实验本质上说,就是观察,只不过是"控制条件下的观察"。定量研究必须遵从以下几大原则[①]:

（1）可量化原则（quantifiability）,即以精确的数字方式来刻画研究对象,并严格按照程序收集、处理数据,按数据反映的趋势得出结论;如同许多社会科学和生命科学一样,语言科学重要的量化研究工具是统计学。

（2）可证伪原则（falsifiability）,也称为"可证实原则",一个用于研究的命题,必须能够得到实验观察的证实,但证实是很困难的,因为我们不可能观察完所有的有关现象再得出结论。但是,我们至少可以通过证伪（证明是错的）来验证一个命题的可靠性。（举例:"所有天鹅都是白的",但只要找到一只黑天鹅,我们就可以说这句话是不对的）

（3）可重复原则（duplicability）,即一个实验的结果必须能够被其他

---

① 参见:Stanovich,K. How to Think Straight about Psychology. London:Scott,Foresman & Company,1986.

人重复验证,否则很可能只能归因于偶然因素而不是规律性的结论。这就是为什么科技文章总是要求要把实验的程序、材料、方法等等信息详细写明的原因。

(4)吝啬原则(parsimony),即一次实验的结论只能按照实验控制的条件来下,而不能任意夸大、泛化。一个研究结论,只有在重复多次,甚至千百次的实验研究证实后,才有可能被科学界接受为定理或原理。

这些原则是所有科学,无论是自然科学还是社会科学必须遵守的原则。语言学作为现代科学也不可能例外。在语言学领域,采用定量研究方法的分支不少,例如:社会语言学、心理语言学、神经语言学、病理语言学、语言教学法等分支中,定量方法(实验)都得到了普遍的使用。

定量研究的一般过程是:(1)提出假设,(2)设计实验,(3)抽样及数据收集,(4)数据处理结果与讨论,(5)结论。这也是语言学定量研究的步骤。这里我们以社会语言学和心理语言学的几个典型的研究来给同学们做一个演示。具体地说,我们将看看美国社会语言学家拉波夫(W. Labov)关于"语言不安全感"的问卷调查;并演示心理语言学关于模糊概念问题、斯特鲁普效应(Stroop effect)的实验研究(具体实验过程,请观看、参与课堂演示)。

需要说明的是,我们在课堂上也仅仅是用简单的例子来为大家展示语言学实验是怎么回事儿。实际的研究过程是很费力气的,也需要下苦功夫的,特别是实验假设、实验设计部分,既要求严密的逻辑推理,也需要很强的创造性想象。要获得这两种能力,还需要同学们在今后的学习中认真学习、刻苦训练。

至于数据统计部分,随着计算机科学技术的发展,现在已经变得十分简单了。国际上流行的社会科学统计学软件有 SPSS,STAT 等等。只要你按格式输入原始数据,极短的时间内就能获得统计结果。同学们需要进一步学习的,是了解什么样的实验设计适合用哪一种统计工具,以及对于计算出来的结果应该做什么样的解释。

4. 结束语

本章所谈的,只是语言科学研究的几个例子,而且主要在理论方面。此外还有应用语言学的研究,例如关于外语教学法、语言教程等。语言学的科学成果正在各个领域、层面造福人类;从尖端技术(如人工智能、神经科学)到日常生活(如声控门锁、幼儿教材),到处都有语言学的贡献。无怪乎有人说语言学是领先的科学,未来很多科学的跃升还有待于语言学科研的突破。语言学也必将为人类文明贡献出更多、更有价值的"新造句"。

推荐阅读书目:

1. 陈原.社会语言学[M].上海:学林出版社,1983.
2. 伍铁平.模糊语言学[M].上海:上海外语教育出版社,1999.
3. 熊学亮.语言学新解[M].上海:复旦大学出版社,2007.

复习思考题:

1. 语言符号是任意的,交通信号灯等作为符号也是任意的。但两者之间有什么区别?
2. 为什么说索绪尔是现代语言学之父?
3. 你所学的外国语中有什么样的句法歧义句? 请举两个例子,画出其深层结构树形图。
4. 请举出汉语或外国语的例子,说明你是如何理解语言概念模糊性的。
5. 你注意到了所学外国语与汉语之间在认知视角方面的差别吗? 请举例分析、说明。
6. 你知道其他语言学实验吗? 请查阅资料,看看实验是怎么做的,说明了什么问题。

(刘利民)

话题之五：人类语言学概述

在诸多语言学和其他学科相结合的跨学科研究中，人类语言学（Anthropological Linguistics）因其研究语言与文化的关系而受到学术界的重视。西方大学语言学系中普遍开有此类课程。人类语言学亦称语言人类学（Linguistic Anthropology），这是因为在语言学家将其看做如同社会语言学一样，是语言学的一个分支的同时，人类学家则将其看做是人类学的一个分支。语言人类学是人类学系的四大学科之一，其余三项为生物人类学、文化人类学和考古学。由于这门学科研究的是语言与文化的关系，有的学者直接将其称为文化语言学（Palmer 1999:35）。

文化一词源于德语的 Kultur 一词，其基本意思为通过学习而获得的在某一社会中形成的传统。文化一词蕴涵丰富的社会历史含义。19 世纪西方人在非洲、美洲、大洋洲、太平洋岛屿和亚洲进行殖民扩张和征服，文化作为一种概念，被他们用来指称殖民地人民的传统观念和习惯。如早期的英国殖民者到达北美时，接触到土著印第安的风俗习惯、社会结构和伦理道德观念，并按照英国人的思维方式和文化标准来加以理解，印第安文化在他们眼里是一种落后的、需要启蒙的文化。即使在今天，文化一词也被用来解释在一个社会里，少数民族或边缘民族不能被很轻易地融入到社会主流文化中的原因，他们所拥有的传统习惯和伦理观念等被称为与主流文化相对的亚文化，形成他们的身份特征，如美国社会中的亚裔文化、黑人文化等。按照早期一些西方学者的观点，人类历史是一种从原始愚昧的状态，逐渐上升到一个进步的启蒙时代，伴随着的是人类在技术、物质生活水平、医药、政治管理、文学艺术、道德规范上取得的伟大成就。文化作为一种大而统一的概念，表示着人类的进化过程。照此观念，西方民族当然处于进化的前沿，而其他民族则落在进化的后端，成为落后的文化。语言中一些意义相对的词汇，如我们—他们、文明—愚昧、理性—非理性、受过教育—文盲等等，常常被西方民族用来炫耀自己在知识、军事和政治上的优越，进而到文化上的优越。这种文化观将早期西方人类学的文化研究中的对弱势民族的歧视偏见一览无余。他们所采取的方法就是将先进的民族放在一端,将野蛮的部落放在另一端,剩余的民族依次放在其中,这样,他们就能大致构造起文明的框架——一种从野蛮状态到"我们"状态的转化。(Goodenough,1981:48)

19世纪末,美国人类学家、人类语言学的创始人鲍厄斯(Franz Boas)首次用文化来指称各个不同社会所拥有的不同的风俗、信仰和社会机构这一整体。他否认不同的社会有不同程度的文化或不同的文化发展阶段,认为每一社会都具有自己的文化,这种文化是一个独一无二的整体,有着自己独特的信仰和生活方式等。所有的文化都是非常复杂的,即使那些按西方的标准来看,技术上非常落后的民族,他们所拥有的文化也是相当复杂的。这一复杂性体现在每一文化的语言,都能熟练地具体化和分析人类经验,并能储存和提取信息。所以,每一文化都只能作个体的分析,而不能将其放在一个以欧洲人知识和道德的大文化范围中来进行研究,源于鲍厄斯观点的文化相对论为人类学的研究奠定了理论基础,尤其是为人类语言学提供了方法上的指导。鲍厄斯和他的学生认为,文化是基于一种抽象的基础来发生作用的,这种抽象是通过口语,或代替口语的书写形式、数学或化学公式来表现的。语言系统是研究文化系统的向导,语言形式对文化具有决定作用。这种观点以后被称为萨比尔-沃夫假设(Sapir-Whorf Hypothesis)。

萨比尔-沃夫假设后来受到不少批评,认为这种观点过多地强调了语言对文化的作用,而忽略了许多非言语因素对文化的影响。但作为一家之言,这种观点构成了人类语言学的主要思想。人类语言学家认为,语言与文化的关系是一种互动的关系,文化包含着语言,语言是文化的工具,文化现象很大程度上是一种语言现象。人类语言学的目的就是将语言作为一种文化源泉,口语作为一种文化实践来进行研究。(Duranti,1997:2)。

按照人类语言学家的观点,文化首先是一种同自然相区分的范畴。所谓文化,是指一代又一代通过学习、传递而获得的传统,包括面对面的交流。这种传递,不管是文字的或口语的,语言都起着关键的作用。一个人刚出生就被抱养到属于异域文化的家庭里,通过学习,主要是通过语言交流方式,他会了解到所在文化的内容,掌握这种文化传统,并成为这种文化的一员。文化不同于山、水、草、木等客观存在,也不同于遗传、进化等生物变化。它是一个团体所共同习得及分享的行为特征,它可以通过观察、模仿、不断尝试和修正错误来获得。

同文化相对的是自然，所谓自然的观念是指人类行为是自然的产物，即通过基因由上一代传向下一代的某种能力或行为。如小孩刚生下来便知道哭，稍大一点知道笑，以后能爬行、行走等等。生物与文化、遗传与习得成为两种相区分的概念。最能说明人的遗传能力的便是人的语言能力。儿童可以用有限的语法规则和词汇表达较复杂的意思，他们能组词造句，讲出从未说过和听说过的句子。乔姆斯基称之为人与生俱来的语言能力，认为人天生拥有一套"普遍语法"，将何种语言，即具体的语言表现，是对这种普遍语法的解释。这种语言能力不受社会文化因素的影响。

人类语言学家赞同人天生具有习得语言的能力，但认为这种能力同文化环境因素密不可分。自然与文化的相互作用，形成人类语言的独特性。鲍厄斯首先提出文化与自然相区别的概念，他深受 19 世纪德国著名哲学家康德的影响。康德认为人类学的研究对象是人类在自由意志支配下所从事的行为，而非控制人类生物能力的自然规律。康德的文化观即是人自主行为的能力。黑格尔对康德的观念进一步阐述，认为人类不光有控制本能的能力，以区别于动物，还有克服无知愚昧的能力。文化是人类战胜无知、获得知识的过程。社会化的活动，其中包括语言习得这一重要部分，就是塑造儿童心灵与行为，使他们获得被一个大于他们家庭的社区所接受的思想、言语和行为。因此我们可以说语言是文化的一部分，具体来说，语言将文化与自然通过许多有用的方式进行归类，区别开来。通过语言，我们可以将动物与植物分开，将有生命与无生命分开，将矿产品进行归类，将音乐、舞蹈进行归类等等。语言中的分类法（taxonomies）也可使我们研究不同的文化信仰和实践。例如，作为人类语言学的重要议题，亲属关系（kinship）即是通过对某一语言亲属关系词的研究来了解使用这种语言的社会的家庭结构及其关系。不同的语言有着不同的亲属关系词语，对此研究还可以进行跨文化的比较。如汉语与英语中亲属名词的比较研究。汉语中亲属称谓繁多复杂，表现传统中国社会中以血缘关系为纽带的社会结构；相反，英语中的亲属称谓则简单得多，表现西方社会中人作为社会一员的角色远远重于作为家族一员的角色。

其次，文化也是一种知识。文化通过学习而获得表现为对于知识的获取。这种知识不光包括人们对客观世界的认识，也包括人们必须共同拥有的思维方式、认识世界的方法、联想和做出预示。古德因纳（Goodenough）将此归纳为文化的认知论。他认为一个社会的文化包含人类所需要的知识，这种知识使人类的行为被同伴所接受。既然文化是人们所习得的、区分于生物遗传的观念行为,它理应包含这一习得的最终产品——知识。人类语言学家认为学习文化如同学习语言,描述文化也如同描述语法。人类语言学研究的重要方法,交际的民族志学(ethnography of communication)的目的就是编写"文化语法"。知识包括了命题知识(prepositional knowledge)和程序知识(procedural knowledge)。命题知识是通过命题来表现的知识,如猫是宠物,吸烟有害等。这种命题知识具有说话人和听话人具有相同的背景知识的特征。程序知识是指必须通过观察人们的日常行为和解决问题的方法才能知晓的信息。比如,学习驾驶汽车的时候,我们知道哪些装置可以用来刹车或加速,这是命题知识。但哪些时候该刹车或减速,则需要平时的观察和对实际情况的判断,程序知识也是一种判断。

一个人通过学习而了解文化,成为一种文化中的一员。但这是否意味着他掌握了所有的文化知识呢? 人类语言学的回答是否定的。文化是分散于社会中的知识,没有一个人能掌握所有的文化知识,而且每个人所掌握的文化知识也有所不同。知识不全存在于一个人的心里,它还存在于所使用的工具、行为发生的环境及人与人的合作交往中。一个社会,乃至一个家庭中,每个人的知识都是不同的,基本文化信仰也有差异,按照萨彼尔(Sapir)的说法,每个人都是一种亚文化的代表。在语言实践中,我们会发现许多忽视这种文化差异的现象,如"我们崇尚自由""英语常用短语"等等。自由的含义因人而异,短语的短也不具体。需要具体的语境加以确定。另一个现象是,语言不仅仅是一种分类系统,也是一种实践、一种行为,其中包含了许多定势化的词语,而且常常产生于诸如性别、种族和阶级等社会结构的分析中。

人类语言学家同时也强调文化是一种交际。我们知道,语言是文化的一部分,而且是很重要的一个部分。结构主义语言学理论认为,语言是符号的系统。文化作为交际也是指文化是符号的系统,这是文化的符号学理论。这种理论认为文化是世界的表现,世界通过故事、神话、描述、理论、谚语、艺术品及表演等形式得以具体的表现,而这一切形式都属于文化的范畴。人类的文化产品,例如神话、典仪、自然和社会的分类等,都可以看作是人类运用自身能力,在人与人之间,团队之间或者物种之间建立起来的种种象征关系。文化作为交际强调人类所有有关世界的知识都必须在交际中才能传播和延续下去。

语义学中的指称理论可用来说明文化是交际这一论断,这也是文化学研究中一种比较新的提法。在此理论中，文化的交际作用不光是在表现现实的方方面面，而且也体现在将个人、团体、情景和物体同其他的个人、团体、情景和物体相连接。也就是说，意义不仅仅产生于符号与内容之间，如灯指的是一种发光并被用来照明的工具；意义同样产生于此时此景与彼时彼景诸多方面的关联之中，这种关系是被符号激活的，如灯可以用来代表光明。交际不仅仅是用符号来表明信仰、感情、身份等，它同样也是一种指称、预设或者将信仰、感情、身份等带入现实情景的一种手段。

交际的形式（语言表达、书写、手势、演出等）是文化实践的方式，它们预设和提供某些语境特征（如说话的对象、说话人与听话人之间的关系等），这些特征在信息的概念意义中是没有的，但却完全能够被理解。这种意义包括了诸如这里、那里、现在、明天等指称词语，和在交际过程中始发者和接受者身份的建立及参加者的相对地位等等。

另外，人类语言学家也认为文化是一个协调的系统。此理论指的是文化的工具作用，源于马克思有关劳动工具的理论。人类在改造客观世界中，需要使用工具，如耕田需要犁，收割需要镰刀，下雨打伞等。这些工具形成人与自然之间的媒介，人与人交流需要的语言也同属此类。文化包括诸如犁、镰刀等物质对象，也包括信仰、语言符号等思想对象。这些物质的和思想的结构成为人类用来协调自身与自然关系的工具。文化产品包括会话、宣告、信函、电话、戏曲、电影、音乐等。文化还包括我们日常所使用的短小而复杂的词语，如你好，近来可好等等。这些都是表现世界的方式。人类在表现世界、协调自身与世界的关系的过程中都是按照一定的认知方式进行的，这种方式是由人所在的团体的行为观念所决定的，也就是由文化语境所决定的。文化作为一种协调系统的理论实际上是语言是一种协调系统理论的延伸。语言是一种工具，表示语言是一个分类系统，语言词汇使我们能够对发生的事件概念化并对之做出反应。语言不仅仅是反映外部世界的工具，它还是外部世界的一部分，是行动的工具。奥斯丁（Austin）提出的言语行为理论，"以言行事"指的就是语言是协调人与客观世界的工具。通过语言，我们结交朋友或树立敌人，合作公事或解决争端。

人类语言学家同时认为文化是一个实践的系统。这一观点源于后结构主义（poststructuralism）理论，其代表人物为法国哲学家拉康（Lacan）、福柯（Foucault）和德里达（Derrida）。后结构主义对结构主义的理论提出疑问，他们否认结构主义者认为的整个文化基于一种静止象征的语义对比,认为文化是流动的、对话式的和历时的。他们认为文化是一种实践,文化既不仅仅是独立于我们之外的东西(如代代相传的典礼仪式等),也不仅仅存在于我们心中(如我们的思想),它更存在于行动(实践)中,这种行动包含物质的条件,也包含行动者的社会知识。

后结构主义学者认为语言不是结构主义学者所认为的,是一个封闭自动的系统。语言是由社会政治等过程所定义的一个系统。比如,我们在学校里学习语言,老师教授语言等。学校可以被看做是定义语言的一个过程。语言必须放在它所出现的情景中加以讨论。社会语言学强调语言的社会语境于社会功能。语言在具体的实践中,会产生许多变体和体裁变化,如方言、高低语、皮钦语和克里奥语等。它们的出现具有强烈的社会意义,同诸如阶级、年龄、性别、种族等社会因素有着密切的联系。

文化是参与的系统,这一观点,同上一节文化是实践的系统理论相关联。持这种观点的学者认为,世界上的任何行动,包括言语交际,都有着内在的社会、集体性质。人们的一切行动都是在一定的情景下产生的,人们的一举一动,除了有其自身的特点以外,其中很大部分都是属于其所在社区的人们所共有的。例如,一个民族的服饰、饮食习惯等等。使用某中语言表示能够参与到同一个世界的交流中去。这个世界总是比我们自己的世界要大得多,也比我们在任何时候一种情景中所能看到的和所能触摸到的要大得多。词汇将我们同其他的人、情景、事件、行为、信仰、情感等联系起来。语言的指称功能使我们能够跨越时空的限制,能透过词汇的概念意义获得内涵意义,使我们在交流中能准确表达自己的意思和理解对方的意思。语言作为一种行动,同时也是一种在语言使用者交流过程中的参与行为。交际学认为,世界是由各种交际行为所组成,并由不同的交际方式相联系。照此观点,使用语言就是选择一种进入世界的方式。通过语言,我们成为某一团体的成员,并加入到它们的实践中去。

语言学和人类学的交汇构成了人类语言学的主体,其目的是通过语言的层面深入到文化的研究。以上评介的人类语言学的文化观,包含了这一门学科的主要内容。同时,我们可以看出,文化与语言的关系密不可分。文化作为习得的行为和观念,当然包括了语言。语言是文化的一部分,同样,文化需要语言来表达,语言成为研究文化的工具。在文化研究中,话语、话语习惯、语境、隐喻等都成为重要的研究课题。鲍厄斯说过,不掌握某一特定的语言就不可能对某一特定的文化进行研究。这成为人类语言学家从事某一社会形态文化研究的基本条件,如对于北美印第安人 Navaho,Appache 的研究,首先是学习他们的语言,再研究他们的文化。在当前全球化的背景下,不同文化之间的协调与冲突越来越明显,人类语言学为不同文化之间的交往或误解乃至对立提供了除经济、法律、外交之外的另一种方法,具有很重要的现实意义。

参考书目：

1. Alessandro Duranti. Linguistic Anthropology [M]. Cambridge：Cambridge University Press，1997.

2. William A. Foley. Anthropological Linguistics [M]. Blackwell Publishers，1997.

3. Gary B. Palmer. Toward a Theory of Cultural Linguistics [M]. Gary B. Palmer，1996.

4. Keith H. Basso. Wisdom Sits in Places [M]. University of New Mexico Press，1996.

5. Zdenek Salzmann. Language，Culture & Society-An Introduction to Linguistic Anthropology [M]. Westview Press，1998.

6. Nancy Bonvillain. Language，Culture，and Communication-The Meaning of Messages [M]. Prentice Hall，Upper Saddle River，New Jersey，1997.

7. Ward H. Goodenough. Culture，Language and Society [M]. The Benjamin/Cummings Publishing Company，Inc. ，1981.

推荐阅读书目：

1. 邓炎昌. 语言与文化[M]. 北京：外语教学与研究出版社,2001.

2. 邓炎昌,刘润清. 语言与文化——英汉语言文化对比[M]. 北京：外语教学与研究出版社,1989.

复习思考题：

1. 如何理解人类语言学提出的"语言是文化资源,言语是文化实践"?

2. 你如何理解 Sapir-Whorf Hypothesis 的?

（段　峰）

话题之六：语用学概述

作为语言学的一个分支，语用学的一个重要概念，言语行为理论的研究涉及哲学、文学批评和文化人类学诸多学科。言语被当做一种行为进行研究，使得语言不再是一个被描写的静止系统，而是贯穿于我们的行动中，对于人们世界观和行为方式的形成和发展，都起着非常重要的作用。本文将从言语行为的基本理论出发，重点讨论言语行为的两种形式，直接言语行为和间接言语行为，特别是后者所带有的社会文化特征。

按照奥斯丁的言语行为理论，言语是一种行为，言语的发出不是为了说明什么，而是通过言语的发出，使听话人理解发话人的意思，并按其意思完成某种事情，即"以言行事"。如"这儿真冷！"这句话，在不同的语言情景中，可以被理解为一种要求，即要求听话人关上窗或打开空调；也可以被理解为一种建议，建议听话人多穿一点衣服；或者被理解为一种警告，警告听话人不要在此地逗留；甚至被理解为一种邀请，请听话人到暖和的屋内来。听话人按照说话人的意图，完成了某件事情，则意味着言语行为得以实现。

英语和汉语的句法结构都具有这三种基本形式：

1. 陈述句：主语＋谓语
2. 祈使句：没有明显的主语
3. 疑问句：动词＋主语

这三种句型在具体环境中被使用，其言语功能分别表现为：

A. 确定
B. 命令/要求
C. 提问

当形式与功能，即1与A、2与B、3与C相吻合时，这种成事性言语行为（perlocutionary act）被称为直接言语行为。如下面几个英文例子：

4. Naturally，I hate music．（1/A）

5. Please turn the music off. （2/B）

6. This comes as a surprise-why do you hate music? （3/C）

当形式和功能不吻合时,这种成事性言语行为被称为间接言语行为,如下列例子:

7. I wonder when the train leaves. （陈述句形式,功能为提问）

8. You'd better eat your dinner fast. （陈述句形式,功能为命令）

9. Have a good journey. （祈使句形式,功能为陈述句,相当于 I hope you have a good journey.）

10. Tell me why you say that. （祈使句形式,功能为提问）

11. Can you open the door for me? （疑问句形式,功能为请求）

直接言语行为和间接言语行为作为语言学的一般现象,存在于所有的自然语言之中。在具体的语言情景中,直接言语行为和间接言语行为的形式远比上面所列举的要复杂得多。在特定的言语社区中,言语行为的习惯性,即在社会生活的许多方面,人们遵循同一行为方式所表现的意义,会随着社会条件的不同而变化,并受其制约。利奇(Leech)将语用学划分为语用语言学(pargmalinguistics)和社会语用学(sociopragmatics),前者指某一特定语言用于传达某一特定的言语行为所提供的特定资源,如词汇、句子等,此为语用学的语言学特征;后者为语用学的社会特征,研究言语行为在何种情况下受到特定的社会条件的制约。社会条件的不同直接会影响到言语行为的表现,使言语行为的表现呈多样化,并导致交际的形式出现差异。在什么时候,什么场合直叙其言,直接表达出自己的目的,或者旁敲侧击,婉转地表达出自己的意图,在特定的语言社区中,都要受到各种社会因素的影响。社会关系哪些方面能影响到言语行为的实现? 有些语用学家认为,在交际过程中,参加者之间的社会距离和权利的程度最为重要。社会距离的表现形式为参加者之间的熟悉程度,是否亲密朋友,或仅仅是一面之交等等;权利则指参加者之间的上下级关系,如长辈与晚辈、老板与职员等。言语行为的直接性随着熟悉程度的升高,或由公开场合转入私人场合而提高,如朋友间的谈话。但是,诸如在小孩向大人提问,或向权利更高的人发问,言语行为的非直接性就会随之升高。

列文森(Levinson)认为应划分普遍语用学(universal pragmatics)和具体语言语用学(language-specific pragmatics)之间的区别 (Levison 1983:10)。前者指有关语境的一般理论,后者指在具体的语言中,语言的使用情况。如在英语中,社会地位对言语行为的影响远不及其他一些语言,如日语、汉语等。英语中也有诸如 Sir,Your honor 等词语来表达社会地位的高低,但较之于日语中庞大的敬语系统和汉语中复杂的称谓关系,则要简单得多。

直接言语行为和间接言语行为在不同语境中的使用,尤其是间接言语行为的使用,表现了语言和社会文化关系的一个协调过程。简单的一句"Pass me the salt!"我们可以用许多种不同的、间接的方法表现出来。间接言语行为中包含习惯性。在语言使用中,语言的习惯性同其他的习惯性,及其会话原则等相互作用,以实现语用学意义上的功能。就如上所述,在社会生活中,社会距离和权利是影响言语行为方式的主要因素,那么,言语行为的方式就基本上是遵循礼貌的原则(principles of politeness)和合作原则(principles of cooperation)中机智的准则(maxim of tact)(Leech,1983)来建立的,或者是按照布朗和列文森(Brown & Levison)提出的挽救面子(face-saving)和威胁面子(face-threatening)(Levison,1983)的原则来施行的。机智同间接言语行为相关,机智在间接言语行为的实施中表现为非肯定、非强求的意图,是一种负面的心理企求(negative bias)。如在 Could you kindly pass the salt to me? 中,按上述原则,说话人将最大的利益让给了听话人,听话人有最大的自由来决定是否拒绝这件事。但并不是在所有的文化中都可以以此来解释,不同文化中,人们对于社会关系认知的差异,都使得在具体的言语交际过程中,言语行为的方式有很大的差异。如在传统中国文化中,在人与人之间的交往中,常常因为好话难违,盛情难却,而使得听话者并不认为他有多大的自由来拒绝这件事情。

在跨文化语用学中,言语行为一直是主要的研究题目,原因在于言语行为所拥有的文化特征。富有文化色彩的交际形式制造出由文化所决定的交际期待和解释策略,有可能会引起不同文化之间、不同种族之间交际的失败(Gumperz,1978)。海姆斯(Hymes)的交际的民族志学(ethnography of communication)在研究特定民族和跨文化言语交际中,将言语行为置于言语事件中,认为在由文化所决定的社会活动中,语言起着一个具体的、重要的作用。语言形式实际上也是一种文化形式,语言活动是一种文化实践。直接言语行为和间接言语行为,或统称为言语方式,在不同文化中,表现的方式有所不同,如表示称谓时,英语中 Sir,Your honor 等的使用,法语中 tu/vous 的区别,汉语中你/您在不同场合的使用，日语中敬语的使用等。言语行为在不同文化中的实现方式，使得以不同语言为母语的人，在使用同一语言，如英语作交际语时，会引起跨文化交际的失误，具体表现为对以下内容的不同理解：是否在提问，是否提出争论，说话人是否礼貌，说话人是否让出说话权或者在谈话过程中打扰谈话，说话人是否在强调或者在什么地方强调等等。不同言语功能的选择、分置和实现上体现着不同文化的差异。

所以，对言语行为方式，特别是间接言语行为方式的研究，实际上是对一种文化行为的关注。间接言语行为存在于一切语言中，具有普遍性。不同的语言中，间接言语行为的程度及其方式有所不同。这种在表现上的差异实际是文化的差异，这些差异按海姆斯的说法，组成了文化的特别"讲话方式"(fashion of speaking)，体现某种文化的民族特性。文化价值构成人类交际的基本框架，每一个文化中的人们都遵循共同的规范，在不同的言语情景中，以恰当的方式进行交流，使交流方式具有社会意义。

在跨文化言语交流中，注意社会文化因素对言语行为的影响主要归结在礼貌现象上。不同的语言和文化中，礼貌现象具有普遍性，同时又具有特殊性。普遍性使言语交际成为可能，特殊性又常常导致交际失误。怎样将交际失误减少到最小，还得依靠交际双方的共识，即不光在语言层面上，还应该在社会文化层面上加强对对方的了解，因为不同文化之间达到符号之间的语义对等还不能等于言语行为的实现。为使交际成功，讲话人必须共享一定程度的知识、信念和假设。除了在一对一的会话环境中，在多人参加的会话环境中，讲话人和听话人之间的共同信念显得尤其重要。

由于言语行为所带有的社会文化特征，言语行为发生时所处的社会文化语境，言语行为参与者所拥有的社会文化识别，等等，使言语行为在具体的语境，尤其是在跨文化言语交际中，会受到各种社会文化变数的干扰，进而影响到言语行为的实现，从而说明言语行为是一个复杂的语言使用和社会文化关系的协调过程。

参考书目：

1. Cole & J Morgan. Syntax and Semantics [M]. Academic Press New York，1975.

2. Dell Hymes. Explorations in Ethnography of Speaking [M]. Cambridge University Press，1974.

3. E. Lamar Ross. Interethnic Communication [M]. University of George Press，1978.

4. Geoffrey Leech. Principles of Pragmatics [M]. Cambridge University Press，1983.

5. Clark & Marshall. Speech Acts and Hearers' Beliefs [M]. Cambridge University Press，1981.

6. Stephen C. Levinson. Pragmatics [M]. Cambridge University Press，1983.

7. 何自然. 语用学与英语学习[M]. 上海：上海外语教育出版社，1995.

8. 何兆熊. 新编语用学概要[M]. 上海：上海外语教育出版社，2000.

推荐阅读书目：

1. 何兆熊. 新编语用学概要[M]. 上海：上海外语教育出版社，2000.

2. 何自然，陈新仁. 当代语用学[M]. 北京：外语教学与研究出版社，2004.

3. 姜望琪. 当代语用学[M]. 北京：北京大学出版社，2003.

复习思考题：

1. 为什么说外语学习不仅仅是语言知识的积累过程，而更重要的是语用能力的培养？

2. 试设想出至少四种语境，说明下面这个对话中 Mary 要表达的意思。

John：Look! Peter's coming.

Mary：Oh，I wish it were Susan！

（段　峰）

翻　　译

笔译简介

1. 何谓笔译？何谓翻译？

笔译对同学们来说并不陌生。简而言之,笔译与口译相对,专指书面形式的翻译,尽管现在多数译者做笔译工作已不再用笔,而是用电脑,但"笔译"这个说法已约定俗成。

笔译是书面形式的翻译,那什么是翻译呢？古往今来,许多中外学者都为翻译下过定义,不过先让我们来看三位中国学者近年重新为翻译下的定义：

1. 翻译是把一种语言文字所表达的思想内容和艺术风格正确无误、恰如其分地转移到另一种语言文字中去的创造性活动。(彭卓吾,2000:99)
2. 翻译是译者将原语文化信息转换成译语文化信息并求得二者相似的思维活动和语言活动。(黄忠廉,2000:220)
3. 翻译是以符号转换为手段、意义再生为任务的一项跨文化的交际活动。(许钧,2003:75)

这三则定义都是下定义者在分析、比较前人的定义之后,经过深思熟虑,反复论证而提出来的,因此更加接近翻译的本质,但从逻辑上看,前两个定义对定义项限制过度,结果使其不能完全包容翻译(被定义项)这个概念的外延。定义一中的"正确无误""恰如其分"和定义二中的"求得二者相似",其实是把翻译的标准加入了定义,这样反而无助于人们认识翻译的本质。因为我们不能说并非正确无误、并非恰如其分或未能求得二者相似的翻译不是翻译。比如说同学们在学习阶段做的翻译练习或完成的翻译作业往往就难以做到"正确无误""恰如其分",可难道我们能说同学们做的不是翻译？我们并不提倡误译,但我们认为,只要进行了两种语言符号的转换活动,实施了两种语言符号的转换行为,经历了两种语言符号的转换过程,我们就得承认这活动是翻译活动,这行为是翻译行为,这过程是翻译过程,而其结果就是翻译结果,至于该结果的好坏优劣,那已经不是逻辑问题或概念问题,应该交由翻译标准去衡量。

上述定义三可以说是对翻译本质属性的高度概括,既定义了翻译的跨语言性,也定义了它的跨文化性;既定义了它的符号和意义转换性,也定义了它的交际性。但美中不足的是,其定义项之外延与被定义项之外延仍然不是全同(而在一个正确的真实定义中,定义项的外延与被定义项的外延必须全同)。使用这个定义,我们在事实检验时就会面临一种两难选择,要么我们把客观存在的"语内翻译"排除在"翻译"之外,要么我们就承认用现代英语翻译《贝尔武甫》或用现代汉语翻译四书五经等"语内翻译"活动也是一种"跨文化的交际活动"。

鉴于翻译这个概念的复杂性和综合性,我们建议最好用以内涵定义为主、外延定义为辅的方法来明确这个概念,为翻译下一个概括力更强、更接近事物本质、更具有逻辑性,从而更经得起事实检验的定义,即"翻译是把一套语言符号或非语言符号所负载的信息用另一套语言符号或非语言符号表达出来的创造性文化活动,它包括语际翻译、语内翻译和符际翻译"(曹明伦,2007:129)。

有的同学也许是第一次听说翻译还分为语际翻译、语内翻译和符际翻译。其实大家手边都有的《现代汉语词典》对翻译这个词的解释就是:"把一种语言文字的意义用另一种语言文字表达出来(也指方言与民族共同语、方言与方言、古代语与现代语之间一种用另一种表达);把代表语言文字的符号或数码用语言文字表达出来。"把翻译划分成上述三类是俄裔美国学者雅各布森(1896—1982)于1959年正式提出的,而《现代汉语词典》对翻译的解释就包含了这三类翻译。同学们可以看出:"把一种语言文字的意义用另一种语言文字表达出来"就是"语际翻译"(interlingual translation),"方言与民族共同语、方言与方言、古代语与现代语之间一种用另一种表达"就是"语内翻译"(intralingual translation),而"把代表语言文字的符号或数码用语言文字表达出来"则可谓"符际翻译"(intersemiotic translation)。这三种类型的翻译实际上是客观存在,只不过大多数人从事或研究的都是语际翻译,所以长期以来,相当一部分人都认为,翻译这个概念仅表示语际翻译。

2. 对译者的要求

做好笔译工作要求我们具备一定的条件。那么要具备什么样的条件才能成为一名合格的译者呢？许多学者对这一问题都发表过精辟的见解，如早在一千多年前，隋代译经大师彦琮（557—610）就在其《辩正论》中提出了著名的"八备"之说。其说曰：

> 诚心受法，志在益人，不惮久时，其备一也。
> 将践觉场，先牢戒足，不染讥恶，其备二也。
> 筌晓三藏，义贯两乘，不苦闇滞，其备三也。
> 旁涉坟史，工缀典词，不过鲁拙，其备四也。
> 襟抱平恕，器量虚融，不好专执，其备五也。
> 耽于道术，澹于名利，不欲高衒，其备六也。
> 要识梵言，乃闲正译，不坠彼学，其备七也。
> 薄阅苍雅，粗谙篆隶。不昧此文，其备八也。[①]

彦琮认为：此"八者备矣，方是得人"。"八备"之一、二、五、六强调译者的人格修养和治学态度，其三、四、七、八则强调译者的学识修养和治学能力。彦琮要求的"八备"不可偏废，虽人格修养之标准随社会道德准则之变化而变化，但译者之学识才情应尽可能与原作者相当却是万世不易的基本要求。[②] 这也是彦琮"八备"说之现实意义所在。

不过简单说来，一名合格译者的基本条件就是具备对原文语篇之分析能力和对相应的译文语篇之复制能力。换言之，就是要做到"对 source language 之体贴入微……对 target language 之运用自如"。（余光中 2002:172）说得再明白一点，就是对原文的理解要正确，译文的表达要得体。翻译说到底就是理解和表达。下面我们就这两个方面略举两例。

先说理解问题。美国学者爱默生在谈及获取知识时引用过这样一则

---

① 参见道宣《续高僧传》卷 2 本传之四（上海古籍出版社《高僧传合集》1991 年版第 119 页中栏）。

② 笔者曾言："认真说来，一名称职的译者在学识和才情方面应该与原作者基本相当，但这种要求又很不现实，毕竟像莎士比亚和爱伦·坡这样的天才并不是满天繁星，而由波德莱尔翻译爱伦·坡的事也百年不遇。所以，我们从事翻译的人只有见贤思齐，不断上进，尽可能使自己在一定程度上成为原作者的化身。"（《中国翻译》2001 年第 1 期）

谚语：He that would bring home the wealth of the Indies，must carry out the wealth of the Indies，有中国学者将其翻译成"若想得到印第安人的财富，就应该学会他们的技能与知识"[①]。相信译文读者会觉得这则谚语意思不甚明了，而能读英文原文者也很难认同把"must carry out the wealth of the Indies"翻译成"就应该学会他们的技能与知识"。究其原因，就是这位译者对 Indies 和 carry out 的理解有误。该译者没有意识到原文中 Indies 一词指的是东印度或西印度[②]，而非印第安人，指印第安人的英语单词是 Indian（复数用 Indians）。其实这是一则广为流传的西班牙谚语，所以这里的 Indies 不可能指印第安人。

原文中的 carry out 大家并不陌生，但大家在词典中查到的"贯彻、执行、实现"等中文词义对翻译这则谚语似乎都不适用。这也许就是上述译者另辟蹊径的原因，不过该译者似乎走了一条背离原文的路。同学们在做翻译练习时或许也遇到过这种找不到贴切字眼的情况，而笔者的经验是，凡遇这种情况，一定要根据上下文并借助工具书重新确定原文意义。《韦氏第三版新国际英语大辞典》对 carry out 的第一项释义为 to put into execution，而对 execution，包括《韦氏三版》在内的诸多词典都有"履行必要手续使……合法生效"的释义。将这一释义用于上述谚语，当然比"学会……的技能和知识"更为贴切，因为要把人家的财富搬回自己家，当务之急应该是让那笔财富为自己合法拥有，而不是去学人家的技能和知识。除借助工具书确定词义外，我们还可以在更广阔的语境（broader contexts）中去印证我们对词义的确定。如前所述，这则西班牙谚语流传甚广，引用者甚众，从爱默生之前的英国大学者塞缪尔·约翰逊，到爱默生之后的美国宇航员麦克尔·柯林斯都曾引用，不过他们用的是另一个英文版本。约翰逊博士也是在论及获取知识时引用这则谚语的，他说："正如那则西班牙谚语所说，'要想把印度的财富搬回家，就必须先获得印度的财富。'这对旅行者也是一样，你要把知识带回家，就必须先获得知识。"（As the Spanish proverb says，'He who would bring home the wealth of the Indies，must carry the wealth of the Indies with him.'So

---

① 参见三联书店 1993 年版《爱默生集》第 70 页。三联版《爱默生集》总体上是一部优秀的译作，但因由多名译者合作完成，译文质量显得参差不齐。

② 1492 年哥伦布到达巴哈马群岛时，误以为到了印度，后来欧洲殖民者便把南北美洲大陆之间的群岛统称为西印度（West Indies），而把亚洲南部的印度和马来群岛称为东印度（East Indies）。

it is in travelling; a man must carry knowledge with him, if he would bring home knowledge.）柯林斯是在阿波罗号登月成功后代表三名宇航员在美国国会致词时引用这则谚语的,他还在致词中将月球比喻成"新印度"（the new Indies）。通过比较这则谚语在不同语篇但相似语境中的引用,可以帮助我们确定 Indies 和 carry out 的词义。从而把这则谚语翻译成:要想把印度的财富搬回家,首先得让那财富为你所有。

我们再来看看表达方面的问题。《中国翻译》2001 年第 5 期第 49 页上列举了这样一则广告:Spoil yourself and not your figure,作者理解并讲解了 spoil 一词的双关意义,可谓对原文已体贴入微,但最后却把该广告译成"尽情大吃,不增体重",完全没译出原文的妙处。但若换一位译者,则有可能将其译成"饱口福而不发福"。

总而言之,要使自己成为一名合格的译者,就要不断积累自己的学识,培养自己的才情。因为正如刘勰所言:"才有庸俊,气有刚柔,学有浅深,习有雅郑……故辞理庸俊,莫能翻其才;风趣刚柔,宁或改其气;事义浅深,未闻乖其学;体式雅郑,鲜有反其习。"（《文心雕龙·体性》）若一名译者才庸而学浅,却偏偏像某部翻译教程所教的那样知难而退,遇到自己读不懂的就"跳"过去,遇到不好译的就做所谓的"减码处理",那么其译文质量可想而知。有学者在谈及此类"语文造诣甚浅、表达能力不足"的译者时说:"由这样的人下笔翻译,倒不如不译!"（金圣华,2002:15）

3. 对译文的要求

正如理解和表达是一个问题的两个方面一样,对译者的要求和对译文的要求也可以说是一个问题的两个方面。合格的译文不仅应表现原文的思想内容,还应该表现原文的文体风格,正如奈达和泰伯所强调:"翻译就是用最贴切自然的语言在译文中再现原文的信息,首先是意义上的再现,其次是风格上的再现。"（Nida & Taber 2004:12）因此可以这样说,若译文不能再显原文的文体风格,即使它传达了原文的思想内容,也很难说是合格的或优秀的译文。比如邓小平那句掷地有声的名言:"发展才是硬道理",10 年前有学者曾提供三种译文:

1. Development is the only way.
2. Development is the top priority.

3. Development leads to prosperity. [①]

平心而论,这三种译文都基本表达了原文的意思,但都没有表现出小平同志说这句话的背景和气势,或者说没有表现出说话人的大家风格。小平同志说这句话时是在改革开放之初,有人对大力发展经济尚不理解,提出了"姓社姓资"的问题。针对这种阻力,小平同志先是含蓄地说:"不管白猫黑猫,抓住老鼠就是好猫"(What matter black cat, white cat? So long as it catches mice it's a good cat),然后干脆地说"发展才是硬道理"。所以笔者曾将这句话翻译成 Whether socialism or capitalism, developing economy is the first *ism*.

最后,请同学们比较下面三段不同文体风格的原文和相应的译文。

一、迪拉德《飞蛾之死》(片断)

I live alone with two cats, who sleep on my legs. There is a yellow one, and a black one whose name is Small. In the morning I joke to the black one, Do you remember last night? So you remember? I throw them both out before breakfast, so I can eat.

我一人独居,有两只猫做伴,它们爱睡在我怀中。两只猫一黄一黑,黑猫叫"小不点儿"。早上我会对"小不点儿"开玩笑:还记得昨晚吗?这么说你还记得?我总是在早餐前将它俩扔出屋子,这样我才能用餐。(曹明伦译)

二、培根《论真理》(片断)

It is a pleasure to stand upon the shore and to see ships tossed upon the sea; a pleasure to stand in the window of a castle and to see a battle and the adventures thereof below; but no pleasure is comparable to the standing upon the vantage-ground of truth and to see the errors and wanderings and mists and tempests in the vale below.

登高岸濒水伫观舟楫颠簸于海上,不亦快哉;踞城堡依窗凭眺两军酣战于脚下,不亦快哉;然绝无任何快事堪比凌真理之绝顶,一览深谷间的谬误与彷徨,迷雾与风暴。(曹明伦译)

---

① 参见:《中国翻译》,1998(1):37.

三、四川民歌一首

要吃川菜你莫怕辣，	Wanting Sichuan food, no fear of hot-peppers,
四川人吃辣是行家，	We Sichuan people are all good pepper-eaters.
一碟麻婆豆腐你就冒大汗，	The Mapo bean-curd will make your sweat run,
半碗担担面辣了你嘴巴；	The chill-pepper noodle will burn up your tongue.
还有虎皮小海椒，	Another kind of chili is small and dear,
咬一口半年还怕它。	Yet a piece of it will heat you half a year.
要说辣，你不用怕，	But don't be afraid still of the hot-pepper,
四川人就是火辣辣，	Our Sichuan people all have a hot-temper.
不是吹牛说大话，	It's not a joke and not a boast,
不火不辣不是四川娃。	Without the hot, you aren't a Sichuan host.
爱也爱得火辣辣，	Our love is hot, and hot, hot, hotter,
恨也恨得火辣辣，	Our hate is hot, and hot, hot, hotter.
火辣辣的脾气谁不夸，	Our temper is praised as being the better, best,
火辣辣的故事传天下，	Our hot stories spread to east and west.
幺妹谈情说爱情似炉中火，	The Sichuan girls in love have burning heart,
小伙儿见了姑娘反倒羞答答，	That makes lads shy and be in the cart.
要是我摆起了龙门阵，	If I tell you stories in our days of yore,
你吃起辣椒也忘了辣。	You'll forget the sting and eat pepper more!

Translated by Cao Minglun

参考文献：

1. Nida Eugene A. & Charles R. Taber. The Theory and Practice of Translation [M]. Shanghai：Shanghai Foreign Language Education Press，2004.
2. 曹明伦.翻译之道：理论与实践[M].保定：河北大学出版社,2007.
3. 黄忠廉.翻译本质论[M].武汉：华中师范大学出版社,2000.
4. 金圣华.认识翻译真面目[M].香港：天地图书有限公司,2002.
5. 彭卓吾.翻译学：一门新兴的学科[M].北京：北京图书馆出版社,2000.
6. 许　钧.翻译论[M].武汉：湖北教育出版社,2003.

7. 余光中. 余光中谈翻译[M]. 北京：中国对外翻译出版公司，2002.

经典作品选译
【原文一】

The Two Roads

John Ruskin

It was New Year's Night. An aged man was standing at a window. He raised his mournful eyes towards the deep blue sky, where the stars were floating like white lilies on the surface of a clear calm lake. Then he cast them on the earth, where few more hopeless people than him now moved towards their certain goal—the tomb. He had already passed sixty of the stages leading to it, and he had brought from his journey nothing but errors and remorse. Now his health was poor, his mind vacant, his heart sorrowful, and his old age short of comforts.

The days of his youth appeared like dreams before him, and he recalled the serious moment when his father placed him at the entrance of the two roads—one leading to a peaceful, sunny place, covered with flowers, fruits and resounding with soft, sweet songs; the other leading to a deep, dark cave, which was endless, where poison flowed instead of water and where devils and poisonous snakes hissed and crawled.

He looked towards the sky and cried painfully, "O youth, return! O my father, place me once more at the entrance to life, and I'll choose the better way!" But both his father and the days of his youth had passed away.

He saw the lights flowing away in the darkness, and these were the days of his wasted life; he saw a star fall from the sky and disappear, and this was the symbol of himself. His remorse, which was like a sharp arrow, struck deeply into his heart. Then he remembered his friends in his childhood, who entered on life together with him. But they had made their way to success and were now honoured and happy on this New Year's Night.

The clock in the high church tower struck and the sound made him remember his parents' early love for him. They had taught him and prayed to God for his good. But he chose the wrong way. With shame and grief he dared no longer look towards that heaven where his father lived. His darkened eyes were full of tears, and with a despairing effort, he burst out a cry:"Come back, my early days! Come back, my lost youth!"

And his youth did return, for all this was only a dream, which he had on New Year's Night. He was still young though his faults were real; he had not yet entered the deep, dark cave, and he was still free to walk on the road which leads to the peaceful and sunny land.

Those who still linger on the entrance of life, hesitating to choose the right road, remember that when years are passed and your feet stumble on the dark mountains, you will cry bitterly, but in vain: "O youth, return! Oh give me back my early days!"

【译文】

两 条 路

[英] 约翰·罗斯金　著　曹明伦　译

那是个新年之夜。一位老人伫立在窗边。他抬起双眼,把悲哀的目光投向蓝幽幽的天幕。夜空像一个清澈静谧的大湖,星星像一朵朵百合花漂在湖面。然后他把目光投向大地,此刻走向其必然终点(坟墓)的芸芸众生中很少有人比他更为绝望。在通往坟墓的旅途中,老人已度过了六十载春秋,而他从这漫漫旅途带向坟墓的,除了过失和悔恨,别无他物。他的健康失去了,他的头脑空虚了,他的心灵充满了悲哀,他偌大一把年岁却少有慰藉。

青春时代梦幻般地浮现在他眼前。他回想起那个庄严的时刻,父亲把他领到两条路的岔口——一条路通向和平安宁、阳光明媚的世界,那里有遍地鲜花,满园果实,四处洋溢着柔和悦耳的歌声;另一条路则通向黑暗的无底深渊,那里流淌的是毒浆而不是清水,那里有张牙舞爪的恶魔和嘶嘶蹿动的毒蛇。

老人又抬起目光,仰天悲叹:"青春哟,归来吧!父亲哟,请把我重新置于生活的起点,我会选择那条更好的道路!"可他父亲和他的青春年华都早已逝去。

他看见几道光亮掠过沉沉黑夜,渐渐泯没。这些光点就是他虚度的年华。他看见一颗流星划过渺渺夜空,倏然消失。这颗流星就是他生命的象征。悔恨犹如一支利箭,深深扎入他的心灵。这时他想起了儿时的伙伴,他们曾同他一道踏上人生旅程,可伙伴们都选择了那条通往成功的道路。在此新年之夜,他们正在享受荣誉和幸福。

高挂在教堂钟楼上的大钟鸣响,钟声使老人想起了父母早年对他的爱。他们曾给予他多少教诲,又为他做了多少祈祷!可他却选择了那条歧途歪路。怀着羞愧与悲伤,他不敢再仰望茫茫夜空,因为那是他父亲居住的天国。他黯淡的双眼充满了泪水,绝望中他鼓足余力高声呼唤:"归来兮,我虚度的年华!归来兮,我逝去的青春!"

他的青春果真归来了,因为刚才的一切不过是他新年之夜的一场梦。虽说他梦中所追悔的过失是真的,但他还年轻,他还没有坠入那黑暗的深渊,他还有自由选择那条通往和平与光明的道路。

你们,还在生活的起点上徘徊的你们;你们,还在道路的分岔口踌躇的你们!请记住吧:当年华流逝,而你们却失足于荒山野岭时,你们也会痛苦而徒然地呼唤:"归来兮,我虚度的年华!归来兮,我逝去的青春!"

【原文二】

Of Studies

Francis Bacon

STUDIES serve for delight, for ornament, and for ability. Their chief use for delight, is in privateness and retiring; for ornament, is in discourse; and for ability, is in the judgment and disposition of business. For expert men can execute, and perhaps judge of particulars, one by one; but the general counsels, and the plots and marshalling of affairs, come best, from those that are learned. To spend too much time in studies is sloth; to use them too much for ornament, is affectation; to make judgment wholly by their rules, is the humor of a scholar. They perfect nature, and are perfected by experience: for natural abilities are like natural plants, that need proyning, by study; and studies themselves, do give forth directions too much at large, except they be bounded in by experience. Crafty men contemn studies, simple men admire them, and wise men use them; for they teach not their own use; but that is a wisdom without them, and above them, won by observation. Read not to contradict and confute; nor to believe and take for granted; nor to find talk and discourse; but to weigh and consider. Some books are to be tasted, others to be swallowed, and some few to be chewed and digested; that is, some books are to be read only in parts; others to be read, but not curiously; and some few to be read wholly, and with diligence and attention. Some books also may be read by deputy, and extracts made of them by others; but that would be only in the less important arguments, and the meaner sort of books, else distilled books are like common distilled waters, flashy things. Reading maketh a full man; conference a ready man; and writing an exact man. And therefore, if a man write little, he had need have a great memory; if he confer little, he had need have a present wit: and if he read little, he had need have much cunning, to seem to know, that he doth not. Histories make men wise; poets witty; the mathematics subtile; natural philosophy deep; moral grave; logic and rhetoric able to contend. Abeunt studia in mores. Nay, there is no stond or impediment in the wit, but may be wrought out by fit studies; like as diseases of the body, may have appropriate exercises. Bowling is good for the stone and reins; shooting for the lungs and breast; gentle walking for the stomach; riding for the head; and the like. So if a man's wit be wandering, let him study the mathematics; for in demonstrations, if his wit be called away never so little, he must begin again. If his wit be not apt to distinguish or find differences, let him study the Schoolmen; for they are cymini sectores. If he be not apt to beat over matters, and to call up one thing to prove and illustrate another, let him study 197 the lawyers' cases. So every defect of the mind, may have a special receipt.

【译文】

谈读书

[英]培根 著 曹明伦 译

读书之用有三：一为怡神旷心，二为增趣添雅，三为长才益智。怡神旷心最见于蛰伏幽居，增趣添雅最见于高谈雄辩，而长才益智则最见于处事辨理。虽说有经验者能就一事一理进行处置或分辨，但若要通观全局并运筹帷幄，则还是博览群书者最能胜任。读书费时太多者皆因懒散，寻章摘句过甚者显矫揉造作，全凭书中教条断事者则乃学究书痴。天资之改善须靠读书，而学识之完美须靠实践；因天生资质犹如自然花木，需要用学识对其加以修剪，而书中所示则往往漫无边际，必须用经验和阅历界定其经纬。讲究实际者鄙薄读书，头脑简单者仰慕读书，唯英明睿智者运用读书，这并非由于书不示人其用法，而是因为其用法乃一种在书之外并高于书本的智慧，只有靠观察方可得之。读书不可存心吹毛求疵，不可尽信书中之论，亦不可为己言掠辞夺句，而应该斟酌推敲，钩深致远。有些书可浅尝辄止，有些书可囫囵吞枣，但有少量书则须细细咀嚼，慢慢消化；换言之，有些书可只读其章节，有些书可大致浏览，有少量书则须通篇细读并认真领悟。有些书还可以请人代阅，只取代阅人所作摘录节要；但此法只适用于次要和无关紧要的书，因浓缩之书如蒸馏之水淡而无味。读书可使人充实，讨论可使人敏锐，笔记则可使人严谨；故不常做笔记者须有过目不忘之记忆，不常讨论者须有通权达变之天资，而不常读书者则须有狡诈诡谲之伎俩，方可显其无知为卓有见识。读史使人明智，读诗使人灵透，数学使人精细，物理学使人深沉，伦理学使人庄重，逻辑修辞则使人善辩，正如古人所云：学皆成性[①]；不仅如此，连心智上的各种障碍都可以读适当之书而令其开豁。身体之百病皆有相宜的调养运动，如滚球有益于膀胱和肾脏，射箭有益于肺部和胸腔，散步有益于肠胃，骑马有益于大脑等等；与此相似，若有人难聚神思，可令其研习数学，因在演算求证中稍一走神就得重来一遍；若有人不善辨异，可令其读经院哲学，因该派哲学

---

① 语出奥维德《列女志》第15篇第83行。

家之条分缕析可令人不胜其烦；而若是有人不善由果溯因之归纳，或不善由因及果之演绎，则可令其阅读律师之案卷；如此心智上之各种毛病皆有特效妙方。

【原文三】

The American Scholar (Excerpt)

Ralph Waldo Emerson

None is quite perfect. As no air-pump can by any means make a perfect vacuum, so neither can any artist entirely exclude the conventional, the local, the perishable from his book, or write a book of pure thought, that shall be as efficient, in all respects, to a remote posterity, as to cotemporaries, or rather to the second age. Each age, it is found, must write its own books; or rather, each generation for the next succeeding. The books of an older period will not fit this.

Yet hence arises a grave mischief. The sacredness which attaches to the act of creation, the act of thought, is transferred to the record. The poet chanting was felt to be a divine man: henceforth the chant is divine also. The writer was a just and wise spirit: henceforward it is settled the book is perfect; as love of the hero corrupts into worship of his statue. Instantly, the book becomes noxious: the guide is a tyrant. The sluggish and perverted mind of the multitude, slow to open to the incursions of Reason, having once so opened, having once received this book, stands upon it, and makes an outcry, if it is disparaged. Colleges are built on it. Books are written on it by thinkers, not by Man Thinking; by men of talent, that is, who start wrong, who set out from accepted dogmas, not from their own sight of principles. Meek young men grow up in libraries, believing it their duty to accept the views which Cicero, which Locke, which Bacon, have given; forgetful that Cicero, Locke, and Bacon were only young men in libraries when they wrote these books.

Hence, instead of Man Thinking, we have the bookworm. Hence, the book-learned class, who value books, as such; not as related to nature and the human constitution, but as making a sort of Third Estate with the world and the soul. Hence, the restorers of readings, the emendators, the bibliomaniacs of all degrees.

Books are the best of things, well used; abused, among the worst. What is the right use? What is the one end which all means go to effect? They are for nothing but to inspire. I had better never see a book than to be warped by its attraction clean out of my own orbit, and made a satellite instead of a system. The one thing in the world, of value, is the active soul. This every man is entitled to; this every man contains within him, although in almost all men obstructed and as yet unborn. The soul active sees absolute truth; and utters truth, or creates. In this action it is genius; not the privilege of here and there a favorite, but the sound estate of every man. In its essence it is progressive. The book, the college, the school of art, the institution of any kind, stop with some past utterance of genius. This is good, say they—let us hold by this. They pin me down. They look backward and not forward. But genius looks forward: the eyes of man are set in his forehead, not in his hindhead: man hopes: genius creates. Whatever talents may be, if the man create not, the pure efflux of the Deity is not his; cinders and smoke there may be, but not yet flame. There are creative manners, there are creative actions, and creative words; manners, actions, words, that is, indicative of no custom or authority, but springing spontaneous from the mind's own sense of good and fair.

On the other part, instead of being its own seer, let it receive from another mind its truth, though it were in torrents of light, without periods of solitude, inquest, and self-recovery, and a fatal disservice is done. Genius is always sufficiently the enemy of genius by over-influence. The literature of every nation bears me witness. The English dramatic poets have Shakespearized now for two hundred years.

Undoubtedly there is a right way of reading, so it be sternly subordinated. Man Thinking must not be subdued by his instruments.

Books are for the scholar's idle times. When he can read God directly, the hour is too precious to be wasted in other men's transcripts of their readings. But when the intervals of darkness come, as come they must—when the sun is hid, and the stars withdraw their shining—we repair to the lamps which were kindled by their ray, to guide our steps to the East again, where the dawn is. We hear, that we may speak. The Arabian proverb says, "A fig tree, looking on a fig tree, becometh fruitful."

It is remarkable, the character of the pleasure we derive from the best books. They impress us with the conviction, that one nature wrote and the same reads. We read the verses of one of the great English poets, of Chaucer, of Marvell, of Dryden, with the most modern joy— with a pleasure, I mean, which is in great part caused by the abstraction of all *time* from their verses. There is some awe mixed with the joy of our surprise, when this poet, who lived in some past world, two or three hundred years ago, says that which lies close to my own soul, that which I also had well-nigh thought and said. But for the evidence thence afforded to the philosophical doctrine of the identity of all minds, we should suppose some preestablished harmony, some foresight of souls that were to be, and some preparation of stores for their future wants, who lay up food before death for the young grub they shall never see.

I would not be hurried by any love of system, by any exaggeration of instincts, to underrate the Book. We all know, that, as the human body can be nourished on any food, though it were boiled grass and the broth of shoes, so the human mind can be fed by any knowledge. And great and heroic men have existed who had almost no other information than by the printed page. I only would say that it needs a strong head to bear that diet. One must be an inventor to read well. As the proverb says, "He that would bring home the wealth of the Indies, must carry out the wealth of the Indies." There is then creative reading as well as creative writing. When the mind is braced by labor and invention, the page of whatever book we read becomes luminous with manifold allusion. Every sentence is doubly significant, and the sense of our author is as broad as the world. We then see, what is always true, that, as the seer's hour of vision is short and rare among heavy days and months, so is its record, perchance, the least part of his volume. The discerning will read, in his Plato or Shakespeare, only that least part—only the authentic utterances of the oracle; all the rest he rejects, were it never so many times Plato's and Shakespeare's.

Of course, there is a portion of reading quite indispensable to a wise man. History and exact science he must learn by laborious reading. Colleges, in like manner, have their indispensable office—to teach elements. But they can only highly serve us, when they aim not to drill, but to create; when they gather from far every ray of various genius to their hospitable halls, and, by the concentrated fires, set the hearts of their youth on flame. Thought and knowledge are natures in which apparatus and pretension avail nothing. Gowns and pecuniary foundations, though of towns of gold, can never countervail the least sentence or syllable of wit. Forget this, and our American colleges will recede in their public importance, whilst they grow richer every year.

【译文】

论美国学者(节选)

［美］爱默生 著　　曹明伦 译

　　凡事皆无绝对之完美。正如气泵无论如何也抽不出绝对真空一样，任何大师都不可能从其书中完全排除习俗、地域和应时应景的影响，或者说都不可能写出纯思想之书——那种在方方面面都能像对其同代人或下代人一样对遥远的后代也有直接作用的书。人们发现，每个时代必须写每个时代的书，更确切地说，每代人都必须为下一代人而写。远古时代的书籍对当今时代也许并不合用。

　　不过一种苦弊也由此而生。附于创作行为或思想行为的高贵神圣往往会被转换成历史纪录。吟唱诗人曾被视为圣人，此后其吟唱之歌亦被视为圣歌。作者曾富有正义而智慧之精神，此后其书则被确认为完美之书，恰如对英雄的热爱蜕变成对其雕像的崇拜。结果书籍随即变成有害之物，思想导师随之沦为暴君。大众迟钝而扭曲的头脑，那些不易为智慧之光开启的头脑，一旦这样被开启，一旦接受这种书籍，便会对其产生依赖，而倘若这种书籍遭人菲薄，他们就会大声抗议。我们的大学就建立在这样的基础上。书也是在此基础上由思考者写成，不是由善思者，而是由能干的思考者，即那些从错误的基础出发，以公认的教条为据，而不着眼于自己对原理法则之领悟的人。谦恭的后生在图书馆里成长，以为他们的义务就是去接受西塞罗、洛克和培根表达的观点，而忘了西塞罗、洛克和培根当年写这些书时，也只是图书馆里的后生。

于是我们培养的不是善思者，而是书呆子。于是便有了那种只顾惜书的书本知识阶级，他们不愿涉及自然和人性，而想要形成某种与人世和心灵相对的第三阶层。于是便有了拥有各级学位的补遗者、校勘家和藏书狂。

被善用之书乃精华之物，被滥用之书则秕糠不如。那么何谓善用呢？什么是那个千方百计要达到的唯一目标呢？书的作用无非是给人以启迪。与其让书的引力使我偏离自己的轨道，从而成为一颗卫星而不是一个星系，那我宁愿从不读书。世间唯一可贵之物乃活跃之心灵。这心灵人人都可拥有，因为它就在每个人胸中，不过对大多数人来说，它受到阻梗，尚未开启。活跃之心灵能看见绝对真理，并能阐述或创建原理法则。在这种活动中，心灵即天资；天资并非某些幸运儿的特权，而是人皆有之的合法资产。究其本质，心灵具有革新性。而我们的书本、大学、艺术社团和各种机构却往往因过去某位天才的一句话而裹足不前。他们会说——此言极是，我们且遵而循之。他们就这样把我束缚。这些人总是顾后，而不是瞻前。可天才总是瞩目前方，因为人的眼睛不是长在脑后，而是长在额前。所以人会希冀，天才会创造。若一个人不创造，那无论其天资有多高，也不可能沐浴纯洁的圣光。他心中也许有冒烟的炭屑，但毕竟尚未形成火焰。世间不乏具有创造性的方法、行为和言辞。所谓具有创造性，即这些方法、行为和言辞表明它们并非以习俗惯例或权威经典为据，而是从心灵之良知自发而出。

另一方面，若心灵不成为自己的先知，而且从另一心灵接受真理时又不静思自省，融会贯通，那么即便那真理之光光芒四射，其结果也是有害无益。大凡天才之名过盛则足以成天才之大敌。各国文学均能证明我此说不谬。200年来，英国的戏剧诗人一直都在效仿莎士比亚。

世上无疑有一种正确的读书方法，即让书严格地服从读者。善思者切不可盲从于所读之书。书籍本为学者闲时所用。能直接领悟上帝之书，就不该耗费宝贵的时间去读他人的读书笔记。但人孰能无惑，当偶尔困惑袭来时——当太阳被遮蔽，群星也敛其光芒时——我们便可到那些由阳光星光点亮的书灯之下，凭借其指引再次走向黎明所在的东方。有则阿拉伯谚语说："一株无花果树注视另一株无花果树，结果自己便硕果累累。"

我们从好书中获得的那种喜悦可谓非凡。好书会使我们铭记这种信念：作者读者天性相通。读英国大诗人乔叟、马维尔或德莱顿的诗篇时，我们会感到一种颇具现代气息的喜悦——我是说一种在很大程度上因他们的诗篇把"时间"抽象化而产生的喜悦。我们的惊喜交加中会掺杂几分敬畏，因那位生活在过去世界的诗人，那位生活在 200 年前或 300 年前的诗人，竟然说出如此贴近我心灵的话，说出我几乎也能想到并说出的话。但若要为这种心灵相通提供哲学上的证据，我们就应该假设存在着某种前定和谐①，存在着某种对未来心灵的预见，存在着某种供这些心灵将来之需的储备。这就像我们观察昆虫时注意到的那个细节：成虫在死之前会为它们永远也见不到的幼虫贮存好食物。

我不能因对秩序的热爱和对直觉的夸饰就遽然低估书的作用。众所周知，人体可从任何食物中摄取营养，哪怕是从煮熟的野草或皮鞋炖的汤，而人的心灵也同样可以从任何知识中汲取营养。世上一直都有除书本知识外几乎一无所知的伟才英杰。不过我想说，要忍受这种食物，你得有个健全的头脑。善读书者一定是创新者。就像有则谚语所说："要想把印度的财富搬回家，首先得让那财富为你所有。"因此，除了创造性的写作外，还得有创造性的阅读。当心灵被努力和创造力振奋时，我们读的任何一本书都会页页生辉，都会给予我们各种启示。这时每个句子都会显得更有意义，作者的见识也会显得无比广博。于是我们会看到一种由来已久的实情，即在沉闷的岁月里，先贤们往往也只是灵光乍现，因此记录其真知灼见的文字可能只占其著作的极少部分。明智者读柏拉图或莎士比亚总是只读这极少部分，只读先贤真想说的那一部分，而将其余部分略去，即使略去的部分也绝对出自柏拉图和莎士比亚的手笔。

---

① 前定和谐（又译"先定和谐"或"预定和谐"）是德国哲学家莱布尼茨的"单子论"用语。莱布尼茨所谓的"单子"即不可分割、不占空间、能自由运动并独立存在的精神实体，他认为独立而封闭的单子本身不会相互作用，相互影响，但由于上帝在创世时已作了预先安排，所以单子间存在一种和谐秩序，这便是单子的"前定和谐说"。——译者注

当然,对明智者来说,有些书非读不可。比如对历史和科学著作,你就必须靠苦读方能融会贯通。同样,大学也有其非尽不可的职责,那就是传授基础知识。但大学可以发挥更大的作用,只要它们的目标不仅仅是基础训练,而是鼓励创造;只要它们把天下英才的智慧之光都聚于校园宜人的厅堂,并用这凝聚之火去点燃莘莘学子年轻的心灵。思想和知识乃自然之物,仪器和自负都无助于对其之获取。价值万金的学位服和教学基金也抵不过用寥寥数语表述的真知灼见。若忘记这点,即使我们美国大学的资金投入会逐年增多,其社会价值也会逐年减少。

推荐阅读书目:

1. 曹明伦.英汉翻译实践与评析[M].成都:四川人民出版社,2007.
2. 刘重德(编著).文学翻译十讲[M].北京:中国对外翻译出版公司,1991.
3. 钱歌川(编著).翻译的技巧[M].北京:商务印书馆,1981.
4. 许渊冲.翻译的艺术[M].北京:中国对外翻译出版公司,1984.
5. 余光中.余光中谈翻译[M].北京:中国对外翻译出版公司,2002.

复习思考题:

1. 何谓翻译?
2. 何谓笔译?
3. 你做翻译练习时遇到过在词典中查不到贴切字眼的情况吗?遇到这种情况你怎么解决的?
4. 你认为一名合格的译者应该具备什么样的条件?
5. 谈谈你比较最后三段不同文体风格的原文和相应译文之后的体会。

（曹明伦）

口译简介

1. 口译简史(Brief History of Interpreting)

口译的历史几乎与人类自身的历史一样源远流长。当语言不通的部落之间因战争、贸易、生产、宗教祭祀、异族通婚等事件进行跨部落、跨语际的交往之时,夹杂着大量手势和其他表达方式的非正式口译活动就业已出现。在西方,最早以某种方式被记录下来的口译活动出现在公元前3000多年的古埃及法老(Pharaoh)统治时代,距今已有五千多年的历史。在我国,与周边各国的交往可追溯至夏商时期。"夏启即位七年于夷来宾"与"少康即位三年方夷来宾"等记载,说明早在公元前21世纪我国就有了需有译员在场的外交活动。(黎难秋,2002:1)公元前11世纪的周朝时期也已有了通过"重译"(多重口译)而进行交流的史实。(陈福康,2000:2—3)从一定程度上说,如果没有"陈说内外之言""能达异方之志"的译员的努力,人类跨越民族、种族、国界和地区的物质文明与精神文明的交流将成为"不可能完成的任务"。

尽管口译实践活动历史悠久,但口译的职业化则始于20世纪初。在此之前,重大国际会议和外交场合的工作语言是法语,并无大规模使用口译人员的必要。但随着国际交流的日益增多,法语渐渐失去了在国际外交事务中唯我独尊的地位,英语迅速崛起成为另一种通用语言。1919年的"巴黎和会"被公认为是口译职业化的肇始标志,这不仅是因为英语与法语一道成为此次会议的工作语言,打破了法语在国际舞台上一统天下的局面,还因为这也是在国际会议中首次较大规模使用交替传译译员,而且译员开始在工作时熟练运用各种可供推广的口译技巧。

在两次世界大战期间,交替传译仍是占主导地位的口译形式。1926年两位美国工程师发明了一套同传设备,并与IBM公司一道获得这项技术发明的专利。同声传译的第一次大规模使用是在1945年的纽伦堡军事法庭审判期间,当时因审判涉及英、法、德、俄四种语言,如使用交传将极其费时耗力。同传的成功使得几种语言同时使用成为可能,极大地节约了时间,提高了工作效率,从此这一新颖的口译形式被迅速推广,并于1947年开始被联合国接纳。现在,同传已成为许多大型国际会议所采用的口译形式。同传设备的发明被认为是迄今为止口译史上最重要的发明。

在中国,口译实践的日趋活跃以及对口译人员需求的增多以1971年我国重返联合国为起始标志,但口译事业的快速发展应该是在改革开放之后。自80年代以来,我国国际地位日益提升,对外开放日趋深入,我们与其他国家和地区在政治、经济、文化、教育、体育、科技等各个领域的交流与合作以前所未有的速度蓬勃发展。与此相适应的是对各类、各层次口译人才的急切呼唤。在90年代中期以前,在各种对外交流活动中占主导地位的口译形式是交传。从90年代后期开始,特别是进入21世纪以来,大型国际会议的口译工作大多由同传译员来完成。但是,在外事会见、商务谈判、新闻发布会、大型户外活动,以及各种陪同口译、联络口译活动中,交传依然是主要的口译方式。

2. 口译的定义 (Definition of Interpreting)

据《大英百科全书》(*Encyclopaedia Britannica*) 的注释,"interpreting"或"interpretation",来自拉丁语,其动词形式 *interpretari* 的意思是"解释""阐述"(to explain, to expound),*interpres* 则是其名词形式,指"代理""中介"或"阐释者"(an agent, go-between, interpreter)。总体来讲,"interpreting"或"interpretation"是指以口头表达方式为主要媒介(有时也包括非言语方式),在不同语言之间实现意义转换和重新表达的跨语言跨文化的交际行为。

在许多国家,"interpreting"这一术语还包括了手语翻译(sign language interpreting)这一传译类型,但在汉语里由于"口译"一词使用了"口"字而对此类型无法体现。目前,中国手语翻译的使用量和受关注度都极其有限。

在中国口译圈内,一般习惯把从事笔译工作的人称为"译者",把从事口译工作的人称作"译员"。

3. 口译的分类 (Classification of Interpreting)

口译有不同的分类方法,这里介绍最主要的几种。

(1) 根据译员的(时间)工作模式,口译可分为交替传译(consecutive interpreting, CI)和同声传译(simultaneous interpreting, SI)。

交替传译也称连续口译、即席口译、即席传译(台湾地区也称为"逐步口译"),简称"交传"或"连传",是指译员在讲话人讲完一段话停下来的间隙进行口译,讲话人等译员完成该段话语的翻译后又接着往下说,并在适当的时候再次停顿让译员翻译,如此循环往复。换言之,讲话人和译员交替"发言",完成各自的讲话或翻译。

同声传译又称同步口译、同步传译(港台地区也称"即时传译"),简称"同传",是指译员在不打断讲话人讲话的情况下将其所说话语不停顿地传译给听众,讲话人的"说"与译员的"译"几乎同步开始,同时结束,译员只是稍稍滞后于讲话人。同声传译一般包括以下几种:

常规会议同传(regular conference SI) 指译员在同传间(booth)通过耳机接听会场上讲话人的发言信息,透过面前的玻璃窗或监视器监看发言人和会场的情况,并以稍稍滞后于讲话人的速度将其话语传译进同传间的话筒,会场的听众通过耳机接听自己选择的语种的翻译内容。

耳语同传(whispered interpreting or chuchotage) 常常发生在只有一两个人(一般不超过3人)需要口译服务的情况下,无须使用同传设备,译员也不必待在同传箱,而是坐在需要翻译服务的人身边,将讲话人发言的内容以耳语的方式传译给他们。

还有一种被称为视译(sight interpreting)的口译形式,可根据具体情况分别归属交传或同传。如果译员将现场提供的文字材料逐段阅览或全文通看一遍后口译给在场的听众,这种情况属于交传中的视译;如果译员拿着讲话人的书面发言稿原文,一边听讲话人的发言,一边看稿,一边传译,就属同传中的视译。

手语翻译(sign language interpreting) 也可视情况采用同传或交传的方式,是指发生在有声语言(a spoken language)和手语(a sign language)之间,亦即听人(hearing people)与聋哑人之间,以及不同手语之间的传译形式。

(2) 根据译员的(空间)工作模式,即交际各方(译员与当事人)是否同时在场的情况,口译又可分为现场口译(live interpreting)和远程口译(remote interpreting)。前者是指当事双方和译员三方同时在场的口译活动;后者指三方分处两地或三地,译员通过电话、视频、互联网等多媒体手段接收信息并进行传译的口译形式。

(3)按口译活动发生的具体场景和主题内容,口译可分为会议口译(conference interpreting)、外交口译(diplomatic interpreting)、医疗/医学口译(medical interpreting)、商务口译(business interpreting)、陪同口译(escort interpreting)、导游口译(guide interpreting)、法庭/法律口译(court/legal interpreting)等等。

(4)根据口译活动的性质和正式程度,口译还可被粗略地分为会议口译(conference interpreting)和联络口译(liaison interpreting)两大类。一般来讲,会议口译是指在各种正式会议、会晤、谈判、讲座、酒会、各种正式仪式(如开闭幕式)或其他大型活动中以交传或同传方式进行的口译活动类型;联络口译是指发生在社区、医院、学校、旅游景点、公司企业、生产或建设工地等场合,由译员以双向即席传译的方式所进行的口译类型。有时也称"对话口译"(dialogue interpreting)或"陪同口译"(escort interpreting)。

4. 口译的特点(Characteristics of Interpreting)

口译的基本特点主要体现在以下方面:

(1)口译工作的时效性和即席性 口译是一项时效性很强的语言交际活动,这一方面表现在讲话人话语的一次性和转瞬即逝性,另一方面则表现为译员译语生成的即时性。从理论上讲,口译的过程可分为信息的输入、处理、输出几个步骤,但这几项工作是在极短时间内发生并完成的。译员不可能像笔译人员那样可以对输入的信息仔细斟酌,反复推敲。尽管译员偶尔可以就没有听懂,或是遗忘的内容请讲话人予以重复、解释,但这样的情况并不允许经常发生。而译员的翻译往往也是一言既出、驷马难追,更是体现出口译工作的时效性和即席性。

(2)口译工作的不可预测性和独立性 口译是一项独立性、不可预测性很强的信息交流活动。译员通常不可能像笔译人员那样可以自行选择工作场地,遇到问题时可查阅相关资料,向他人请教,或是在翻译时先易后难,先简后繁,而是在绝大多数情况下只能依靠单打独斗来完成任务。无论译员进行了怎样细致的译前准备,依然可能在工作中遭遇这样或那样难以预知的问题,尽管在少数情况下译员可以请他人提供一点帮助,但在绝大多数时间里译员必须依靠自己的能力,独立完成语符转换和跨文化协调的中介任务。

(3) 信息内容的多元性和广泛性　译员在口译工作中要应对处理的信息可谓包罗万象,有语言文化知识方面的问题,有专业领域的问题,还有百科知识方面的问题。尽管译员在一定程度上可以称得上是两种语言文化的专家,但在口译过程中依然可能会被某个陌生的单词术语卡住,无法理解或是理解了却无法传译出讲话人即兴讲出的双关语、幽默笑话等文化内涵丰富的话语内容。而且,尽管译员在事前对话题和相关专业知识进行了精心准备,讲话人讲话内容的广博性依然可能超出他/她的预期。难怪口译圈有这样一种流传甚广的说法:"An interpreter should know something about everything and everything about something."

(4) 使用语言的口语性　由于口译活动的时效性和现场性,译员使用的往往是瞬间想到的临时对应语词来表达转瞬即逝的内容,而且译语在说出的一瞬间就要明白易懂,因此译员的语言常常体现出口语体的特点。例如,在词汇层次,多使用常用词、小词、单音节词或少音节词;在句法层次,常使用较为简短、结构较松散、灵活的句式,多使用单句、并列句,以及简洁的主从复合句,较少使用过于冗长、结构过于复杂的句式。

(5) 译员技能的综合性　译员技能的综合性主要体现在听、视、记、写、读、说等方面的能力。"听"是译员接收信息的主要渠道,合格的译员必须做到在绝大多数情况下对讲话人信息的一次性听解。"视"既包括对讲话人多媒体文字图表等信息的接收和理解,也包括对讲话人非言语信息(比如面部表情、手势等体态语)的留意,还有对现场听众反馈的观察。"记"是指译员的记忆能力,包括对平日积累的各种语言和非语言知识的长期记忆,以及现场翻译时对讲话人话语内容的短期记忆。此处的"写"专指口译笔记。无论一个译员的短期记忆能力有多强,笔记依然是他/她必须学会的技巧。"读"主要是指译员要具备快速浏览、阅读并理解视译材料和现场演示的 PPT 等文字和图表信息的能力。"说"当然就是指译员能够快速使用至少两种工作语言进行准确、流畅、清楚的表达。

5. 口译的标准(Criteria of Interpreting)

由于口译活动的"现场性""即时性"和译员工作的"独立性"等特点，人们一般将"准、顺、快"作为口译的基本标准。

"准" 是指在传达讲话人的"真情实意"时要完整准确，具体是指：(1)忠实反映讲话人的内涵意义、语用意义和感情色彩(而不一定是所指意义或语法层面的意义)；(2)选词用句的可接受性；(3)传递的信息量应与讲话人的信息量等值；(4)译语的语体风格应尽量向讲话人的语体风格靠近。

"顺" 是指译语的通顺流畅。通顺是指译员传译的讲话人的话语在目的语中听起来同样明白易懂，自然地道。流畅是指发音清楚，说话流利，很少自我重复或自我修正，避免使用"uh""I mean""well"或"呃""就是说""那么呢"之类的口头禅或表犹豫不决的填补语词(hesitation fillers)，无长时间停顿，尽量做到一气呵成，等等。

"快" 这里的"快"包含几层意思：一是指反应快，快速理解讲话人的"真情实意"；其次指记笔记要快；第三，交替传译中的"快"还包括从讲话人终止讲话到译员开口翻译的时间差要短。当然，此处的"快"并不包括译员讲话的速度快。交传译员的语速不宜过快或过慢，以中速为佳。

6. 口译的方法(Reconstruction Principles)

根据口译活动的特点以及讲话人的具体情况，我们可以在口译过程中采取不同的翻译方法来传递讲话人的话语信息，主要包括直译、意译、音译、硬译、不译等。

直译(literal translation) 是指翻译时除准确传达讲话人的信息内容外还要尽量保持原话的语言形式，包括用词、句式结构和比喻等修辞手段。直译的优点在于在达意的同时还能最大限度地保留原话的语体风格和语言效果。

意译(free/liberal translation) 指在翻译时只力求传达讲话人的话语意思，并不拘泥于原话的句法结构、修辞手段等语言表达形式。由于英语和汉语在词汇、句法等方面存在很大差异，直译在许多情况下并不适用，或是效果不好，不如意译来得明了易懂。比如：

I am no Hamlet.

直译：我可不是哈姆雷特。

意译：我可不是爱犹犹豫豫的人。

如果听众多是受过高等教育的人，译员采用直译的方式没有问题。但如果听众年龄小或受教育程度不高，直译的结果就容易让人不解其意，不如意译清楚自然。

当然，如果译员希望能完整传达出其中的文化韵味，在交传中也可采取直译＋意译的方式，将上面那句话译成："我可不像莎士比亚笔下的哈姆雷特那样爱犹犹豫豫的人。"

音译（transliteration）　是指在目的语中用发音近似的字词或字母组合将原语中的语词翻译过来。音译多用于专有名称（如人名地名）、新出现的事物，以及目的语中暂无对应词的情况。汉语中有不少来自英语的音译词已为大家接受，如：酷（cool）、披头士（Beatles）、欧佩克（OPEC）、托福（TOEFL）、克隆（clone）、博客（blogger）等等。英语中也吸纳了一些来自汉语的音译词，比如 kowtow（叩头）、kungfu（功夫）、coolie/koolie（苦力）、Fengshui（风水）、tofu（豆腐），等等。

汉语中有的音译词还做到了音意兼顾，形声谐义，比如可口可乐（Coca Cola）、百事可乐（Pepsi Cola）、奔驰（Benz）、嬉皮士（Hippies）、黑客（hacker）等等。

硬译（word-for-word translation）　也称逐词对译，是指用目的语中的语词一一对应翻译原语中的语词，其结果是译语显得生硬，不够地道，但或能为听话人基本理解。一般来说，在口译过程中硬译是不值得提倡的，但由于口译活动的现场性和即时性，译员在某些万不得已的情况下，在词汇层面或个别句子上采用硬译的方式也不失为替自己解围的方法。

不译（non translation）　口译中的不译是指不用目的语中的语词译出原语中的对应语词，而是直接重复原语语词或发音，比如，"WTO""GDP"等英语缩略语早已为中国人家喻户晓，常常无须任何翻译；人名翻译有时也可只进行"原音重现"，模仿发音，不作翻译。

7. 口译人员的素质（Qualifications of Interpreters）

口译作为一项要在至少两种不同的语言文化系统中进行"传情达意"、协调沟通的操作活动，帮助人们实现跨文化交流的复杂的语言文化

行为,必然对译员的综合素质提出了很高要求。一般来讲,合格的译员应具备以下基本素质:

(1) 扎实的双语知识 是指熟练掌握两种语言并能在两者之间进行自由转换。具体地讲,这首先是指译员应该具有一次性听解能力,不仅要能一听即懂发音标准的语言,还能够听辨并理解带有浓重口音的语言,比如地方口音很重的普通话,印度人、巴基斯坦人、尼泊尔人说的英语等;其次,译员还应掌握远远多于普通双语人士的词汇量,就像一部活字典;第三,合格的译员还应该具备使用合乎目的语语法规范的地道语言进行流畅表达的能力。

(2) 广博的非语言知识 除了扎实的语言基本功外,合格的译员还必须具有宽广的知识面。译员要在不同场合与不同背景的各色人等打交道,接触各种话题,应对各种不可预见的突发情况,因此必须掌握百科全书般丰富的知识,包括常识性知识、文化知识、主题知识和语境/情景知识。学识再广博的人也存在知识盲区,而语言再好的人也可能因为相关知识的欠缺难以对讲话人的信息进行准确把握和传达。非语言知识与双语知识同等重要。

(3) 娴熟的口译技能 具体而言,译员必须熟练掌握和运用的口译技巧包括原语听辨、记忆、笔记、注意力分配、公众演讲、语言转换、数字转换、综述、应急处理、跨文化交际、译前准备等等。

原语听辨 口译的"听"不同于普通外语学习(比如听写、填空和判断对错的听力练习等)以及日常生活中的"听"。口译的"听"是为了听辨意思,得"意"忘"形"。口译初学者往往是听懂了字词却没有理解原文中表达的实际意义,也就是只注重"字词",而不是抓"实质意义",这样的习惯必须从一开始就要得到纠正。

记忆 口译是一项高强度的信息处理活动,要在很大程度上依赖译员的记忆能力来储存处理各种信息。一方面译员要利用长期记忆来储备各种知识、经验,另一方面在工作时要利用短期记忆(也称工作记忆)对正在处理的信息进行短暂储存。短期记忆对译员来说最为重要。如果讲话人持续讲话超过半分钟,很多人都很难记住全部内容,而通常情况下译员的记忆力并不比普通人更好。尽管译员通常可以借助口译笔记来减轻记忆的压力,但仍需依赖短期记忆将简单的笔记符号与刚才所听到的大量内容联系起来。同时,译员在有些情况下并不具备记笔记的条件,因此必须训练自己的短期记忆能力。

笔记 笔记是译员必须掌握的一项非常重要的技能。笔记与记忆有着紧密关系,其目的是为了减轻"脑记"的认知负荷,起到辅助记忆的作用。口译笔记与会议笔记、课堂笔记不同,更不是听写或速记,其目的不是为了供事后整理成完整的书面文字,而是为了帮助译员瞬间回忆起讲话人刚才讲过的内容,起提示和激活存储信息的作用,具有即时性、简洁性和个人性的特点。

注意力分配 口译实践最大的挑战之一就是:这是一项违反常规的、不能"一心一意",而必须"一心多用"的心智活动。译员在听解讲话人话语的同时,还要分配一定注意力做笔记。同时,译员一边阅读笔记,一边根据笔记符号回忆刚才听到的讲话内容,一边进行译语产出;而在说出译语的同时,眼睛还要扫向下面的笔记,以便在上下文之间建立起逻辑连贯,确保译语的顺畅。这期间的每项任务都需要分配一定的注意力。对于口译学生来说,"分心"的基本原则是:将较多注意力集中于对讲话人信息的理解和"脑记"上,将较少的注意力分配到笔记上,心手并用,逐渐学会"分心""一心多用"。

公众演讲 译员需要在各种场合向不同国籍、不同文化背景、人数不一的公众传译讲话人表达的信息,因而他们的工作也具有公众演讲的性质,适用于普通公众演讲的技巧也大多适用于口译。比如,普通公共演讲中所涉及的种种语言因素(语言规范、用词准确、逻辑思路清楚、表述连贯等)和非语言因素(包括音量、语速、语音语调、仪表服饰、眼神交流等)也同样是译员在交替传译中必须注意的问题。

数字转换 数字口译常常是口译中的一大"拦路虎",这主要有两大原因:一是因为数字符号往往被嵌置于语言信息中,与上下文之间并无必然联系,也往往无规律可循,很难记住;其二,英汉两种语言中表达数字的方法不尽相同,汉语中某些表数字的汉字("万""亿"等)在英语中并无直接对应词。任何话题的口译活动中都可能出现数字或数字组合,而在经济、外贸、金融、商务等话题中,数字的出现频率还非常高,因此数字口译是译员必须熟练掌握的技巧。

综述 综述是指对讲话人的话语信息进行简明扼要的概括性翻译,是对原文信息的忠实浓缩,既要涵盖原文的主要内容和有效信息,又要提纲挈领、简洁概括。综述既可作为一种口译训练手段,也可成为实际运用的口译技巧。前者是指在口译练习中,译员在听完一段或一篇完整的语篇后,用相当于原文三分之一的长度用自己的话进行概括,目的是提高学生对所听信息的驾驭和统筹能力;后者是指在实际口译工作中,有时译员应当事人或活动主办方的要求只对讲话人的话语进行概要性翻译,以节约时间。一般来讲,译员不应在工作中擅自决定进行综述性翻译。不过,综述翻译作为一种技巧却是译员应该掌握的。

应急处理 无论译员事前做了怎样的精心准备,在口译过程中依然可能出现一些意料不到的紧急情况,比如没听懂讲话人的某句话或某个单词,或是听懂了却不知如何翻译,由于精力不集中漏掉了部分内容,讲话人语速太快使得译员的脑记和手记都无法跟上,等等。而有些紧急情况则可能跟译员本身没有太多直接关系,比如当事双方突然发生激烈争吵等。当出现这些意外情况的时候,译员切忌因过分慌张而乱了分寸,而应当通过采取某种应急措施来应对这种场面。对突发情况应急处理的总的原则是:以有利于顺利推进交流并帮助双方达到交际目的为出发点。

跨文化交际意识 在口译活动中,当对彼此文化规约并不十分了解的当事双方为了某个交际目的聚在一起时,由于文化差异所造成的交际障碍就有可能发生。译员应当在平时就要不断积累双文化和多元文化知识,培养文化敏感性和跨文化交际意识,才可能在实际工作中充分发挥自己作为文化中介的协调功能,灵活主动、见机行事,在障碍尚未发生时通过提前告知、征询意见等方式及时加以预防,在障碍产生后更要积极斡旋调停,进行适当解释说明,帮助双方成功跨越语言和文化鸿沟。

译前准备 在一定程度上,上面提到的各种口译技巧的学习和提高都可被认为是译前准备的一部分,只不过这些技能属长期译前准备。短期译前准备是指译员在参加某次口译活动之前为该次任务所做的具体准备,包括主题内容和相关术语的准备、心理准备、行前准备(如着装准备、文具准备、文件准备、交通工具准备等)、工作开始前的最后准备几个部分。尽管任何一次成功的口译活动都有赖译员长期、系统的学习和经验的积累,但与译员细致充分的短期译前准备密不可分。这些准备做得充分与否将直接影响到译员的工作状态和最终的口译质量,其重要性不可小视。

(4) 过硬的心理素质 紧张和怯场是译员在刚开始涉足翻译职业时必然要经历的阶段。学习口译的学生要完成从课堂口译到职业口译的转变,要走出的最艰难的一步就包括克服面对听众时过于紧张的心态和怯场的心理。其实,面对公众时出现的紧张与焦虑属正常的心理和生理反应,人人皆有,只是程度不同而已。口译初学者一方面要了解紧张的心态人人都有,不必为此过虑,另一方面要通过掌握必要的减压技巧、大量的课堂训练和课外实习不断积累经验,逐步改善自己的心理素质。

(5) 良好的职业道德 对译员来说,良好的职业道德一方面是指只接受自己的语言和非语言知识、口译技能能够胜任的口译任务,并在执行任务的过程中使自己的知识与技能得到最佳发挥,不接受超过自己能力范围的口译任务;另一方面是指在实际工作中按照国际或国内相关组织或行业协会制定的译员行为准则行事,知晓外事礼仪知识、遵守外事纪律、严守国家和服务对象的机密,不做有损国家利益和人格尊严的事情。

推荐阅读书目:

1. 胡文仲.跨文化交际学概论[M].北京:外语教学与研究出版社,1999.
2. 黎难秋(编).中国口译史[M].青岛:青岛出版社,2002.
3. 梅德明(编著).中/高级口译教程[Z].上海:上海外语教育出版社,2002.
4. 任文(编).交替传译[M].北京:外语教学与研究出版社,2009.
5. Gile, Daniel. Basic Concepts and Models for Interpreter and Translator Training [M]. Amsterdam/ Philadelphia: John Benjamins Publishing Company, 1995.
6. Seleskovitch, Danica. Interpreting for International Conferences [M]. tran. Stephanie Dailey and Eric Norman McMillan. 3rd ed. Washington D. C. : Pen and Booth, 1998.

复习思考题:

1. 口译与笔译的异同点在哪里?
2. 口译的作用是什么?
3. 怎样才能成为一名合格的译员?
4. 分别举例说明口译的几种方法。
5. 请举例阐述译员在中外重大历史事件中所发挥的作用。

(任 文)

中西翻译史简介

1. 概述

严格说来,探究翻译活动起源的具体年代几乎没有可能,但我们可以断定,人类之间开始用不同语言进行交流的那一刻就是翻译活动的肇端之际。那么,人类是何时开始用不同语言进行交流的呢?

对这个问题,西方人有一种说法,即人类是在"巴别塔之乱"后开始用不同语言进行交流的。据《旧约·创世记》第 11 章记载,大洪水之后,诺亚的子孙在新天地里繁衍,人口越来越多,于是往东迁徙。当时天下的人都说同一种语言,他们打算在一个叫示拿(Shinar)的地方建城安居,并要在城中建一座塔顶通天的高塔。人们彼此呼应着和泥做坯,烧砖运料,通天塔越建越高,结果惊动了上帝。上帝心想,人能协调一致地建塔,靠的就是说同一种语言,他们现在能建成通天塔,恐怕以后就能为所欲为了。于是上帝变乱了他们的语言,并把他们分散到世界各地,从此世人便讲各种不同的语言。"变乱"一词在希伯来语中读作"巴别",所以通天塔又称"巴别塔"(The Tower of Babel)。

通天塔之传说当然不可信。[①] 因为据《旧约》记载的年岁和提供的线索推算,上帝变乱人类语言当在其创世后的 1800 年左右,或者说距今约 4500 年前。[②] 但众所周知,生活在 25 万至 4 万年前的早期智人已经有了

---

① 不过通天塔之传说乃西方译史译论的文化根源之一,在现代西方译史译论中仍留下了深深的烙印,我们在斯坦纳的 *After Babel*,德里达的 *Des Tours de Babel*,本雅明的 *The Task of the Translator* 中都能看到这种烙印,如本雅明的纯语言(pure language)说到底就是《译者的任务》第 10 段引用的"太初有言"[ἐν ἀρχῇ ἦν ὁ λόγος]之"言"。

② 根据《旧约》记载的年岁和提供的线索,"巴别塔之乱"发生在洪水泛滥之后,挪亚(Noah)的后裔(闪系、含系和雅弗系)往东迁徙、分地立国之时。洪水泛滥时距上帝造亚当过了 1656 年(亚当 130 岁生赛特,赛特 105 岁生以挪士,以挪士 90 岁生该南,该南 70 岁生玛勒列,玛勒列 65 岁生雅列,雅列 162 岁生以诺,以诺 65 岁生玛土撒拉,玛土撒拉 187 岁生拉麦,拉麦 182 岁生挪亚,挪亚 600 岁时发大洪水),挪亚的曾孙宁录(Nimrod,含之孙)从示拿(建通天塔之地)(转下页)

"复杂而有音节的语言";而已分出人种的晚期智人(即解剖结构上的现代人)在几万年前就开始了迁徙和交流。据考古学和社会人类学的研究,人类越过冰冻的白令海峡到美洲大约是在 5 万年前,通过东南亚的一些岛屿到澳洲大约是在 3 万年前(崔连仲,1983:18—19),因此我们可以推断,人类几万年前就开始用不同语言进行交流了。与西方人的传说相比,中国人对翻译起源的说法要客观得多,《礼记·王制》曰:"中国、夷、蛮、戎、狄……五方之民,言语不通,嗜欲不同。达其志,通其欲,东方曰寄,南方曰象,西方曰狄鞮,北方曰译。"

由此看来,"洪荒造塔语言殊,从此人间要象胥"(马祖毅,1998:1)不过是对翻译起源的一种艺术概括。"象胥"之需实则因为"言殊"之故,但"言殊"并非由于"巴别塔之乱",而是因为世界各地的古人类在进化过程中各自创造了各自的语言。远古,蒙古人、欧罗巴人、尼格罗人,四海之民,五洲之族,天悬地隔,山阻水断,千年各自为生,万载不相往来,这才是"言语不通,嗜欲不同"的原因。语言区或方言区往往以高山大河、沧海荒漠为界,语言地理学也为"言殊"的由来提供了依据。

当然,虽翻译活动之肇端可以追溯到上万年前,但我们对翻译历史的回顾却只能限于有文字记载的时期,或者说只能从有史实为证、有实证为据的年代开始。只有这样,我们对翻译历史的描述才有可能尽量接近真实。

说到有文字记载的翻译历史,我们应避免一种不甚严谨的语言表述,如说"我国的翻译事业有约两千年的光辉灿烂历史"(张培基,1980:1),或曰"西方的翻译活动自古至今已有两千多年的历史了"(谭载喜,1991:4;2004:2)。说这样的语言表述不甚严谨,原因是表述者把"能从文字记载中考据到的最早的翻译活动"说成了"事实上最早的翻译活动",并进而把"能从文字记载中考据到的最早的译作"说成了"事实上最早的译作"。譬如有人说:"我国最早用文字记载的翻译,是作于春秋时的越女棹歌《越人歌》。"(臧仲伦,1991)可"我国何时开始有文字,迄今还不能断言"(游国恩,1983:4)。那么我们何以能断言我国何时开始有文字记载的翻译呢?正如我们不能据金文甲骨而断言我国的文字始于殷周一样,我们也不能

(接上页)去亚述建尼尼微时距洪水泛滥又过了大约 100 余年,虽然《旧约》未记载含系子孙的生卒年,但我们可根据闪系子孙的生卒年来推算(闪 100 岁生亚法撒,亚法撒 35 岁生沙拉,沙拉 30 岁生希伯,而希伯是宁录的堂兄弟);另据史料记载,亚述古国的历史大约从公元前 2500 年至前 612 年。这样推算出来的数字与基督教右派"创世论"所认为的"人类历史 6000 年"基本吻合。

据《越人歌》而断言我国最早用文字记载翻译始于春秋。此说严谨的表述应该是：我国有文字可考的最早的译作，是作于春秋时的越女棹歌《越人歌》。同理，上述两句话更严谨的语言表述似乎也应该是："我国有文字记载的翻译事业约有两千年的光辉灿烂历史"和"西方有文字记载的翻译活动，自古至今已有两千多年的历史了"。不过据笔者考证，西方有原始文本可考的最早的译作产生于公元前 1269 年。[①]

2. 中国翻译历史简述

根据现存的文献和历代学者的考证，我国有规模的翻译实践活动当始于东汉桓帝建和年间（148），自此至今，根据翻译内容之主要类别或翻译活动发起人之不同目的，我们可以把我国的翻译活动大致分为三个时期：一、从汉代到宋代的佛经翻译时期；二、明清两朝的科技翻译时期；三、20 世纪的学术名著与文学翻译时期。

2.1 从汉代到宋代的佛经翻译时期

于西汉末年开通的丝绸之路不仅加强了中国与西域各国的经济往来，而且使中国与外界的文化交流日益频繁。佛教随之传入中国。佛教宣扬人生的罪孽和苦难是与生俱来的，但世人只要能实现精神和道德上的自我完善，就能脱离苦海，进入极乐世界。"诚心爱法、志愿益人"的佛教徒视弘扬佛法、普度众生为其天职己任，而在当时中国统治阶层眼中，佛教教义不啻一剂安民的良药，故中国开始大规模翻译佛经便成了一种历史必然。

这一阶段的主要翻译家有安息人安清（安世高）月氏人支娄迦谶（支谶）。前者从东汉桓帝建和二年（148）至灵帝建宁五年（172）二十余年间，译出《安般守意经》等 35 部，41 卷，后者在灵帝光和至中平年间（178—189）译出《道行般若经》等 14 部，27 卷。除安世高和支谶外，这个阶段的佛经译者还有安息人安玄、月氏人支曜、康居人康臣和康孟祥，以及汉人严佛调等。后人评安世高的译本"辨而不华，质而不野"；评支谶的译经"贵尚实中，不存文饰"；评安玄与严佛调的译文"理得音正，尽经微旨"；评康臣、康孟祥和支曜等人的译作"言直理旨，不加润饰"，"奕奕流便，足腾

---

① 见：曹明伦.《翻译之道：理论与实践》.保定：河北大学出版社，2007 年版，第 14—16 页。

玄趣"。

支谦是三国时期的佛经翻译家,与他同时代的主要翻译家还有康僧会、维祗难、竺将炎、竺法护、竺叔兰、无罗叉等人。当时支谦、维祗难、竺将炎和康僧会均居建业(今江苏南京),建业是孙吴时期佛教重镇,据唐智升编纂的《开元释教录》记载,孙吴时期共翻译佛经 189 部,417 卷。其中支谦翻译了 88 部,118 卷。

道安(约 314/312—385)是东晋·前秦时高僧。他所处的时代虽战事频繁,但译经事业却日益昌盛。前秦苻坚建元十五年(东晋孝武帝太元四年,公元 379 年),道安羁泊长安五重寺,在苻坚的赞助下组织译经,当时的译场主管是朝廷官员赵政(赵文业),主要译者包括僧伽跋澄、佛图罗刹、慧常、慧进等人。此后数年间,他们共译出《比丘尼大戒》《摩诃钵罗若波罗蜜经抄》《鞞婆沙》《僧伽罗刹集》等经 8 部,凡 100 余卷。

南北朝译经之盛况,可谓:千盏青灯映卷红,万山兰若沐西风,南朝四百八十寺,多少真谛释不空。据唐代智升编纂的《开元释教录》记载,南北朝共译经 668 部,凡 1439 卷,署名的主要译者有 42 人,其中真谛(499—569)与前朝的鸠摩罗什、唐代的玄奘和不空一起被称为我国佛经四大翻译家,所译《摄大乘论》对中国佛教思想影响较大。

我国佛经四大翻译家唐代占了两位,可见盛唐译经事业之盛。据吕澂统计,单是玄奘(约 600—664)所译经卷就比罗什、真谛和不空所译之总和还多出 600 余卷。

宋代译经活动虽呈凌夷之象,但其译经规模曾一度超过唐代,不过到仁宗天圣五年(公元 1027 年)之后,终"因缺乏新经梵本,译事时断时续,维持到政和初(公元 1111 年)"便无以为继了。(吕澂 1979:385)不过彼时佛教的主要经典已基本上被译出。

2.2 明清两朝的科技翻译时期

明朝万历年间(1573—1619),肩负传教使命(文化扩张)的耶稣会士终于在中国邂逅了一批朋友,不过后者感兴趣的与其说是前者带来的宗教,不如说是随宗教一道来的近代科学知识。于是继佛经翻译之后,我国开始了又一次以文化引进为目的的翻译活动。这次引进的内容以近代西方自然科学书籍为主,

参与此阶段翻译活动的耶稣会传教士达数十人之众,其代表人物有利玛窦(1552—1610)、汤若望(1591—1666)、南怀仁(1623—1688)等,中

国士大夫则以徐光启（1562—1633）、李之藻（1598—1630）、杨廷筠（1557—1627）和李天经（1579—1659）等人为代表。他们的翻译方式与早期佛经翻译相同，采用西士口授或初译、华儒笔录或润色的合作模式，从明朝万历到清朝康熙的 100 余年间，合作译介西方科学著作 100 余种，涉及天文、地理、数学、逻辑、物理、机械、水利以及军事技术等多门学科。其代表作有徐光启与利玛窦合译的《几何原本》前六卷（1607）、与熊三拔合译的《泰西水法》（1612），李之藻与利玛窦合译的《同文指算》（1613）、与傅泛际合译的《寰有诠》（1628）和《名理探》（1631），王征与邓玉涵合译的《奇器图说》（1627），杨之华等与汤若望合译的《矿物寻源》（1640），焦勖与汤若望合译的《火攻契要》（1643），以及多人通力合作编译而成的 130 余卷《崇祯历书》等等。

明清之际的科技翻译活动有一种比较特殊的情况，那就是参与翻译活动的西方传教士都久居中国，通晓汉语，而跟他们合作的中国士大夫皆不娴西文，加之所翻译的内容于国人多为"新学"，所以就译文文本而言，他们是合作者，但就译文内容来说，前者可为后者的老师。结果到 18 世纪初，当中西文化冲突造成天主教被禁、传教士被逐，中国重新闭关自守后，这个阶段的翻译活动便无以为继，戛然而止。

英国于 1840 年发动鸦片战争，用大炮轰开了中国紧锁的国门。迫于列强压力，清政府又于 1845 年颁布了天主教弛禁令。在西方列强对中国进行掠夺的同时，西方文化也开始大量涌入。与此同时，中国一部分痛定思痛的爱国者也提出了"师敌之长技以制敌"（林则徐语）、"出于夷而转胜于夷"（冯桂芬语）的开放改良策略。随着西方各国传教士的东来，中断已久的翻译活动又得以延续。巧合的是，《几何原理》后九卷竟是这个阶段的发轫之作。《几何原理》后九卷的翻译工作由英国传教士伟烈亚力（Alexander Wylie,1815—1887）和中国人李善兰（1810—1882）合作完成，在该书前六卷问世 250 年后，于 1857 年在上海由墨海书馆印行。自此之后，科技翻译活动又掀起了一轮高潮。这次高潮历时比上一次短，但参加翻译活动者甚众，所译之书亦比上阶段多。随着京师同文馆（1862）、广方言馆（1863）和江南制造局翻译馆（1868）的相继设立，科技翻译活动开始有组织地进行，而且精通西语、能独立翻译的中国译者愈来愈多，逐渐成为这个阶段的主要力量，其中佼佼者有赴美留学 10 年、曾任广方言馆总教习的舒高第。据统计，截至 1898 年，中国共翻译西语书籍 500 余种，其中约 200 种由中国译者独立翻译。①

2.3 20 世纪的学术名著与文学翻译时期

这一时期与上一时期完全一样，仍然是为了富国强兵、救亡图存。但通过对甲午之前翻译内容的反思，有识之士意识到，从西方引进科学技术固然重要，但更重要的引进西方的民主自由理念。正如严复所说：西方黜伪崇真之学术之道、屈私为公之刑政之理，与中国的理道并无二致，然"彼行之而常通，吾行之而常病"，究其差异之缘由，则西方有民主自由而中国无也。"如中国最重三纲，而西人首明平等；中国亲亲，而西人尚贤；中国以孝治天下，而西人以公治天下；中国尊主，而西人隆民。"严复首先想让中国统治阶层懂得这个道理，此乃"严译名著"源语文本之选择和翻译策略之采用的政治前提或曰文化前提。康有为、梁启超等人则进一步认识到，要使西方的民主自由理念在中国扎根，关键还在于"开启民智"，"改良群治"，而此举最有效的手段莫过于让兵丁市侩、农氓工匠、车夫马卒、妇女童孺都读"新小说"，即《译印政治小说序》里说的那种西方"政治小说"，②因"欲新一国之民，不可不先新一国之小说"③。而在当时的历史条件下，欲新中国之小说，必先译介西方之小说。

于是，在严复译出《原富》《法意》和《群己权界论》等一部部西方学术名著的同时，林纾也于 1898 年开始了他长达 30 年的文学翻译生涯。以《天演论》始，严复共译书 12 种近 200 万言；从《巴黎茶花女》起，林纾一生共译小说 183 种达 1200 万字。（马祖毅，1999：739—740）④"译才并世数严林"（康有为诗），作为中国翻译西方学术名著和文学作品的先驱和代表，严复、林纾各自所译作品之数量，基本上反映了 20 世纪之中国译介这两类作品的比例。

---

① 数据分别参见《中国翻译史》上卷 571 页和《中国翻译简史》（增订版）342 页。

② 据《译印政治小说序》全文观之，梁公所谓"政治小说"并非全然以政治活动为题材的小说，而是有别于中国旧时"海盗海淫"之旧小说的泰西新小说，而泰西新小说则指西方仁人志士以其身之所经历，及胸中所怀政治之议论，寄之于笔墨的小说。（见北京大学出版社 1997 年版《二十世纪中国小说理论资料》第一卷 37—38 页）

③ 梁启超《论小说与群治之关系》，见北京大学出版社 1997 年版《二十世纪中国小说理论资料》第一卷 50 页。

④ 钱钟书考证为 170 余种（参见钱钟书《林纾的翻译》，《翻译通讯》1985 年第 11 期 2—10 页）；马泰来考证为 185 种（参见马泰来《关于〈林纾翻译作品全目〉》，《读书》1982 年第 10 期 140—142 页）。

译学术名著须专门之学者，如王国维之译《心理学概论》（1902）和《叔本华与尼采》（1904）、蔡元培之译《哲学要领》（1903）和《伦理学原理》（1940）、朱光潜之译《美学》和《新科学》、贺麟之译《小逻辑》和《精神现象学》等。且译学术名著在"译名之立"上所费的踟蹰往往多于译文学作品在同一问题上所花的功夫，加之学术著作的读者群比文学作品的读者群小，故 20 世纪中国译介西方学术著作的绝对数量大大少于所译介的文学作品。但尽管如此，一百年来我国翻译出版的西方学术著作仍洋洋大观。以自上世纪初即致力于西方经典著作之翻译出版工作的商务印书馆为例，该馆在 20 世纪前半期和后半期分别出版了两套"汉译世界名著丛书"，而自 1982 年重集出版的"汉译世界学术名著丛书"迄今已有 10 辑达 400 余种，几乎尽揽西方学术精华，而这 400 余种并非该馆所出学术著作之全部。① 另据统计，中共中央编译局从 1953 年到 1983 年 30 年间，共翻译马恩著作约 4960 万字，列宁、斯大林著作约 4505 万字，国际共运方面的著作约 5298 万字。若按每部 50 万字分册装订，计约 300 部。其他各出版机构所出汉译学术著作暂无统计。

翻译文学作品的规模更为壮观，尤其是五四之后，新文学的倡导者们纷纷投身翻译事业，这一时期的文学大家往往也都是翻译名家。故在清末民初的三四十年间，就有 2000 余部外国文学译作被推向社会。据《民国时期总书目》外国文学卷统计，1911 年到 1949 年间正式出版的翻译文学作品有 4000 多种。由国家出版事业管理局版本图书馆编、中华书局1980 年出版的《1949—1979 翻译出版外国古典文学著作目录》共收录了五大洲 47 个国家 276 位作家的 1250 多种作品，而由江西人民出版社编辑出版的《1949—1979 外国文学著作目录和摘要》则收录了五大洲 85 个国家 1909 位作者的 5677 种作品（包括 503 种不同译本和版本）。

3. 西方翻译历史简述

西方大规模的翻译活动大致可分为三个历史层面，即古罗马时期的

---

① 笔者于 2005 年 11 月 1 日致函该馆欲将"汉译世界学术名著丛书"的数量精确到个位数。该馆次日复函称只能统计大概数（因有的书第一版在该馆，但后来作者撤走版权），但复函明确了现在发行的"汉译世界学术名著丛书"并不完全包括旧商务版"汉译世界名著丛书"，如蔡元培先生翻译的德国哲学家、教育家 Friedrich Paulsen 所著《伦理学原理》曾于 1940 年编入商务印书馆的"汉译世界名著丛书"出版，而今"汉译世界学术名著丛书"中无此书。

翻译、《圣经》翻译和民族语翻译。

3.1 古罗马时期的翻译

西方文明之源头是希腊文明,而希腊—罗马文明乃希腊文明之别称。这个别称是希腊文明拉丁化的产物。希腊文明之拉丁化过程始于罗马势力侵入巴尔干半岛的公元前 299 年。尽管商业和文化比政治更有力量决定一种语言的命运,尽管罗马人对希腊语表示了充分的敬意,但希腊文明的拉丁化首先是从文字开始的,这便是西方历史上第一次大规模翻译活动的开始。李维·安德罗尼柯(Livius Andronicus,公元前 284—前 204)于公元前 240 年左右翻译的荷马史诗《奥德赛》得以流传,该译本的某些残篇迄今尚存,因此他便成了西方文献中记录的第一个有名有姓的翻译家。与他同时代的翻译家有涅维乌斯(Gnaeus Naevius,公元前 269—前 204)和恩尼乌斯(Quintus Ennius,公元前 239—前 169)等人,当时罗马的文学家们也纷纷翻译或改编希腊文学著作,除荷马史诗外,埃斯库罗斯、索福克勒斯和欧里庇德斯等悲剧诗人的作品,亚里士多德、柏拉图等学者的著作,也陆续有了拉丁文本。

3.2 《圣经》翻译

西方另一项大规模的翻译活动是圣经翻译,圣经虽不像佛典那样卷帙浩繁,但它经历了从希伯来语翻译成希腊语,从希腊语翻译成拉丁语,中世纪之后又不断被翻译成欧洲各民族语言的漫长过程。现存最古老的圣经源本(source documents)也是抄本,所以从某种意义上说,人们今天读到的任何一部《圣经》都是抄本的抄本的抄本(scribe-copy of an earlier scribe-copy of an earlier scribe-copy,etc)。从希伯来语译成希腊语的第一个圣经版本是被称为《七十子希腊文本》(Septuagint)的《旧约》。据说此文本是 72 名操希腊语的犹太学者奉埃及国王托勒密二世之命在公元前 3—前 2 世纪翻译而成的,早期的希伯来书面语只用辅音字母,读之犹读天书,所以《七十子本》虽是 72 名学者殚精竭虑、集思广益的成果,基督教神学先驱斐洛(Philo Judaeus,公元前 20—公元 50)仍将其称为"得到上帝启示的文本"(Scripture inspired by God)。

精通两种语言并得到上帝的启示,这几乎成了西方圣经译者必备的两个条件,但上帝似乎也有打盹儿的时候,而那些戴着"上帝启示"这道紧箍咒的圣经译者又偏偏避不开这种时候,所以早期的《圣经》译本,无论是希腊文本还是拉丁文本,多有文词艰涩、令人费解之处。这对基督教的传播极为不利。于是罗马教皇达马苏斯一世责成隐居在伯利恒修道院的教父哲罗姆(347—419)重译拉丁文本圣经,哲罗姆对照已有的希腊、拉丁和希伯来语文本,于384年译出了包括《旧约》和《新约》的《通俗拉丁文本圣经》(Vulgate)。该译本在整个中世纪都具有很高的权威性,16世纪罗马天主教召开的特伦托会议(Council of Trent)宣布它是可信的(authentic)文本。

但《圣经》翻译活动并未因此而停息,面向21世纪读者的《新修订标准版圣经》(*New Revised Standard Version*)于1989年问世。《新标准版圣经》翻译委员会由当今美国30名顶尖学者组成,除一名犹太教学者外,其他学者的宗教背景分别是基督教新教、罗马天主教和希腊正教。他们提出了"凡有可能性就直译,唯有必要时才意译"①的翻译原则。

3.3 民族语翻译

在文艺复兴的曙光开始涤荡中世纪的黑暗之前,中世纪最后一位诗人②已开始打破拉丁语在欧洲一统天下的局面。但丁在《论俗语》一书中阐明了民族语的优越性和形成标准意大利语的必要性,从而为陆续统一的欧洲各国之民族语写作和翻译奠定了理论基础。而他于1307年完成的《飨宴》本身就是第一部用意大利语写成的学术著作,该书为后来欧洲各国用民族语写作和翻译树立了典范。

欧洲各国民族语的翻译早在但丁之前就已开始,并随着民族自我意识的增强而不断发展,但各民族语言取得独立地位的时间不尽相同。罗曼语族诸民族语构成其文体句法可借鉴拉丁文法,故由通俗拉丁语演变而成的法语、西班牙语和意大利语等民族语较早获得了文学语言的地位,如法国人在14世纪就开始用法语《圣经》,并用法语大量翻译亚里士多德、柏拉图、维吉尔、奥维德等人的作品。斯拉夫语族很早就脱离其他印欧语言而独立发展,形成了历史悠久的古斯拉夫文化,俄罗斯部族语言从

---

① The *NRSV* stands out among the many translations because it is "as literal as possible" in adhering to the ancient texts and only "as free as necessary" to make the meaning clear in graceful, understandable English. (*http://www.ncccusa.org/newbtu/aboutnrs.html*)

② 恩格斯在《共产党宣言·1893年意大利文版序言》中称意大利诗人但丁为"中世纪的最后一位诗人,同时又是新时代的最初一位诗人"。(参见人民出版社1972年版《马克思恩格斯选集》第一卷249页)

14 世纪起就在莫斯科方言的基础上逐渐统一。当时俄国人的翻译"较之中世纪西欧各国的翻译毫不逊色"(费道罗夫,1955:38)。但日耳曼语族诸语言形成统一书面语体的过程则较为曲折,原因是日耳曼语族各国均在罗马帝国拉丁语流通区内,长期用拉丁语为书面文学语言,自己的日耳曼语前语(Pre-Germanic)没留下可供借鉴的文献,在形成民族书面语的过程中还需重构文体和句法形式。而民族语的翻译对日耳曼语族诸语言的发展,尤其是对西部语支的德语和英语之统一和成熟,起到了巨大的推动作用。

作为宗教改革运动的领袖,德意志的马丁·路德(1483—1546)坚持信仰之根本在于人人都能读懂《圣经》,而不需要教士充当中介,于是他广泛采用德意志各地区方言之精华,熔炼出不少新的德语词汇,译出了第一部人民大众的《圣经》。这部德语《圣经》创造了为德意志民众所接受的文学语言形式,对现代德语共同语的形成和发展起到了不可估量的作用。海涅夸路德"创造了德语"。恩格斯说他"创造了现代德国散文"。黑格尔则从他翻译的德文版《圣经》总结出:"只有当我们能用母语表达一事物时,该事物才算归我们所有。"

文艺复兴时代的英国就像一个巨大的译场,参与世俗作品翻译的人数之多,原文选材范围之广,译作品中数量之大,都空前未有。1611 年出版的钦定版英文《圣经》奠立了现代英语散文句法和文体的基础,加之文艺复兴时期英国作家的努力,英语终于成为能与古希腊语、拉丁语以及法语和意大利语相媲美的文学语言,并逐渐代替拉丁语成为哲学和自然科学用语。

随着现代德语和现代英语的形成和成熟,欧洲主要民族语言的翻译活动出现了平行发展的局面。各国除用自己的民族语翻译希腊罗马经典外,近现代文学大师的作品也纷纷被译成各国文字。

20 世纪是一个翻译的时代。据国际译联的一项调查,50 年代法国、德国和意大利每年出版译作约 700 种。(谭载喜,2004:159)到 80 年代中期和末期,这三个国家出版的译作成倍增长,法国 1985 年出版了 2867 种,意大利 1989 年出版了 8602 种;德国 1990 年出版了 8716 种。而在 1990 年,美国和英国出版的翻译书籍也分别达到 1380 种和 1625 种。(Venuti,1995:12—13)除此之外,商业、外交、科技等领域的翻译活动也规模空前。到 60 年代末,西方每年就有 8 万种科学期刊被翻译成其他文字。而在 80 年代初,欧共体雇用的口笔译人员就达 1600 名。

（Newmark，2001：3）

参考文献：

1. Newmark，Peter. Approaches to Translation［M］. Shanghai：SFLEP，2001.

2. Venuti，Lawrence. The Translator's Invisibility：A History of Translation［M］. London and New York：Routledge，1995.

3. 崔连仲.世界史·古代史［M］.北京：人民出版社，1983.

4. 费道罗夫.翻译理论概要［M］.李流等译.北京：中华书局，1955.

5. 吕　澂.中国佛学源流略讲［M］.北京：中华书局，1979.

6. 马祖毅.中国翻译简史（增订版）［M］.北京：中国对外翻译出版公司，1998.

7. 马祖毅.中国翻译史（上册）［M］.武汉：湖北教育出版社，1999.

8. 谭载喜.西方翻译简史［M］.北京：商务印书馆，1991.

9. 谭载喜.西方翻译简史（增订版）［M］.北京：商务印书馆，2004.

10. 游国恩.中国文学史［M］.北京：人民文学出版社，1983.

11. 臧仲伦.我国第一首译诗《越人歌》［N］.文学翻译报，第23—24期合刊，1991年1月31日.

12. 张培基.英汉翻译教程［M］.上海：上海外语教育出版社，1980.

推荐阅读书目：

1. 曹明伦.翻译之道：理论与实践［M］.保定：河北大学出版社，2007.

2. 马祖毅.中国翻译简史（增订版）［M］.北京：中国对外翻译出版公司，1998.

3. 谭载喜.西方翻译简史［M］.北京：商务印书馆，1991.

复习思考题：

1. 你认为有必要了解翻译历史吗？

2. 我国佛经四大翻译家是哪四位？

3. 徐光启、严复和林纾对我国的翻译事业和社会发展有何贡献？

4. 但丁和马丁·路德对西方的翻译事业有何贡献？

5. 你想到过在后人撰写的21世纪翻译史中出现你的名字吗？

（曹明伦）

译论简介

1. 概述

人类的任何社会实践活动发展到一定阶段后，都必将随之产生与之相适应的理论，而理论又反过来作用于实践。翻译理论（简称译论）自不例外。人类在翻译实践活动中必然会产生一些问题，比如说何谓译、为何译、译什么、可否译、如何译或由谁来译等基本问题。何谓译、可否译、如何译等问题属于翻译理论的内向型本体问题，而为何译、译什么、该由谁来译等问题属于翻译理论的外向型综合问题。

我们知道，理论是概括地反映现实的概念和原理的体系。它是系统化了的理性认识的结果。人们在实践中获得关于客观事物的感性认识，随后对它进行加工制作，上升到理性认识；再把这种理性认识按照一定的逻辑进行必要的整理，使之条理化、系统化为一个严整的体系，从而形成理论……只有那些从实践中产生又被实践证实为正确地反映了客观事物发展规律的理论才是科学的理论。质言之，理论是概念和原理的体系，是系统化了的理性认识。

上学期讲"笔译简介"我们也明确了翻译这个概念：翻译是把一套语言符号或非语言符号所负载的信息用另一套语言符号或非语言符号表达出来的创造性文化活动。根据翻译和理论的基本概念，我们可以为翻译理论下个定义："翻译理论是翻译概念和翻译原理的体系，是从翻译实践中概括出来的对翻译活动的条理化、系统化的理性认识，是对翻译活动之本质、规律的正确反映。"（曹明伦 2007:189）

2. 中国译论简介

上一课我们讲到，根据现存的文献和历代学者的考证，我国有规模的翻译实践活动当始于东汉桓帝建和年间（公元 148 年），我国的翻译史可划分为从汉代到宋代的佛经翻译、明清两朝的科技翻译和 20 世纪的学术名著与文学翻译三个时期。我国翻译理论的发生和发展也大致可分为这三个时期。

2.1 佛经翻译时期的译论

就在我国有规模的翻译实践活动开始约 80 年之后,我国第一篇文本尚存的翻译理论文章便随之问世。这篇译论即支谦于孙吴黄武年间撰写的《法句经序》。此文指出了"名物不同,传实不易"这一问题,总结了"因循本旨,不加文饰"的翻译方法,提出了"当令易晓,勿失厥义"的翻译原则。①

翻译理论一经发生就伴随着实践不断成熟。我国翻译理论之成熟阶段是个漫长的过程,而道安在其《摩诃钵罗若波罗蜜经抄序》提出的"五失本"之说可谓这一过程的新起点。②

佛经翻译活动的参与者,多是第一流天才,他们在翻译实践的基础上不断进行理性思辨和理论总结,经过近一千年的积累,终于形成了我国的传统译论体系。这个体系虽不完美,但其中不乏真知灼见,对我们来说是一笔宝贵的遗产。尽管时代在发展,理念在更新,但我们没有理由得鱼忘筌,放弃这笔还值得我们继续借鉴的财富,而应该继续去发掘、整理、阐释,从而承袭其精华,推陈出新。

中国古代传统译论体系轮廓

本体研究	翻译性质	译之言易也,谓以所有易所无也——赞宁《译经篇》
		夫翻译者,谓翻梵天之语转成汉地之言——法云《翻译名义集》
	翻译目的	正当以不闻异言,传令知会通耳——道安《摩诃钵罗若波罗蜜经抄序》
		传胡为秦,以不闲方言,求识辞趣耳——赵正(见道安《鞞婆沙序》)
	可译性	情可求而呼相乱,字虽殊而意且同——赞宁《译经篇》
	翻译标准	当令易晓,勿失厥义——支谦《法句经序》
		令质文有体,义无所越——慧远《大智论钞序》

---

① 参阅曹明伦《约而意显·文而不越——重读支谦〈法句经序〉》,《四川外语学院学报》2006 年第 5 期,第 122—125 页。

② 参阅曹明伦《"五失本"乃佛经翻译之指导性原则——重读道安〈摩诃钵罗若波罗蜜经抄序〉》,《中国翻译》2006 年第 1 期,第 51—54 页。

	翻译原则	因循本旨,不加文饰——支谦《法句经序》 质而不野,简而必诣——僧肇《百论序》(《出三藏记集》卷11第3篇) 文虽左右,旨不违中——僧睿《大品经序》 文质相半——慧恺《摄大乘论序》 五失本——道安《摩诃钵罗若波罗蜜经抄序》 五不翻——玄奘(见宋唯心居士荆溪周敦义撰《翻译名义序》) 六例——赞宁《译经篇》
	语言对比	胡语尽倒……胡经委悉——道安《摩诃钵罗若波罗蜜经抄序》 翻传胡汉,国音各殊,故文有同异——僧祐《出三藏记集》序 僧祐《胡汉译经文字音义同异记》——《出三藏记集》卷1第4篇 梵语之"粗细"和汉语之"雅俗"——赞宁《译经篇》
	文体比较	天竺国俗,甚重文藻(《高僧传》作"甚重文制")……但改梵为秦,失其藻蔚,虽得大意,殊隔文体——鸠摩罗什(见《出三藏记集》卷14第1篇《鸠摩罗什传》;又见《高僧传》卷2第1篇《晋长安鸠摩罗什》) 支敏度《合维摩诘经序》(《出三藏记集》卷8第13篇)等
	译作评析	支敏度《合首楞严经记》、道安《合放光光赞略解》、彦琮《辩正论》、道宣《续高僧传》卷四"论"(观夫翻译之功,诚远大矣……)等
综合研究	翻译主体	"八备"说论译者的人格修养和治学能力——彦琮《辩正论》 学尽梵书,解尽佛意,始可称善传译者——赞宁《译经篇》
	翻译组织	赞宁对道安、义净、彦琮、玄奘和宋代译场经馆设官分职之考证和描述

2.2 明清两朝的科技翻译时期的译论

令当今译论学者感到遗憾的是,这个时期诸译者虽译著甚丰,译名甚隆且大多身居高位,却未能留下系统的翻译理论,尤其是"无暇在翻译的'内部研究'上多发一点议论"(陈福康语)。其实对翻译之"内部研究",徐光启等人并非无暇,①而是无心。万历天启年间,外寇侵扰,内宦乱政,兵

---

① 在译出多种科学著作、积累丰富翻译经验之后,徐、李等人都有过赋闲的经历。徐光启1620至1621年曾辞官隐居天津,1625年又罢官回乡研究农事;李之藻1616年至1621年长期闲居杭州;杨廷筠1611年至1615年也曾在家赋闲。(参见上海古籍出版社2003年版《从利玛窦倒汤若望》140—141、98—99页和《中国翻译词典》796页。)

不习战，国库空虚，已意识到中国落后于西方的徐光启等人，一心只想通过翻译富国强兵，济世安民。因此他们关心的重点不是何谓译、如何译等内向型本体问题（内部研究），而是为何译、译什么以及翻译之必要性、紧迫性和实用性等外向型综合问题。于是他们留给后人的多是关于此类问题的议论。如：徐尚书对崇祯帝之慷慨陈词："臣等愚心以为，欲求超胜。必须会通，会通之前，先须翻译。"徐教友对利玛窦之恳切相求："先生所携经书中，微言妙义，海涵地负。诚得同志数辈，相共传译……以裨益民用，斯亦千古大快也，岂有意乎？"徐翰林对心存疑虑的合作者之晓以大义："先圣有言，备物致用，立成器以为天下利，莫大乎圣人。器虽形下，而切世用。"王征在《奇器图说》译序中之坦陈要旨："然图说之中，巧器极多。第或不甚关切民生日用……又非国家工作之急需，则不录，特录其最切要者。"李天经在《伏献刍荛以裕国储疏》中之直言不讳："间有西洋《坤舆格致》一书……于凡大地孕毓之精英，无不洞悉本原，阐发奥义……果能开采得宜，煎炼合法，则凡金银铜锡铅铁等类，可以取充国用，亦或生财措饷之端……请先选译善。"①还有徐光启在《几何原本杂议》中之大声疾呼："此书为用至广，在此时尤所急需。"②

"国家工作之急需"，"此时尤所急需"，这显然不是本体翻译理论或内向型翻译理论所关心的问题，因此有学者指出，徐光启等人的译论"主要侧重于论述翻译的功利目的……是将翻译理论与爱国主义紧紧结合了起来。这实际上是近代有关译论的先声"（陈福康，2000：70）。但1840年之后，翻译活动之日益频繁又引发出新的问题，而对新问题的讨论和解决又进一步促进了翻译理论的发展。因此在这一阶段，除基于翻译之政治目的和文化目的而发表的综合议论③外，基于翻译之文本目的而发表的理论见解亦不鲜见，其中不乏深刻者，而最为精彩者莫过于傅兰雅④于1880年发表的《江南织造总局翻译西书事略》一文和马建忠于1894年撰写的《拟设翻译书院议》。前者从语言学的角度驳斥了汉语难译科技文献的说

---

①　疏中所言《坤舆格致》即杨之华等与汤若望合译的《矿物寻源》。

②　以上6段引文分别转引自《中国译学理论史稿》（修订本）54、52页和《中国翻译史》（上卷）473、475、477页。

③　如冯桂芬1861年出版的《校邠庐抗议》之《制洋器议》篇和《采西学议》篇等。

④　傅兰雅（1839—1928）虽是英国人，但他精通汉语，在华任职30余年，直接从事翻译20余载，翻译书达138种，他在中国用汉语就汉语译西语问题发表的译论，当然系中国翻译理论之一部分。陈福康先生亦认为，傅兰雅的论述"也代表和总结了李善兰等中国译者的意见"（陈福康，2000：82）。

法。后者则提出了"善译"这个翻译标准："译成之文适如其所译而止，而曾无毫发出入于其间，夫而后能使阅者所得之益与观原文无异，是则为善译也已。"

2.3 20 世纪的学术名著与文学翻译时期①的译论

从上一讲对这一时期翻译实践的介绍我们可以得知，中国百年所译学术名著和文学典籍之卷帙，比千年所译之佛教经典更为浩繁。规模如此宏大的翻译活动必然促进翻译理论的发展，这个时期的中国翻译论坛呈现过百花齐放、百家争鸣的繁荣景象，出现了一批既有系统又有创见的译论。20 世纪 80 年代以前，活跃在翻译论坛上的主要是翻译活动的发起者(initiator)、翻译行为的实施者(translator)，或同时兼有这两种身份的人，故他们的译论多涉及由翻译实践中产生的五个主要问题：一、何谓译？ 二、可否译？ 三、为何译？ 四、译什么？ 五、如何译？

何谓译的问题即翻译的性质问题，虽然时间的流逝并未改变翻译活动之根本属性，但却改变了汉语的表述方式。"译之言易也"在新时代被陈述为"翻译即转译一种外国语言或文字成为本国之语言文字"(木曾1941)。

可否译的问题即可译性问题，这是翻译理论中最具原则性的问题，故对此发表过议论的学者不在少数，胡怀琛、郑振铎、成仿吾、傅雷等都对此问题发表过见解，然均未超越"情可求而呼相乱，字虽殊而意且同"的认识水平。中国学者把可译性问题谈得最为透彻的莫过于哲学家贺麟(1902—1992)。

为何译的问题即翻译之目的问题。翻译目的分文本目的和非文本目的，前者指居流不变的"传令知会通耳"。后者指翻译活动发起者所怀抱的政治、文化和经济等目的。

译什么的问题生发于翻译之非文本目的。20 世纪二三十年代中国翻译界曾发生过一场关于"译什么"的持续讨论，讨论的焦点集中在两个方向性的层面：一、只译名家著作，不译二流以下作品；二、所译作品之内容应适合国情，对中国有用。

如何译的问题涉及面最广，与翻译实践的联系也最为紧密，因为它包

---

① 笔者划分的 20 世纪只是一个大致的时期，这个时期包括 19 世纪的最末两年(即从梁启超发表《译印政治小说序》和严复出版《天演论》汉译本的 1898 年起)。

括了翻译的标准、原则、策略、方法、技巧等诸多问题。从严复《天演论·译例言》发表到 20 世纪 80 年代以前,对如何译问题的探讨基本上都围绕着严复提出的"信、达、雅"在进行,而探讨者最为关注的就是这个翻译理论的核心——翻译标准问题。如前所述,马建忠在严复的"信、达、雅"前曾提出过"译成之文适如其所译"之"善译"标准,后来又有林语堂的"忠实、通顺和美"、傅雷的"神似"、钱钟书的"化境"等等。

3. 西方译论简介

同一语系内两种语言的转换也存在"名物不同,传实不易"的问题,正如叔本华所说:"一种语言中的词语并非都能在另一种语言找到确切的对应词,鉴于此,用一种语言的词语表达的概念并非都能用另一种语言的词语确切表达。"(Schopenhauer,1992:32)不过罗马人最初对此似乎并无清醒的认识,故后人评说恩尼乌斯等人的翻译实践是对希腊语拙劣的模仿(awkward lexical Graecisms)。但罗马人很快就从实践中认识到,翻译不能只考虑原文的文体语言特质,而是要对其加以改造,使之融入目标语文化的语言结构。这种认识的理论表述最初见于西塞罗(公元前 106—前 43)分别于公元前 55 年和前 44 年出版的《论演说家》(De oratore)和《论善恶之界限》(De finibus bonorum et malorum)二书。西塞罗的理论阐述印证了直译意译从来都共生共存、互补互彰这一客观事实。

贺拉斯(公元前 65—前 8)在其《诗艺》中首次提出了"忠实"(fidus)这个概念。

哲罗姆(347—419)曾说:"在直译意译这个问题上,西塞罗一直是我的老师。"(Lefevere,1992:47)理论来源于实践,有丰富实践经验的哲罗姆理所当然地提出了自己的翻译主张:翻译世俗作品时应坚持忠实于意义的原则,翻译圣经文本则应采取直译的策略。

英国学者泰特勒(1747—1814)出版的《论翻译原则》(1790)标志着西方翻译理论开始了一个新的时代。他提出了翻译的三大原则:

1. 译作应该完全复写出原作的思想;

2. 译作的风格和手法应该和原作属于同一性质;

3. 译作应该和原作一样通顺。

西方翻译活动的蓬勃发展使翻译理论出现了流派纷呈的趋势。但透过历史我们可以清晰地看到两个与翻译实践活动紧密联系的翻译理论流派:一个是从西塞罗、贺拉斯开始,由德莱顿、萨瓦里、列维、加切奇拉泽承传,最终由斯坦纳集大成的文艺学派;一个是从奥古斯丁开始,经多雷、洪堡、施莱尔马赫、费道罗夫、卡特福德,最后由奈达、纽马克和威尔斯发扬光大的语言学派。这是西方翻译理论研究的两条主线。这两个学派的学者也进行跨学科研究,如借用符号学、阐释学等学科的研究方法,但他们所关注的始终是由翻译活动产生的问题。他们或演绎推理,或总结归纳,但针对的始终是与两种具体语言有关的问题。威尔斯宣称他的研究策略是一种解决问题的理性策略(rational problem-solving strategy),而他从应用语言学的视角研究翻译还考虑到了"要在翻译理论和实践之间建立一种亲密关系"(Wilss,2001:7)。纽马克更是明确指出:"翻译理论若非由翻译实践中的问题而产生,则既无意义又无效果。"(Newmark, 1988:9)而从翻译实践中产生的问题即上文归纳的何谓译、可否译、为何译、译什么、如何译等问题。

参考文献:

1. Lefevere,André. Translation/History/Culture:A Sourcebook [M]. London and New York:Routledge,1992.
2. Schopenhauer, Arthur. On Language and Words [A]. In Rainer Schulte and John Biguenet (eds), Theories of Translation:An Anthology of Essays from Dryden to Derrid [C]. Chicago:Chicago University Press,1992:32—35.
3. Wilss, Wolfram. The Science of Translation:Problems and Methods [M]. Shanghai:SFLEP,2001.
4. 曹明伦. 翻译之道:理论与实践[M].保定:河北大学出版社,2007.
5. 陈福康.中国译学理论史稿(修订本)[M].上海:上海外语教育出版社,2000.
6. 木　曾. 翻译释义[A]. 见:中国翻译工作者协会,《翻译通讯》编辑部编,翻译研究论文集 1894—1948[C]. 北京:外语教学与研究出版社,1984:322—336.

推荐阅读书目:

1. 曹明伦. 翻译之道:理论与实践[M].保定:河北大学出版社,2007.
2. 陈福康.中国译学理论史稿(修订本)[M].上海:上海外语教育出版社,2000.
3. 杰里米·芒迪. 翻译学导论——理论与实践[M].北京:商务印书馆 2007.

复习思考题:

1. 何谓翻译理论?
2. 翻译理论通常关注那些问题?

3. 为什么要学习翻译理论？

4. 你认为翻译理论可以脱离翻译实践吗？

5. 谈谈你自己对严复的"信、达、雅"翻译标准的看法。

（曹明伦）